国家社科基金重点项目"我国农村社会养老保障问题调查研究"（10ASH007）

教育部人文社会科学研究基金项目"社会转型背景下的农村养老问题研究"（11YJC840010）

农村社会发展丛书·钟涨宝 主编

变迁中的乡村养老

Bianqianzhongde Xiangcun Yanglao

狄金华 钟涨宝 著

中国社会科学出版社

图书在版编目（CIP）数据

变迁中的乡村养老/狄金华，钟涨宝著.—北京：中国社会科学
出版社，2016.6
（农村社会发展丛书）
ISBN 978 - 7 - 5161 - 7932 - 1

Ⅰ.①变… Ⅱ.①狄…②钟… Ⅲ.①农村—养老—研究—中国
Ⅳ.①F323.89

中国版本图书馆 CIP 数据核字（2016）第 070577 号

出 版 人	赵剑英	
责任编辑	田　文	
特约编辑	丁　云	
责任校对	张爱华	
责任印制	王　超	

出　　版　中国社会科学出版社
社　　址　北京鼓楼西大街甲 158 号
邮　　编　100720
网　　址　http://www.csspw.cn
发 行 部　010 - 84083685
门 市 部　010 - 84029450
经　　销　新华书店及其他书店

印刷装订　三河市君旺印务有限公司
版　　次　2016 年 6 月第 1 版
印　　次　2016 年 6 月第 1 次印刷

开　　本　710×1000　1/16
印　　张　15.5
插　　页　2
字　　数　261 千字
定　　价　59.00 元

凡购买中国社会科学出版社图书，如有质量问题请与本社营销中心联系调换
电话:010 - 84083683
版权所有　侵权必究

《农村社会发展丛书》编委会

主　　编　钟涨宝

学术顾问　陆学艺　郑杭生

编　　委　（以姓氏拼音为序）

江立华　雷　洪　吴　毅

万江红　周长城　钟涨宝

《农村社会发展丛书》总序

自周、秦以来，中国一直是个农业国家，是个农业社会的社会结构。直到 1978 年，农民仍占 82.1%，只能说还是个农业国家的社会结构。真正发生大变局，转变为工业国家社会结构的是改革开放 30 年后。改革开放 30 余年，我国坚持以经济建设为中心，基本实现了经济现代化。2010 年，中国的 GDP 达到 39.8 万亿元（约合 6.2 万亿美元），按不变价格计算，比 1978 年的 3645 亿元增长 20.6 倍，年均递增 9.9%。三大产业结构由 1978 年的 28.2∶47.9∶23.9 转变为 2010 年的 10.1∶46.9∶43.0。在经济建设取得巨大成就的同时，中国的社会建设却"落"下了不少功课。由此带来的是老百姓上学难、就医难、住房难、城乡差距加大、社会矛盾凸显。而这些问题，对于生活在中国当代社会的普通老百姓来说，体会得痛楚而深切。从世界各国发展经验看，在社会现代化进程中，从农业社会向工业社会转变，首先经历的是经济发展为主的阶段；在工业化中期向工业化后期转变中，关注的是经济社会协调发展；进入后工业社会时期，则是社会发展为主的阶段。现在，从整体看，我国经济结构已达到工业社会中期阶段水平，但社会结构和社会发展水平尚处于工业化初期阶段。

经济结构与社会结构是一个国家（或地区）最基本、最重要的两个结构，两者互为前提、相互支撑。一般说来，经济结构变动在先，推动着社会结构的变化；而社会结构调整了，也会促进经济结构的优化和持续变化，所以经济结构和社会结构必须平衡、协调，相辅相成。国内外的经验和教训说明，经济结构不能孤军独进，社会结构的变化可以稍后于经济结构的变动，但这种滞后有一个合理的限度，超过了这个限度，如果长期滞后，就会阻碍经济结构的持续变化，从而阻碍经济社会的协调发展。改革开放以来，随着经济体制改革和经济快速发展，社会结构已经发生了深刻变动。但是，由于没有适时进行社会体制改革，社会建设的投入也不足，使社会结构相对滞后，出现了经济和社会两大基本结构不契合、不匹配的状况。

总体来看，当前我国的经济结构与社会结构存在着严重的结构差，这是中国经济社会发展中最大的不协调，也就是我们常说的存在一条腿长、一条腿短的畸形尴尬状况，这是产生当今中国诸多经济社会矛盾和问题，而且久解不决的结构性原因。而"三农"问题为什么长期解决不好？凡是一个经济或社会问题，不是一个单位、一个地区的问题，而是比较普遍存在的问题；做了工作，一年两年解决不了，而且多年解决不了。这一类问题就是经济社会的结构问题、体制问题。靠加强领导、靠加强工作是解决不了的。必须通过改革，通过创新体制，调整结构才能得到解决。"三农"问题之所以迟迟解决不了，就是因为存在这样一个普遍性的问题。"三农"问题就是一个需要从经济社会结构层面来认识，从改革体制的层面才能解决的问题。"三农"问题，说到底是个结构问题、体制问题。我们搞工业化，但没有按社会发展规律搞城市化，而用种种办法把农民封闭在农村里。

现在的城乡结构、经济社会结构，既不平衡，也不合理。这种城乡结构、经济社会结构是 20 世纪 50 年代以来，我国长期实行计划经济体制条件下的户口、土地、就业、社会保障等一系列制度而形成的，总称为城乡二元结构。这种城乡二元结构，同国外讲的不完全一样。刘易斯的二元结构，主要是讲城乡二元经济结构；中国的城乡二元结构，是在上述一系列体制下逐步形成的，既是经济结构，也是社会结构，应该称作城乡二元经济社会结构。它以户口制度为基础，把公民划分为非农业人口和农业人口。国家对城市居民（非农业户口）实行一种政策，对农民（农业户口）实行另一种政策。对这种格局，有学者称为"城乡分治，一国两策"。

1978 年改革开放，农村率先改革，实行包产到户和家庭联产承包责任制。农村改革到今年 35 年了，"三农"工作取得了巨大的成就，而这些成就是在农村改革还没有完全到位，还是在城乡二元经济社会结构的背景下实现的。虽然成绩很大，但问题也很多，应该有个好的总结和反思。从建设中国特色社会主义现代化事业，从国家长治久安，从中国跻身世界先进国家行列的全局看，解决"三农"问题仍是最大的难点和重点，仍然是我们各项工作的重中之重。现在的这套结构是不行的。今后要着力破除城乡二元结构，形成城乡经济社会一体化格局。统筹城乡经济社会发展是解决好"三农"问题的根本途径。

"统筹城乡经济社会发展"，最早是在党的十六大政治报告中提出来的。作为建设现代化农业，发展农村经济，增加农民收入的重大原则，也就是解决好"三农"问题的根本方针。2002年后每年中央全会所作的决定，都一再重申这个重大原则，2008年的十七届三中全会再次重申："必须统筹城乡经济社会发展，始终把着力构建新型工农、城乡关系作为加快推进现代化的重大战略。"10年过去了，我国的城市和乡村都有了很大的发展，经济和社会也都有了很大的进步，这是要充分肯定的。但是城市发展得快，农村发展得慢；经济这条腿长，社会这条腿短的格局，还没有从根本上扭转。一个重要的例证，就是城乡差距还在继续扩大。这表明统筹城乡经济社会这个方针还没有得到全面有效的贯彻。所谓统筹，就是要兼顾、要协调、要平衡，使城乡经济社会协调发展。在这里，统筹的主体是党中央、国务院和各级地方党委和政府，按照统筹兼顾的原则，进行宏观调控，改变过去重（城市）一头、轻（农村）一头，乃至挖一头（农村）、补一头（城市）的做法。所以，要贯彻落实统筹城乡经济社会发展这个重大战略和方针，作为统筹主体的各级党委和政府，首先要有明确的认识。其次，要贯彻落实统筹城乡经济社会发展，必须对现行的城乡体制机制进行改革。要统筹城乡经济社会发展，就一定要统筹安排进行诸如户口制度、土地制度、财政金融体制、教育医疗体制、社会保障体制等方面的改革，这些方面的每一项改革，都涉及全局，单靠农业、农村方面的力量是改不动的，而必须由党和国家，各级党委、政府统筹安排来进行。所以，要实现城乡经济社会一体化的理想，应该把统筹城乡经济社会发展加进改革的内容，称为统筹城乡经济社会的改革和发展。最后，要实现统筹城乡经济社会发展的战略任务必须在组织上落实。

政治路线决定组织路线，组织路线是为政治路线服务的。新中国成立以来，特别是改革开放以来，社会主义建设实践证明，这个理论是正确的。所以，在新时期，建一个为党中央解决好"三农"问题的工作机构，从组织上落实统筹城乡经济社会的改革和发展这个重大战略任务，就很有必要。

统筹城乡经济社会发展，进行农村的经济社会建设离不开对农村深入细致的研究。从杨开道先生（1899—1981）到李守经先生（1932—2000），再到钟涨宝教授，华中农业大学社会学系一直秉承优良传统，孜孜不倦，潜心农村社会发展研究，产生了一大批优秀研究成果。这套《农村社会发展丛书》便是钟涨宝教授及其团队近年来产生的优秀成果选编。丛书以农民、农业和农村为主线，从中国实际出发，系统研究了农村社会变迁、农村组织、农村教育和农村社会保障等值得关注的农村社会面临的重大问题。更为可贵的是，钟涨宝教授及其团队多年来扎根农村基层，了解民情民意，探索农村性质，剖析农村结构，寻找农村发展之道，不可谓不勤劳，不可谓不努力，付出总有回报，这套丛书的出版即为世人展示了该团队的执着精神及卓越水平。

丛书研究大部分来源于农村经验，但又不是单纯农村经验的展示和罗列，而是包含着研究者对农村长久和深入的思考，是一套不可多得的优秀作品，值得同行学者、新农村建设的实践者以及关注中国农村发展的朋友们品鉴。

2013 年 4 月 18 日

农村社会发展与社会转型研究的新探索

——序钟涨宝教授主编《农村社会发展丛书》

从 1978 年以来，中国的社会转型进入了一个新的阶段，具有了以往不曾具有的特点。其中一个最明显的特点，就是在经济体制改革的带动下，社会结构转型和经济体制转轨两者同时并进、相互交叉，形成相互推动的趋势。这里，社会结构主要是指一个社会中社会地位及其相互关系的制度化和模式化的体系。社会结构转型就是不同的地位体系从传统型向现代型的转型；经济体制转轨则指的是从高度集中的计划经济体制向市场经济体制转换。无论是社会结构转型还是经济体制转轨，都是广义的社会转型的内容。用世界的眼光看，这种转型的复杂性在其他发展中国家的现代化过程中是很少见的。更进一步说，两种转变的实质在于文明形态的变更。而这种深层次的文明转型发生在中国这个地区发展极不平衡的巨型国度里，经历了不同路径的探索和实践，也呈现出纷繁复杂的社会现象。

另一方面，在 20 世纪与 21 世纪的交替期间，旧式现代性已经进入明显的危机时期，全球社会生活景观因此呈现出重大转折的种种迹象。在世界，在中国，探索新型现代性便成为一种势在必行的潮流和趋向。所谓旧式现代性就是那种以征服自然、控制资源为中心，社会与自然不协调，个人与社会不和谐，自然和社会付出双重代价的现代性。而所谓新型现代性，就是指那种以人为本，人和自然双盛、人和社会双赢，两者关系协调和谐，并把自然代价和社会代价减少到最低限度的现代性。作为一个具有历史规律性的人类追求方向，提倡并促进新型现代性的全面实现应该是具体研究领域的一种学术自觉。因此，这种对新型现代性的追求需要更多有志之士在相应的具体层面进行系统研究。这其中，作为社会系统重要构成的农村是一个不可忽视的研究领域。在城市化基本实现的当下，在推进新农村建设的现实背景下，如何进一步推动农村转型升级，实现城乡一体化，最终建成中国特色的新型社会主义，是摆在学界面前的一个重大课题。

事实上，在中国社会学的发展史上，农村研究一直占据重要地位。早在中国社会学的传播和发展时期，社会学的前辈们就深入到农村广阔的天地之中，探索和思考中国农村社会发展和转型面临的问题。从某种意义上说，对农村的经验研究成为早期中国社会学的研究重心。

改革开放后，中国社会学在中断近30年后得以恢复，农村社会学的教学与研究也获得长足发展。其中，华中农业大学社会学系是国内较早恢复农村社会学教学与研究的系所之一。我国第一位农村社会学博士、老一辈著名社会学家杨开道先生（1899—1981）曾经是华中农学院（华中农业大学的前身）的筹委会主任，他所开创的中国农村社会学教学研究事业给该校留下了宝贵遗产和优良传统。1986年，该校开设了国内第一个农村社会学专业。华中农业大学社会学专业自建立之日起，就十分重视农村社会学教学与研究中的学风建设，不但继承和发扬了杨开道先生的"理论研究与实地调查相结合，用科学方法研究中国农村"的学术理念，而且在首任系主任李守经教授的带领下，逐步形成了严谨治学、求真务实的教学和科研风气与传帮带、团结合作的工作氛围，以及"教学、科研、社会实践"三结合培养社会学应用人才的教学理念。现今，这种优良的教风学风由钟涨宝教授带领他的团队进一步发扬光大，他们所取得的成绩有目共睹，为学界公认。

这样一种注重"理论研究与实地调查相结合"，务实开拓创新的精神理念，一定程度上与我近年来提倡的中国社会学要有一种"顶天立地"的精神相契合，也是一种"理论自觉"的自我实践。所谓"顶天"，就是社会学研究要站在国际社会学研究的前沿，把握当前学术研究的前沿问题，也就是说，中国社会学必须要有国际视野。所谓"立地"，是指社会学研究一定要立足于本土研究，扎根本土社会，这就是本土视野。"顶天立地"就是要把追求前沿与深入基层结合起来，把世界眼光与草根精神结合起来。只有把两种视野结合起来，农村研究的水平和价值才能得到提升。而所谓"理论自觉"是指对社会学理论或社会理论进行"建设性的反思"。显然，"理论研究与实地调查相结合，用科学方法研究中国农村"的学术理念，其实质正是"顶天立地"和"理论自觉"。正是在这样一种务实开拓创新的精神理念下，该校的农村社会学研究一直走在学科的前沿，取得了丰硕的成果。

此次由钟涨宝教授主编的《农村社会发展丛书》无疑是农村社会学领域的又一新探索，也是对中国农村社会学的又一大贡献。该丛书立足农村社会转型和体制转轨的时代背景，综合运用社会学理论和方法，以实现农村社会和谐发展和促进农村社会建设为目标，围绕"农村社会发展行为逻辑与制度安排的互动规律"这一主线，对我国农村社会政策、农村社会组织、农村社会保障等核心问题进行系统的交叉学科研究。具体而言，这套丛书综合运用了个案研究、统计调查、历史比较研究等多种社会学研究方法，对农村经济社会变迁进行了不同侧面的研究，着重关注了当前农村发展和转型过程中的热点问题，比如农村社会保障、农民合作经济组织、民间金融组织、农村教育等事关城乡一体化的社会问题。有关这些问题的系统研究，对探索农村社会发展规律，消减农村社会发展进程中不协调的音调，从而将农村社会发展的代价减缩至最低程度，实现农村社会的良性运行和协调发展，具有重要的理论和实践价值，是对如何实现新型现代性的一种积极回应。我们有理由相信，这套丛书的出版，对于读者在理论上认识把握中国农村社会发展大有裨益，对于相关部门的政策制定亦具有重要的参考价值。

　　总之，这套丛书凝聚了华中农业大学社会学系多年来农村社会学研究的心血，把握了学术研究的前沿，是一套值得研读的精品。

　　是为序。

郑杭生

2010 年 3 月 25 日于

中国人民大学理论与方法研究中心

目　　录

第一章 导论

引子 "侯氏之死"背后的养老危机

2010 年的一天早晨,华北 C 村的村民开始了一天的忙碌,侯千两(侯氏)则呆望着饭桌前的三根油条和两块糖糕,他拿起其中的一块糖糕咬了一口,心里实在难受吃不下,终于狠下心来将手边的农药喂到了嘴里。侯氏自杀了。侯氏死了。

有人说侯氏是因为六个儿子围绕他 7 万元征地补偿款的分配纠纷而自杀的,事实上村里人都知道,高速路的征地补偿款纠纷只是压死侯氏的"最后一根稻草"。或许将时间倒回到两年前的侯家,便可以清楚地看到侯氏之死的真正原因。2008 年的一场大病令本已是鳏寡之身的侯氏彻底失去了劳动能力。对于侯氏而言,生存与生活均成为了严重问题。侯氏一手拉扯大的六个儿子无一人愿意主动给他口粮,无人愿意负担他的生活起居,也不愿分担他的医药费用。这场家庭赡养的矛盾虽经乡村干部进行了调解,却仍然没有解决,侯氏无奈之下将自己的儿子们告上了法庭,但赢了官司的侯氏并未获益,他的儿子们不仅拒绝兑现法院的判决,而且对他更加疏远。那时自杀的念头便在侯氏的脑中生根,只是征地款的纠纷令其最终对自己下了狠心,于是就有了开篇的一幕。

《侯氏之死》的故事一经发表①,在社会上引起了极大反响,也

---

① 据作者介绍《侯氏之死》在发表时题目被改为具有中性化色彩的《农村老人的养老之痛》(《南风窗》2012 年第 24 期),参见 http://www.snzg.net/article/2012/1204/article_ 31657. html。

引发了人们对农村老年人自杀现象的关注。或许有人会质疑侯氏个案具有的偶然性与特殊性，但来自更大范围的调研一再证实农村家庭联产承包责任制实施以来农村老人的家庭境遇并未随着家庭经济条件的改善而得到明显的改观；相反，在许多地方，老年人的生存状态还出现了恶化趋势。对此，我们不禁要感慨，这还是我们所熟悉的那个"尊老敬老"的伦理本位的社会吗？虽然我们不期待"卧冰求鲤"、"卖身葬父"的典故在今天的生活中翻版上演，但我们多少有些不能接受这种不供养老人、"逼迫"老人自杀的事例在周围发生。如果我们不简单地将侯氏之死视为极端事件，不将侯氏的子女视为少数的道德沦丧者，那么我们有必要追问，中国农村的家庭养老到底是什么样的景象？今天的农村社会和农村家庭到底发生了什么变化？家庭中的代际关系究竟是何种样态？家庭中的代际互动究竟是如何实践的？家庭中的代际关系和代际互动又是如何影响家庭养老的？正是基于对上述一系列困惑的追问，我们开始了这项旨在了解转型期农村家庭养老的研究。我们相信侯氏之死背后一定有某些结构性力量的促使，因此我们以社会转型为基本背景，将家庭中的养老置于社会转型的结构之中，分析当前农村养老的实践形态，探究当前农村养老实践中存在的问题及其归因。

一 家庭养老中的"反馈模式"：内涵与机制

对于中国社会而言，家庭养老一直是其传统且核心的养老方式。正如有研究者所指出的那样，在传统中国，家庭不仅是个人情感依附与生命成长的港湾，更是经济的生产单位，个人的生命延续与代际的资源传承都是在家庭之中完成的，即年轻的夫妇生养子女，子女长大后再生养自己的子女，同时照顾反哺年老的父母①。这种养老形态构

---

① 柯琼芳：《世代合作或世代冲突：中美养老模式的比较研究》，载曹俊汉主编《中美资源分配政策评估》，中研院欧美研究所，1998年，第212页。

成了美国人口学家Norman B. Ryder所讲的家庭内世代间的资源转移①。费孝通将这种家庭内世代间的资源转移模式概括为"反馈模式"②，由此"反馈模式"便成为理解中国家庭养老乃至代际关系的关键。而我们认为，要想深层次地理解当前中国农村的家庭养老，不仅要厘清"反馈模式"的内涵以及促使其世代资源有序转移的内在机制，同时亦要辨析这些机制在社会转型过程中有何变奏，这种变奏对当下的家庭养老和代际互动又产生了什么样的影响。

（一）"反馈模式"的内涵

当养老在家庭场域中发生时，养老的实践形态便取决于家庭关系的特征；反过来，不同的家庭关系也形塑着不同的家庭养老形态。许烺光在研究亲属关系与结构时，曾提出著名的"许氏假说"（Hsu hypothesis），即在每一个社会亲属结构中，各项亲属关系所占的重要性并不相等，而其中只有一种支配性的关系，此一关系的特征可以影响亲属结构中的所有其他关系③。而在中国传统社会中，支配性的关系为父子关系，以此为主轴，其运作的方法直接影响或支配了其他关系的运作④。在儒家传统中，代际关系（特别是父子关系）一直是社会关系的核心纽带。在儒家代理看来，父母对子女有教养之责，其中父母对子女的"养"或有终结之时，而父母对子女的"教"，却不是到

---

① Ryder, Norman B. 1988 "Effect on the family of changes in the age distribution", in. *Proceedings of the international Symposium on Population Structure and Development.* New York：United Nations.

② 费孝通：《家庭结构变动中的老年赡养问题：再论中国家庭结构的变动》，《北京大学学报》1983 年第 3 期。

③ Hsu，F. L. K. 1965. The effect of dominant kinship relationships on kin and non-kin behavior：A hypothesis. *American Anthropologist*，67，638 – 661；Hsu，F. L. K. 1971. A hypothesis on kinship and Culture. In F. L. K. Hsu（Ed.），*Kinship and Culture.* Chicago：Aldine.

④ 参见李亦园《传统民间信仰与现代生活》，载杨国枢主编《中国人的心理》，中国人民大学出版社 2012 年版；高旭繁、陆洛《夫妻传统性：现代性的契合与婚姻适应之关联》，《本土心理学研究》2006 年第 25 期。

其成年就结束；同样，子女对父母的"养"，可能要从自己成年有能力时才开始，但子女对父母的"敬"，却要从婴孩时期就开始①。换言之，父母与子女间的代际互动不仅包含物质性的"养"，还包括情感性的"教"与"敬"，前者具有时限性，而后者无时限性。

许烺光曾将中国人的处事态度称之为"情境中心"，以区别于美国人的"个人中心"和印度人的"以超自然为中心"。所谓"情境中心"，它的核心世界观则是"以一种持久的、把近亲联结在家庭和宗族之中的纽带为特征。在这种基本的人类集团中，个人受制于寻求相互间的依赖。就是说，他之依赖于别人正如别人之依赖于他，并且他完全明白报答自己恩人的义务，无论这一还报在时间上要耽延多久。中国人伦理道德的基本核心是孝道，它是一种既定的孩童（子女）对于父母应持有的种种职责、义务和态度的复合体。子女之所以要向双亲尽孝道，是因为子女们受惠蒙恩于培育、抚养自己的长辈"②。事实上，关于子代对亲代的孝顺，《孝经》有较为细致的界定，它针对天子、诸侯、卿大夫、士、庶人等不同地位人群的"孝"提出了不同的要求，其中天子之"孝"要求"爱敬尽于其事亲，而德教加于百姓，刑于四海"；诸侯之"孝"要求"在上不骄，高而不危，制节谨度，满而不溢"；卿大夫之"孝"要求"非法不言，非道不行，口无择言，身无择行"；士阶层的"孝"要求"忠顺事上，保禄位，守祭祀"；而庶人之"孝"要求"用天之道，分地之利，谨身节用，以养父母"。

在社会科学研究领域，对中国传统家庭养老模式较为经典的研究来自于费孝通。立足于对基层家庭结构的分析，费孝通先生将中国传

---

① 赵晓力：《中国家庭正在走向接力模式吗?》，《文化纵横》2011 年第 6 期。

② 转引自李银河《一爷之孙：中国家庭关系个案研究》，内蒙古大学出版社 2009 年版，第 1—10 页。

统社会的养老形态归纳为"反馈模式"以区别西方的"接力模式"①。在费老看来，在西方的"接力模式"中，代际关系是甲代抚育乙代，乙代抚育丙代，是一代一代接力的模式；而在中国的"反馈模式"中，代际关系是甲代抚育乙代，乙代赡养甲代，同时抚育丙代，此后丙代再赡养乙代，下一代对上一代都要反馈的模式。这两种模式的差别就在前者不存在子女对父母赡养这一种义务②。

在反馈模式看来，代际互惠是家庭养老的内在机制，即父母生养子女，将其养育成人，传以家业；待父母年老时，子女则有义务照顾他们，为其养老送终，由此而形塑的"父慈子孝"构成了一种双向互惠的代际关系，并形成对父子血缘关系的理论性升华③。费孝通先生认为，中国传统的代际关系不同于西方社会，其是一种基于公平原则的双向流动的"抚育"与"赡养"关系④。在子女社会化的过程中，他逐渐习得了前文所讲的各种伦理规范，知道今天接受父母的养育之恩，日后待自己成年、父母年迈，自己有责任为父母提供各种养老资源，即"父母养我小，我养父母老"。

有研究者将这种代际间的互惠置于社会交换理论的框架之下予以分析，认为父母对子女的养育是为自己的养老进行"投资"，而子女

---

① 学术界也有研究者质疑将反哺模式和接力模式视为中西差别，而倾向于将其视为传统与现代的差别。例如，李银河和陈俊杰就指出，西方社会并非全无反哺关系，在他们的社会处于无货币经济即农民经济的阶段之时，这种反哺关系也是存在的。只是到了工业化的现代社会，反哺关系才被接力关系所取代。这一取代过程也将会或者说正在我们这个处于工业化和都市化过程中的地道东方国家中出现。因此，反哺关系与接力关系这二者之间的区别，应当说并不是中西方文化的区别，而是农业文化与现代工业文化之间的区别。参见李银河、陈俊杰《个人本位、家本位与生育观念》，《社会学研究》1993 年第 2 期。

② 费孝通：《家庭结构变动中的老年赡养问题：再论中国家庭结构的变动》，《北京大学学报》1983 年第 3 期。

③ 范成杰：《代际关系的下位运行及其对农村家庭养老影响》，《华中农业大学学报》（社会科学版）2013 年第 1 期。

④ 费孝通：《家庭结构变动中的老年赡养问题：再论中国家庭结构的变动》，《北京大学学报》1983 年第 3 期。

为父母养老则是对父母早年付出的一种回报。这种看似合理的分析事实上简化了代际互动的内涵，将代际互动中的道德与情感等因素统统进行了剥离。在此视域下，抚养与赡养仅仅变成了一个长时段的"交易"。这种分析路径显然构成了对"反馈模式"内涵的偏离，因为"反馈模式"本质上是一个伦理化的互动图式，它不仅包含着各种物质的、经济的有形互惠，又包括情感和象征方面的无形交流①。

（二）"反馈模式"的约束机制

"反馈模式"作为一项对中国传统代际关系的描述，其较为深刻地呈现了传统代际关系的特征，但我们也必须认识到，这一关系模式的产生及其实践是嵌入在特定的结构之中，即反馈模式的存在有其特定的价值约束和社会约束，不理解前者则无法深入理解反馈模式本身以及当前农村家庭养老的实际形态。

1. 反馈模式的价值约束

如前文所述，对老人的赡养是传统"孝"的一个重要内容。《弟子规》对孝的规范就强调，从"父母呼、应勿缓"的儿童时期开始一直到父母过世后的丧祭环节（"丧尽礼、祭尽诚"），贯穿一个人的一生。由此使得父母与子女关系超越了一般的生活共同体的意义，而进入到伦理共同体的范畴②。事实上，早在 20 世纪 20 年代，潘光旦先生在研究家庭制度时就曾指出，中国的家庭养老并不能完全放在西方"权利"和"义务"的契约话语体系中来理解，在中国社会里，"权利义务之说，用于社会尚无大害，用于家庭则颇有难堪者""中国的父母对于子女应为之事，是为了了却心愿，而子女奉养父母，与父母之受其奉养，亦未当作责任或权利观"③。由此，中国家庭反馈模式得

---

① 郭于华：《代际关系中的公平逻辑及其变迁——对河北农村养老事件的分析》，《中国学术》2001 年第 4 期。

② 赵晓力：《中国家庭正在走向接力模式吗？》，《文化纵横》2011 年第 6 期。

③ 潘光旦：《中国之家庭问题》，载《潘光旦文集》（第 1 卷），北京大学出版社 1993 年版，第 134 页。

以维系的基础不是西方社会的权利义务观念，而是情感的流露和亲情的联络。这种情感与亲情的核心被姚远称之为"血亲价值"，即以血亲关系为基础并以实现血亲利益为其人生价值和调节代际关系准则的行为规范和心理定式①。在姚远看来，在血亲价值的视角下，中国家庭养老的内在机制由"一个核心、两种动力、三级整合、四条规则"组成。所谓"一个核心"是指血亲价值观，即以血亲利益为人生价值的观念。在这种价值观的作用下，子代将赡养亲代视为自己人生的最高目标，或者围绕着赡养亲代来设计自己的前途，同时将自己的稀缺资源（如时间、精力甚至缩短生命等）用以换取亲代的健康、愉快和生命的延续。"两种动力"分别是指先天动力和后天动力。前者是指血缘联系造就的动力，其中血缘联系、情感建立、报恩意识构成了先天动力形成的三个阶段，同时也构建了先天动力的能量之源。后者是指人生价值观造就的动力。传统社会通过父辈的言传身教、社会的教化和舆论监督以及国家的制度，将养老作为一种责任和人生观灌输给子孙，使子代在潜移默化之中成为承担养老责任的自觉者。在此结构下，一旦子代将养老视为自己的人生任务，那么其将会自觉地放弃个人的利益，最大程度地追求实现家庭养老的目标。"三级整合"分别是指先天动力与后天动力的整合、文化模式与行为方式的整合以及国家、社会、家庭、个人的整合，其中先天动力与后天动力的整合保证了家庭养老所需的动力和精神支持，文化模式与行为方式的整合保证了家庭养老的物质支持，国家、社会、家庭、个人的整合则保证了家庭养老的环境支持。"四条规则"则是指家庭养老的血亲核心性、超经济性、非均衡性、亲代主导性，它们共同规范了家庭养老的特征、原则、规范和途径。

在传统中国社会之中，"反馈模式"所蕴含的"家庭伦理"和"血亲价值"一直备受重视，而"孝"作为家庭伦理和血亲价值的核心，其不仅在非正式的社会化过程中被强调，同时它也被中国社

---

① 姚远：《血亲价值论：对中国家庭养老机制的理论探讨》，《中国人口科学》2000年第6期。

会的宗教、政治、法律和教育等制度所推崇。不孝顺父母在传统社会中被认为是大逆不道的行为，忤逆不孝的子孙不见容于整个社会，极端的甚至可招致杀身之罪①。正是由于存在上述一系列的价值约束，C. K. Yang才指出，"在传统社会秩序下，（人们）要有超常的勇气和想象力才能成为不孝之子。"②

2. 反馈模式的社会约束

传统反馈养老模式能够得以有效维系和实践，一方面是以父子血缘关系为中心的家族文化及制度提供了文化与制度的保障；另一方面则是传统乡土社会的内在性质从根本上保障了其运行。

在传统社会之中，家庭的权力通常是掌握在年长的父亲手中，他在家庭之中拥有绝对的权威，任何挑衅家长权威的言行都会被视为大逆不道。家长的权威除了受到道德伦理的护卫外，还受到家庭经济资源的保障：家长几乎掌控着家庭全部的经济资源。事实上家长除了控制着家庭的经济资源外，还掌握着因辈分而获得的家庭祭祀主导权以及因年龄而获得的生产经验，而子代只能通过时间的交替来掌握这些资源（此时他的身份则由子女变成了家长）。

如果说家长因为通过独占家庭中的资源而获得的家庭权力构成了保障代际间反馈模式得以有效运转的物质基础，那么家族和宗族的存在与作用则构成了维系反馈模式运转的组织基础。家族/宗族作为一种强有力的组织体系，有效约束着族内的成员履行自己的"抚养"与"赡养"义务。魏源就曾经指出，家族通过义庄建设佐助国家"教民"、"养民"，端正风俗，维系人心，是地方社会秩序的维护者③。不仅如此，与宗族相对应的士绅对于乡村社会中的伦理规范也具有很强的引导作用，因为士绅本身具有极强的道德性，他们是引导民众规范自身行为的典范。正如魏斐德所言，理想上，每位士绅都浸淫于儒

---

① 瞿同祖：《中国法律与中国社会》，中华书局1981年版，第27—49页。

② C. K. Yang, 1959. *Chinese Communist Society*：*The Family and the Village.* Cambridge：The M. I. T. Press.

③ 魏源：《魏源集·庐江章氏庄记》，中华书局1975年版，第502页。

家伦理，强化社会道德是君子的责任，在帝国晚期，士绅不只是充当道德典范，他还需要做与身份相符之事——调解地方争端、照顾穷人、炫耀性善举，所有这些都为他在地方志或族谱中赢得褒扬①。

除了家庭与家族因素的约束外，社区结构的特征也直接影响和约束着"反馈模式"这一具有明显伦理道德性的代际互动形态。关于中国传统乡土社会的性质，费孝通在其《乡土中国》一书中曾有精辟的分析，他指出从人和空间的关系来看，不流动是乡土社会的重要特征。这种不流动性不仅体现在乡土社会之中人们的谋生方式依赖于土地，而且表现在人们生活方式亦与土地相连：人们黏着于土地，极少流动，且由此形成了安土重迁的社会心态。乡土社会的不流动使得身处其中的人们彼此之间形成了"对外以聚居集团为单位的孤立和隔膜、对内则以熟人社会为特色"的人际关联。而维系这个由熟人构成的"亲密社群"的结构是"一根根私人联系所构成的网络"，"这个网络的每一个结都附着一种道德要素"②。因此，在传统农村社区，维系村庄秩序的人情与感情，以及由人情与感情延伸出来的礼俗与伦理道德，形成了一定的"社区养老情理"，而赡养者和被赡养者的养老观念、养老标准及他们对某种养老方式的选择，直接被这种"情理"所影响或制约③。一旦违背"社区养老情理"，便会遭到族人、邻里的议论、谴责、耻笑，甚至"被戳脊梁骨"。在这种伦理约束下，不论因为何种原因而不养老或想推脱养老责任的子女都要受到家族的处罚。正是这种宏观层面的文化规范与微观层面的社区养老情理保障了传统代际交换的基本对等，实现了家庭"抚养—赡养"这一反馈模式的运转。

---

① ［美］魏斐德：《中华帝制的衰落》，邓年译，黄山书社2010年版，第30页。

② 费孝通：《乡土中国·生育制度》，北京大学出版社1998年版，第7—10页。

③ 杨善华、吴愈晓：《我国农村的"社区情理"与家庭养老现状》，《探索与争鸣》2003年第2期。

二　社会转型与结构变迁:"反馈模式"基础的嬗变

波兰尼曾在其著名的《大转型》一书中以"嵌入"与"脱嵌"为核心概念来展开对人类经济与社会间的复杂关系进行分析①。波兰尼的研究为后来从事制度实践研究的学者提供了一个新的分析视角,即从制度实践的基础来考察制度的运作。就农村养老而言,它的实践亦是嵌入在农村社会结构之中,忽视农村社会自身的分析必将难以把握农村养老的实践,因为农村养老所嵌入的农村社会结构构成了其实践与运行的基础。社会转型正是通过影响了农村养老实践的基础进而影响其实践绩效。

通常而言,社会转型是指社会从农业的、乡村的、封闭与半封闭的传统型社会向工业的、城镇的、开放的现代型社会发生转变的过程②。在中国,这一转型过程源自于近代西方工业文明的撞击,后者引发了中国近代社会的持续变迁。在这一转型过程中,农村自身的封闭性逐渐被打破,农村社会不断被卷入到宏大的政治、经济与社会体系之中。为此,农村社会结构的诸多层面亦随之发生了变迁,这一变迁被社会科学者用不同的词汇进行着表达:理性化、原子化、无公德个人的兴起、伦理性危机的发生……不论我们如何评价这些变迁对乡村社会和家庭生活带来的影响,我们都不可否认这些变化共同构成了农村社会转型的基本特征,亦推动了农村社会养老实践基础发生相应的转变。

既然是"转型"和"变迁",则其一定是有起点,即当下的乡村社会是相对何种状态而发生的转型与变迁。虽然中国传统文学中对于乡村社会的描述有不少积累,有"采菊东篱下,悠然见南山",亦有

---

① ［英］卡尔·波兰尼:《大转型:我们时代的政治与经济起源》,冯钢、刘阳译,浙江人民出版社2007年版,第15页。

② 郑杭生:《改革开放三十年:社会发展理论和社会转型理论》,《中国社会科学》2009年第2期,第17页。

"鸡犬相闻，老死不相往来"，但这富有诗意与文学色彩的乡村描述显然无法满足当下社会科学者对"科学"的追求。即便是明恩溥等外国传教士对中华帝国时期乡村社会的描述①，亦因为其"他者"的身份而未能得到本土社会科学研究者的青睐。相比之下，费孝通先生在20世纪40年代写就的《乡土中国》一书则构成了当下中国社会科学界对传统中国乡村社会的理想表达。"乡土本色""差序格局""礼治秩序""无讼""长老统治"等成为印刻在社会科学研究者记忆中的关键词。毋庸置疑的是费老对中国乡村社会的描绘是到位的，这也使得其在半个多世纪以来一直是研究中国社会的必读书目和引用率最高的著作之一。费老对乡土中国的准确把握在其一本英文版著作的书名中得到很好的诠释——"捆在土地上的中国"，即土地构成了农民基本的生计依赖，同时基于土地/地缘建构出来的关系也成为乡村社会基本的联系纽带。或许所有《乡土中国》的研读者都不会反对，费老对乡土中国的分析更多的是一个静态描述，甚至是韦伯意义上的理想类型建构。在该书出版40年之后，费老回忆此书时亦承认，该书是"在具体现象中提炼认识现象的概念"，"它并不是虚构，也不是理想，而是存在于具体事物中的普遍性质，是通过人们的认识过程而形成的概念。"②

　　事实上深入研读《乡土中国》能清晰地发现费老在书中试图对乡土社会的变迁予以把握，以及这种变迁对于乡村与整个国家的意义。例如，费老对"司法下乡"的讨论。费老认为，无视社会基础差异的移植所带来的后果则只能是"法治秩序的好处未得，而破坏礼治秩序的弊端都已先发生了"③。但费老是乐观的，在他看来，这种不适应是中国现代化历程中的必经阶段。他并不反对在乡村社会引入法律，相反认为这是现代化的目标（预期）之一，他所强调的是需要对社会结

---

① ［美］明恩溥：《中国乡村生活》，午晴、唐军译，时事出版社1998年版。

② 费孝通：《乡土中国》，上海人民出版社2006年版，第4页。

③ 同上书，第48页。

构和人的思想观念进行一番相应的改革。在此后的 60 余年间，费老所描述的那个"熟悉的社会"被历史性地卷入到现代化洪流之中而发生了变化，社会结构发生了变化，人的思想观念亦发生了改变。在此过程中，文字和司法也都下了乡。

将费老所讲的这种社会变迁置于中国的近代历史之中似乎可以获得更好的理解。当晚清帝国的国门被西方列强的坚船利炮打开后，中央政府面临的首要任务便是保国保种、富国强民。这无论是以战争为特征的政权建设，还是以工业化为特征的经济建设，其都需要国家具备超强的社会动员能力和资源汲取能力。也正是在这种动力的推动之下，国家开始加强其政权建设，国家的权力逐步向下渗透。纵观近百年的中国历史，虽然自 19 世纪末开始，中国社会便发生了"千年未有之变局"，中国农村开始发生转型与变迁，国家政权逐步渗透到农村社会，农村社会维系自身秩序的"权力的文化网络"（culture nexus of power）① 被破坏，但直到 20 世纪 40 年代末，农村社会的结构都未发生真正的转型。1949 年新中国成立之后，特别是 20 世纪 50 年代开启的农村集体化实践，其以革命的方式否定了传统社会的秩序，意识形态的合法性替代原有村庄社区内血缘与地缘的认同而成为新的社会整合纽带。在这一过程中，"集体"作为一个意识形态的新概念被深深嵌入到农民的认知之中，原有基于血缘、地域而形成的家族观以及"差序格局"准则被贴上"封建"的标签而被"革命"掉。20 世纪 80 年代初的分田到户改革使得家庭重新成为农民基本的生产生活单位，集体化时期的"总体性社会"随之瓦解。

20 世纪 90 年代市场化改革的深入与拓展，使得农村的社会流动增加，就业开始多样化，农民的异质性也因此大为增加，村庄私人生活和公共生活发生了重大变化，家庭日益私密化，村民之间的陌生感增加，心理距离拉大，由此也进一步加剧了村庄的半熟人化。也正是

---

① ［美］杜赞奇：《文化、权力与国家：1900—1949 年的华北农村》，王福明译，江苏人民出版社 2003 年版，第 3—15 页。

在这个意义上，才出现了"新乡土中国"①。在"新乡土中国"中，农村与农民不再是被捆绑在土地上，而是被卷入到市场之中；不再是"乡土中国"，而是"市场中国"。不仅如此，村庄因为行政改造而出现了自然村与行政村之别；村庄亦不再是一个"熟人社会"，而是"半熟人社会"了；人际关系开始理性化，并由此连带产生出一系列的问题。

在我们看来，乡村社会所发生的变迁与转型还不仅仅是一个孤立的社会转型，它深深地嵌入在整个国家转型之中。因为在"国家推动改革"的政治结构之中，任何社会转型的发生与实践背后都有国家的影子，只不过国家有时候是以"看得见的手"出现，有时则以"看不见的手"出现。阎云翔对于下岬村私密生活的分析无非是再一次证明了国家对社会改造的能力：在集体化和后集体化时期，国家都出于不同的目的，以不同的方式在发起或者推动家庭的变迁中起了关键作用，并最终导致私人生活的转型②。

在中国，私人生活的转型首先起源于家庭结构与代际关系的变迁。传统的以父子为轴心的家庭以及父系家族制度在国家政权建设以及市场经济发展的双重冲击下已经发生了变化。伴随着家庭结构的核心化，夫妻关系开始取代父子关系成为家庭中的核心。这也印证了家庭现代化理论的基本假设，即社会的现代化变迁将最终导致家庭从垂直家庭以及延伸的亲属关系的义务移开，趋向夫妇间关系的优先，而后者带来的一个直接后果便是削弱了亲属关系纽带与义务的父系特征③。不仅如此，我们还看到市场经济的发展带来的非农就业机会的增长以及社会流动政策的放宽，青年一代的农民开始脱离乡村社会，无论是从经济上还是生活上，他们都逐渐脱离父母的管控，这大大改变或弱化了父母的权威。与此同时，在"父母身份非神圣

---

① 贺雪峰：《新乡土中国》，广西师范大学出版社 2003 年版。

② 阎云翔：《私人生活的变革：一个中国村庄里的爱情、家庭与亲密关系（1949—1999）》，龚小夏译，上海书店出版社 2006 年版，第 25 页。

③ ［美］古德：《家庭》，魏章玲译，中国社会科学出版社 1982 年版。

化"的过程中,家庭中年轻女性(特别是青年媳妇)在核心家庭中权力地位逐渐提升,这对传统的家庭结构以及以此为基础形塑的代际互动模式产生了重要影响。如果说传统的代际"反馈模式"是建基于父系基础之上,并在以父子关系为主轴的家庭权力结构之中得到保障;那么当这一家庭权力结构发生变迁后,家庭内代际资源互动的"反馈模式"是否还能够有效运转呢?这也构成了值得深入研究的话题。

社会变迁与转型带来的变化使得传统家庭养老"反馈模式"的约束机制发生了变化,而这种变化将对家庭养老产生什么样的影响?在新的场域之中,家庭养老又是按照何种逻辑来运作和演绎的呢?这也正是本书所试图探讨的问题。

三 研究单位与研究方法

(一)研究单位

研究单位的选择对于一项研究而言既是基础性的工作,亦是决定性的工作,因为一旦选定特定的研究单位,研究的视角和研究的路径便随之确定。从这个意义上讲,在一项研究中,研究者能够发现什么则直接受制于他所采取什么样的研究单位和研究视角。在本研究中,我们将分别以农户和村庄为研究单位,运用农户与村庄相结合的视角来透视转型期的农村家庭养老。之所以选定这两个研究单位,首先我们认为养老并不是一个个体事件,而是一个家庭事件,它不仅直接关乎家庭内部资源的分配,同时它也直接受制于家庭结构(特别是家庭权力结构)的影响。因此,不深入研究转型期的家庭结构以及代际互动过程则难以理解此过程中的家庭养老实践。虽然强调农户家庭这一维度,但我们亦认为村庄是不能忽视的一个研究单位。本研究着意将家庭养老放置于村庄之中予以理解,主要是因为:一方面村庄中的家族与宗族构成了家庭养老实践的结构性约束条件(如舆论的钳制效用);另一方面村庄社区情理在一定程度上构成家庭处理家庭关系和养老供给的"地方性知识"。正是基于上述考虑,本研究将村庄作为农户家庭之外的另一个重要的研究单位。在接下来的两目中，我们将简要地梳理农户与村庄这两大研究单位视角下进行的典型研究，以期为本研究的展开提供可能的借鉴。

1. 农户研究的传统

将农户作为中国农村研究的切入点一直是学术界研究的传统，特别是在农村经济行为的研究领域。所谓的农户，通常是指"生活于农村的主要依靠家庭劳动力从事农业生产的，并且家庭拥有剩余控制权的、经济生活和家庭关系紧密结合的多功能的社会经济组织"①。在传统中国社会，农户不仅是农民基本的生产单位，同时也是基本的生活、交往单位，还是国家政治治理的基本出发点②。同时基于农户在中国社会的重要性，学术界将以小农为主体的中国社会称之为"农民社会"。作为农民社会的总体特征，事实上就是"广大地区的农民生计都是以家庭为生产和社会组织的基本单位"。

应该说，将农户家庭作为农村社会研究（特别是农村经济分析）的基本单位是具有合理性的。以家庭为单位的经济分析，从家庭内部的人际关系出发，通过家庭本身的分析能够进一步拓展到更大经济体系的分析中。这样农户家庭便成为了中国农村社会研究的一个基本分析单位。农户的经济行为既包括家庭内部的每个人之间的相互作用，同时也包括家庭与更为广阔的社会之间的相互作用。这个更为广阔的社会则可以视分析的范围和内容而定为村庄、地区或世界经济③。

以农户作为基本的分析单位，产生了诸多的理论，最为经典的莫过于以恰亚诺夫"生存小农"理论为代表的实体主义经济学、以舒尔茨的"理性小农"理论为代表的形式主义经济学以及马克思的"剥

---

① 陈传波、丁士军：《中国小农户的风险及风险管理研究》，中国财政经济出版社 2005 年版，第 35 页。

② 徐勇：《"再识农户"与社会化小农的建构》，《华中师范大学学报》（人文社会科学版）2006 年第 3 期，第 2 页。

③ ［英］弗兰克·艾利思：《农民经济学》，胡悬北译，上海人民出版社 2006 年版，序言，第 2 页。

削小农"理论。恰亚诺夫认为农民家庭是农民、农场经济活动的基础，作为"生存的小农"，其家庭是集劳动单位与消费单位为一体的，小农家庭在生产上所做出的抉择主要是为了满足其家庭消费的需要，而不是像资本主义企业那样为了追求最大利润。恰亚诺夫则探讨了家庭本身的生物学发展规律和作为生产组织的家庭所具有的特殊性质对家庭自身经济活动的影响①。"理性小农"理论则认为小农的经济行为绝非西方社会一般人心目中的所认为的"懒惰愚昧"或"没有理性"，农户是一个追求利润的单位。因为在某种程度上，他为市场而生产，因此必须根据价值、供求和成本与收益作出生产上的抉择②。"剥削小农"理论将小农视为阶级社会和政权体系下的成员，在马克思看来封建社会中的农民既不是舒尔茨所强调的企业家，也不像恰亚诺夫等学者所认为的是"道义共同体成员"，而是租税的交纳者，受剥削的耕作者。虽然经典小农理论对小农行为的研究作出了卓越贡献，但其较强的解释力也正是建立在对各自不同时代的小农所作的阐述的基础之上：恰亚诺夫研究的是自然经济状态下的小农，即非商品化、非市场化状态下的小农；而舒尔茨则是针对完全市场化状态下的小农所展开的论述；马克思的小农研究则主要是以小农分化和破产为研究对象，他试图在一个历史的框架下将小农的行为上升到意识形态的层面。经典小农理论无疑对后来黄宗智的华北小农经济研究产生了深远影响，所不同的是在黄宗智看来，华北平原的小农"同时具有形式主义、实体主义和传统马克思主义各自分析中所突出的三种特征"③。

虽然经典小农理论对于特定时代内的小农行动作出了精辟的阐

---

① ［俄］A. 恰亚诺夫：《农民经济组织》，萧正洪译，中央编译出版社 2000年版。

② ［美］西奥多·W. 舒尔茨：《改造传统农业》，梁小民译，商务印书馆2003 年版。

③ 黄宗智：《华北的小农经济与社会变迁》，中华书局 2000 年版，第 21页。

述，但随着中国社会的转型与变迁，特别是伴随中国农村社会被卷入高度开放的社会化体系之中，经典小农理论难以对当下农户的行为给予令人信服的解释。在 1985 年以后，特别是 1998 年以来的中国农村变化非常巨大，农民行为的约束条件和机会成本也因为家庭联产承包责任制的推行和全方位的社会化而发生了较大的转变。经典的小农理论可能能够解释改革开放以前或者新中国成立前某些类型的小农动机和小农行为，但是无法解释改革开放以后社会化程度高、土地均等化制度安排下的小农动机和行为，也无法解释劳动力大规模转移与配置的外部"内卷化"现象。徐勇、邓大才等学者提出的"社会化小农"① 分析性概念为农户研究提供了一个新的研究框架。作为"社会化小农"理论，其包括"社会化小农经济、社会化小农生产、社会化小农发展阶段、社会化小农（主体）"。社会化小农，顾名思义就是"社会化程度非常高的小农，即'社会化 + 小农'，或者说与外部世界交往密切，融入现代市场经济，社会化程度比较高，但是经营规模比较小的农民、农户"。社会化小农不同于传统小农，其不排斥社会化，不拒绝市场；同时社会化小农也区别于采取企业经营的大农场，仍然是以家庭作为基本的生产单位。

社会化小农的分析事实上呈现了中国转型时期的农村社会现状，自 20 世纪以来，中国农民生产的组织形式和经济形态逐渐经历了从消遣经济到劳动经济，再到消费经济的转变。在当下的农村社会，生产、生活、交往的社会化诱致了消费膨胀，而消费的膨胀又进一步导致了家庭货币支出的压力增大。货币支出压力逐

---

① 徐勇等一部分学者则提出以农户作为乡村研究的基本单位。他们认为对于中国乡村来说，其历史传统既不是以个人为基点，也不是以集体为归宿，即使经历了人民公社的集体化阶段，最终还得回到农户这一基本起点。详见徐勇：《社会化小农：解释当今农户的一种视角》，《学术月刊》2006 年第 7 期；徐勇：《"再识农户"与社会化小农的建构》，《华中师范大学学报》（人文社会科学版）2006 年第 3 期；徐勇、项继权：《回到原点关注变迁》，《华中师范大学学报》（人文社会科学版）2006 年第 3 期；邓大才：《社会化小农：动机与行为》，《华中师范大学学报》（人文社会科学版）2006 年第 3 期，等。

渐成为了小农行为与动机的主要约束和目标。这一框架足以解释转型期"为什么农民放弃长期高利润而选择短期较低货币收入；农民生存问题已经基本解决，为什么还要进行过密化的劳动投入，等等"。在这一框架下，我们也更好地理解为什么大部分家庭愿意提供老人基本口粮，而不愿意给老人更多的零花钱：因为自产的粮食对于家庭而言并不是稀缺资源，而货币对于家庭而言则具有稀缺性。当家庭行为受到货币约束时或家庭以货币最大化作为自己的行为目标时，家庭的代际关系图式与行为模式则明显不同于传统时期的小农家庭行为。

2. 村落研究的传统

将社区作为中国社会学实证研究的基本单位不得不提及曾经对中国社会学早期发展予以极大帮助的布朗和派克。布朗曾经明确指出：以往对一个社区作为一个体系进行整体研究的方法，"仅应用于较后退民族的、狭小的而且是比较隔离的社区，如澳大利亚、美拉尼西亚和非洲之土著部落。这一种社区的社会生活，只需一个调查员，即可将它的整个加以研究，但应用同样的方法于较大较复杂的社会，如美国与中国，就有许多困难。这一种社会势必视作许多较小社区相互关联而成的一个集体。中国可以说是省、县、村镇，或最小的单位'户'的集体。因此，吾人研究必须由最小的单位'户'开始，由此而推广至全国，乃至整个世界社区，而中国乃是整个世界社区的一部分"。他进一步明确："在中国研究，最适宜于开始的单位是乡村，因为大部分的中国人都住在乡村；而且乡村是够小的社区，可供给一两个调查员在一两年之内完成一种精密研究的机会。"[①] 20 世纪 30 年代，中国社会学的开拓者吴文藻先生在结合英国功能主义人类学和美国芝加哥学派社会学理论的基础上提出了"社区"的系统化界说，主

---

① 北京大学社会学人类学研究所编：《社区与功能——派克、布朗社会学文集及学记》，北京大学出版社 2002 年版，第 304 页。

张以"社区"为基本的研究单位来了解社会，^① 由此开始了社会学研究中国社区学派的滥觞。对于"社区"的操作，当时被单一地界定为"村落"，如费孝通所说："无论出于什么原因，中国乡土社区的单位是村落，从三家村起可以到几千户的大村。"^② 而且"从地理上讲，传统乡村社会的村庄之间具有比较清晰的地域界限，在不同的村庄之中，经济活动和社会交往都是在相互隔绝的情况下进行的"^③。因此，中国的村庄便具有了独立的文化单元和社会单元的性质。正是由于村庄的这种独立性与封闭性，使得以村庄为基本单位展开对中国农村研究便具备了逻辑基础。为此，中国早期社区学派的"社区"研究事实上就主要是有关中国村落社区的研究，研究者试图以此反映一般民众的生活，进而对中国社会和文化的变迁做出评论。费孝通的《江村经济》、林耀华的《金翼》、杨懋春的《一个中国村庄》等正是这种努力的结果^④。

20 世纪 80 年代社会科学在中国大陆重新恢复之后，国内学者又重拾曾经给中国社会研究带来过辉煌的社区研究传统，这样，曾经遭

---

① 参见吴文藻在《花篮瑶社会组织》导言中的阐述，费孝通、王同惠：《花篮瑶社会组织》，江苏人民出版社 1988 年版，第 4—7 页。

② 费孝通：《乡土中国　生育制度》，北京大学出版社 1998 年版，第 9 页。

③ 王曙光：《村庄信任、关系共同体与农村民间金融演进》，《中国农村观察》2007 年第 4 期，第 76 页。

④ 这些作品在当时受到世界学术界的重视，奠定了中国本土社会研究的世界性地位，但另一方面，这些作品也因为村落社区研究单位的运用而受到质疑。如弗里德曼就提出在具有悠久历史传统的中国能否采取在其他原始部落中采用的方法来进行研究。弗氏所反思者，是单个村落研究在中国社会研究中的代表性问题，即小地方的描述能否反映大社会？弗里德曼的结论是否定的，他认为功能的整体性不足以把握有长远历史传统的文明大国的特点，因此，社区不是社会的缩影，对于中国的研究还得借助于文献，并做更大范围的研究。这种批判本质上是对将马林诺夫斯基的民族志方法论演化为中国社区论的质疑，反映了学界将适用于简单社会的研究方法移植到复杂社会后的适应性问题的反思。同时，施坚雅在四川盆地实地研究的基础上也提出了以集镇为单位的市场体系的分析范式，认为集镇而非村落是研究中国农村社会生活更为合适的基本单位。

受质疑的村落社区研究也因此而再次引起学界的反思。有学者指出："对一个村庄或社区通过进行观察，获得对社区的详细材料，并对这一社区进行精致的雕琢，从中获得了一个完整的社区报告，"这种乡村研究的发展本身"为地方性的资料细节所困扰，而忽视了一种整体的概览和思考"。① 这种质疑显然并非单单限于村落研究，而是扩大到了对整个个案研究方法之一般性价值的追问。王铭铭提出的"小地方大社会"② 思考逻辑之后在一定程度上促使了学术界对于村落研究意义进行重新定位与思考。在他看来，一个处于当代社会场景中的微小的村落社区，其自身的发展历程是与近现代中国民族国家建设过程相同步的。因此，通过对一个村落社区发展历史的叙述是可以展现出现代国家权力不断向乡村渗透的过程，即通过"小地方"的分析能够达到研究"大社会"的目的。事实上研究者也逐渐发现，随着整个民族国家目标的逐步实施，在中国各类的村落社区之中都能透射出国家权力向乡村不断渗透的过程。这种"在一个村落的小地方，同样可以感受到国家的权力运作"③。在奥伊的研究中，其为了能够说明农村中国家与社会之间的关系，也强调必须对"村庄"这一研究单位给予足够的重视，因为"村庄是处于国家和社会交叉部分的一种特有的组织单位，农民在这个地方从事生活和工作，收成在这里收割和分割，农民在这里获得收入和分配的物品，国家也在这里征购粮食"④。正是在村庄这一基本单位上，国家和社会相遇，这也就意味着村庄这一研究单位在理解国家与社会的关系上具有得天独厚的优势。这样的研究思路使得村落研究的意义又重新得以展现。研究者们重新将研究的视角拉

---

① 麻国庆：《家与中国社会结构》，文物出版社1999年版，第19页。

② 王铭铭：《小地方与大社会——中国社会的社区观察》，《社会学研究》1997年第1期。

③ 赵旭东：《权力与公正——乡土社会的纠纷解决与权威多元》，天津古籍出版社2003年版，第10页。

④ 转引自孙立平《"过程—事件分析"与当代中国国家—农民关系的实践形态》，载清华大学社会学系主编《清华社会学评论》，鹭江出版社2000年版，第18页。

回到村落的有限区域之内，通过细致的研究来把握国家权力与民间生活的相互影响关系：一方面，国家的规范是如何影响村庄的发展及村民的生活的；另一方面，国家的指示与规则又是如何被规避、扭曲和被漠视的。

纵观村落研究的传统，学者们虽然立足于不同的学科视角，有着各自不同的理论诉求，但基于村落研究而形成的社区分析范式无疑都将村落视为布迪厄意义上的"场域"。在这一场域之中，不仅个体为了自身的地位与利益而努力，同时个体在行动的过程中又与村落外的社会空间发生联系，由此推动着具体的村落场域与其他的场域发生着诸多的关联。因此，基于村落社区研究而拓展的社区分析范式通过"深描"展现了中国农村生活的丰富性和复杂性，同时也为深入理解农村生活的自身逻辑提供了有效的手段与视角。特别是在"场域建构主义"的策略之下，由于村落、村落之外和村落中的社会事实、村民以及研究者和研究文本都具有建构性，在每一项具体的村落研究之中，它们都会"遭遇"，并共同促成了研究成果的诞生，虽然由此带来了村落研究无法回避的代表性质疑，但也恰恰是这种"质疑"与"抗争"破除了村落研究所暗含的"本土—他者"、"城市—农村"、"国家—社会"等二元论，让作为场域的村落真实地再现出来①。

本研究在村落这一研究单位中思考家庭的养老，本质上是对"拓展个案法"的运用。扩展个案法是由英国社会人类学"曼彻斯特学派"首创、社会学家布洛维发扬光大的一种研究方法。在布洛维那里，扩展个案法的"扩展"主要体现在四个维度，即从单纯的观察者向参与者拓展、向跨越时空的观察拓展、从微观过程向宏观力量的拓展、理论的拓展②。其中每一个拓展都包括了一种对话：参与者与观

---

① 狄金华：《中国农村田野研究的单位选择——兼论中国农村研究的分析范式》，《中国农村观察》2009 年第 6 期。

② 闻翔：《以扩展个案法书写"公共民族志"》，《中国社会科学报》2013 年 8 月 30 日第 495 期。

察者的对话、田野中绵延不断的事件之间的对话、微观与宏观的对话以及理论之间的对话。正是受到拓展个案法的启示，我们将家庭之中的养老实践从微观的家庭过程延伸至宏观的社区力量与社区结构中予以思考，并试图在社区层面剖析影响家庭养老的结构性力量。

（二）研究方法

本研究的论述与分析主要以实证的资料为基础。由于实证资料的质量、代表性与典型性在很大程度上会影响甚至是决定研究结论的可靠性，因此在这里我们需要详细地交代本研究所使用的资料及其收集方法。

1. 量化数据资料

本研究所使用的量化数据资料：一方面，来自于我们自行组织的五省农户抽样调查（简称"五省数据"）；另一方面，来源于中国综合社会调查（CGSS2006）数据（电子版数据）和中国健康与养老追踪（CHARLS2011）数据（电子版数据）。三者共同构成了本研究进行数据分析的基础。

五省数据

为了解社会转型背景下农民的养老行为与养老预期、态度及其对新农保政策的评价，课题组于 2012 年 8 月至 2013 年 8 月，分别在湖北省广水市、四川省宜宾市、江西省寻乌县、浙江省温州市以及山东省武城县进行实证调查。根据研究内容，课题组自行设计了自填式问卷，并运用入户调查的方式进行资料收集。调查采用分阶段抽样方法抽取调查农户，即先从五个市（县）抽出 13 个镇，再从每个镇中抽出 2—3 个行政村共 34 个村，每个村抽取 30—40 户农户作为问卷调查对象。调查发放 1000 份问卷，回收有效问卷 958 份，问卷有效回收率为 95.8%。

调查内容包括家庭人口信息、家庭的土地资源及其认知、家庭养老的现状、养老保障的参与情况及其影响因素等。

中国综合社会调查（CGSS2006）数据

中国综合社会调查（CGSS2006）由中国人民大学社会学系与香港科技大学社会科学部执行。通过标准 PPS 抽样方法，对全国 28 个省、市、自治区进行了问卷调查，共获得有效样本 10151 个。其中，城市有效样本 6013 个，农村样本 4138 个。另外，上述样本中又选取了 3028 个样本进行"家庭问卷"调查，就家庭方面的问题，包括代际关系、家人评估、家庭价值、婚姻等问题进行了问卷调查。结合本研究主题，我们对问卷中所涉及的子女赡养问题及相关问题进行软件处理，共获得 647 个农村相关样本。

中国健康与养老追踪数据调查（CHARLS）2011 年基线调查数据

CHARLS 是由北京大学国家发展研究院执行的一项旨在收集代表中国 45 岁及以上中老年人家庭和个人数据的大型追踪调查，在全国 28 个省 150 个县区的 450 个村（居）中开展。CHARLS 收集了包括健康、医疗、工作、养老、收支、资产以及身体机能测试等诸多方面的数据信息。

2. 质性访谈资料

在 2011 年 12 月—2013 年 12 月间，我们先后在湖北省黄梅县黄村、五峰县偎乡、当阳市河村、江西省寻乌县茶村、山东省武城县刘村和重庆市长寿区文村①进行了累计 80 余天的驻村调查。在调查中，课题组采用了无结构式个案访谈法收集了相关资料。按照袁方教授在《社会研究方法教程》一书中的介绍，所谓无结构式访谈就是事先不预定问卷、表格和提问的标准程序，只给调查者一个题目，由调查者与被调查者就这个题目自由交谈，调查对象可以自由地谈出自己的意见和感受，而无须顾及调查者的需要，调查者事先虽然有一个粗线条的问题和大纲，但所提的问题是在访谈过程中边谈边形成，随时提出来的②。由于本课题研究关注的是转型期农村养老问题，致力于探讨社会转型下的农村社会结构与家庭结构变迁如何影响到农村养老，课

---

① 遵照学术惯例，本书对相关的人名和地名都进行了技术处理。

② 袁方：《社会研究方法教程》，北京大学出版社 1997 年版，第 271 页。

题组旨在通过访谈乡村干部、养老机构工作人员及普通农民，了解调查点的农村养老冲突的相关材料，考察不同时期农村养老冲突的变迁。

四　文本的结构：思路与章节

家庭养老是家庭中代际互动的一个重要"事件"，它集中体现着代际关系的特征；与此同时，代际关系的特征也影响甚至决定着家庭养老的实践。正因为如此，我们必须将对养老的分析回置到家庭结构与家庭关系之中。但仅做到这一步还是不够的，因为家庭结构与家庭关系在不同社会结构之中亦存在明显不同，因此又有必要进一步探析社区结构如何影响代际关系进而影响养老实践。

本研究的起点是传统家庭养老的"反馈模式"，在导言中，我们业已细致地梳理了反馈模式的内涵及其维系机制，并简要地探析了这些维系机制在近代以来受到的冲击，在此基础上介绍本研究探究乡村养老的两大研究单位（家户与社区）。

从第二章到第六章，我们将以家户作为基本的研究单位来探析家庭养老的组织基础——家庭的构成、家庭的资源禀赋、居住方式和权力结构等如何影响着家庭养老的供给。在我们看来，传统"反馈模式"运转的家庭形态及其权力结构已经发生了变迁，这种变迁将对"反馈模式"产生极大冲击。需要额外说明的是，在第二章中，我们以"单身"现象这一家庭残缺现象作为切入点来探讨家庭结构。以"单身现象"为切入点，是因为它本身恰恰是完整家庭结构的一个反面，对其展开分析构成了加芬克尔意义上的"破坏性试验"，能对完整家庭本身构成一个独特的反思。

在第七章和第八章，我们将研究的单位切换到村庄社区，我们一方面考察社区的情理如何形塑社区内的代际关系图式和家庭养老形态；另一方面比较在不同类型的村民社区，民众对机构养老的认知。在这一部分，我们着重考察社区结构如何约束家户行为，并最终对家庭养老产生直接影响。

　　第九章和第十章是我们对转型期乡村的家庭养老作出的理论反思，我们从理论的高度重新提炼了转型期家庭养老背后的家庭资源分配特征，提出了家庭资源分配中的"下位伦理优先性"特征；同时总结了转型期代际互动的不对等性。

第二章　家庭结构的完整与残缺

——对农村单身现象的一个解释

一　"单身"解释中的"家庭"缺席

婚姻的缔结不仅是男女两性的结合，更为重要的是，婚姻在促成新的家庭诞生之时，勾连起了横向家庭之间的姻亲关系，形塑了主导家庭结构的横向轴心。与此同时，因婚姻而产生的亲子关系还衍生出了家庭之中的纵向关系。而大龄未婚男性由于没有结婚，他们既缺乏横向的姻亲，也没有"启下"的直系血亲，他们接触最多的只是自己的家人和亲戚[①]。因此大龄未婚男性更多地扮演着社会秩序瓦解者的角色。

大龄未婚男青年存在的可能的负功能[②]促使着研究者们持续地保持着对其关注和研究的热情，并由此形成了两种不同的解释路径，即宏观的性别结构解释路径与微观的婚姻市场竞争解释路径。在性别结构的解释者看来，男女性别比失调是导致单身[③]（光棍）现象产生的

---

① 莫丽霞：《出生人口性别比升高的后果研究》，中国人口出版社 2005 年版。

② 社会史专家的研究证明，大龄未婚男性一直是许多秘密帮会、土匪团体、邪教组织等的主要社会基础。

③ 单身，原意是指一个人成年以后仍然是一个人生活而没有配偶。这一词汇本意是一个静态概念，即对当前状态下个人婚姻状况的描述。因此，其更为严谨的表述应该是"大龄未婚者"，但由于在特定的文化与社会结构中（如中国农村），若过了一定的年龄，其往往很难再找到婚姻的对象，虽然其中一小部分尚可能获得低质的婚姻（如单身男配残疾女或寡妇），但大部分则将终身与婚姻无缘。

制度性原因①。适婚人口的性别失调所导致的一个直接后果便是婚姻市场中可供选择的合适对象缺席，从而进一步导致"婚姻梯度挤压"②。在人口学者看来，导致婚姻挤压的因素是多方面的，主要有出生性别比、死亡率的性别差异、出生人数的变化和夫妇结婚年龄差、人口迁移及其性别年龄差异等。在这些因素中，出生率与出生性别比的变化是产生婚姻挤压的基础与前提条件，出生率的大幅度波动或出生性别比的异常都可能引发甚至激化婚姻市场的供需矛盾；而男女人口的差别迁移率则通过改变一个国家或地区的人口性别年龄结构而对婚姻市场的供需平衡产生直接的影响③。当婚姻挤压发生时，受挤压的一方便会调整自己的婚姻策略，扩大自己的择偶范围，由此使得婚姻挤压的范围进一步拓展。由此，婚姻挤压不仅体现在年龄层次上（即"哥找妹"），而且拓展到区域与经济层次上（即"城市男找乡下女""富裕男找贫寒女"）。正是由于上述的性别比失调和由失调引起的婚姻挤压，农村出现了大量的大龄未婚男青年④。与性别结构解释者将大量未婚男青年的出现视为是一种"结构性受害者"不同，婚姻市场竞争的解释者则将他们的单身看作是自身由于资源不足而在婚姻市场上缺乏足够的竞争力，从而将其视为是婚姻市场竞争中的失败

---

① 参见张萍《从征婚启事看外国城镇大龄未婚男女择偶标准的差异》，《社会学研究》1989 年第 2 期；张春汉、钟涨宝《农村大龄未婚青年成因分析》，《青年探索》2005 年第 1 期；李凤兰、杜云素《透视农村大龄未婚青年择偶难问题》，《华中农业大学学报》（社会科学版）2009 年第 1 期；陈友华、米勒·乌尔里希《中国的男性人口过剩——规模、结构影响因素及其发展趋势分析》，《市场与人口分析》2001 年第 3 期；等。

② 参见郭志刚、邓国胜《中国婚姻拥挤研究》，《市场与人口分析》2000年第 3 期；韦艳、靳小怡、李树茁《农村大龄未婚男性家庭压力和应对策略研究》，《人口与发展》2008 年第 5 期。

③ 陈友华：《"光棍阶层"就要出现》，《百科知识》2006 年第 5 期。

④ 参见石人炳《青年人口迁出对农村婚姻的影响》，《人口学刊》2006 年第 1 期；韦艳、靳小怡、李树茁《农村大龄未婚男性家庭压力和应对策略研究》，《人口与发展》2008 年第 5 期；余练：《多重边缘者：基于对 D 村光棍群体社会地位的考察》，《南方人口》2011 年第 6 期。

者。这种解释路径将所有的适婚者都视为一个理性的经济人，他们在完全市场化的婚姻市场中进行竞争，其中体貌不佳、教育资源和职业声望不高的男子在竞争市场上属于弱者①。作为此解释路径的一个派生，部分研究者将单身的产生归咎于婚姻支付能力的不足。显然这种分析延承了人类学对婚姻补偿机制的解释，人类学的相关研究指出，在初级亲族体系社会中，存在两种婚姻交换，即"局部交换"和"全局交换"。前者是亲族之间以"有来有往"的方式一对一地交换妇女；后者则是为了防止相互赠予之中存在不平衡，于是创造出婚姻的补偿机制，即男方以劳役、实物或金钱的形式向女方家庭支付"新娘价格"②。当男性无法支付"新娘价格"时，其便在婚姻市场中被淘汰。新近的研究将"婚姻市场要价"视为理解农村婚姻交换的基本框架③，而这一框架也正是以农村人口流动背景下的婚姻市场特点和农村婚姻资源配置结构性失衡为基础，以婚姻市场中女方的要价为切入点，分析婚姻之于男性及其家庭的负担。这一解释框架所延展开来的解释仍然是将男方支付能力的强弱视为婚姻缔结能否成功的一个关键。

回顾上述两种研究与解释的路径，虽然它们都从不同的层面对单身（特别是男性单身）的原因予以了解析，但这两种解析都留下了盲区：性别结构的分析路径虽然从宏观的结构出发，解释了单身率的发生，但却无法解释为什么偏偏是这些人成为单身，单身者在宏观的理论视域之中仅仅留下了一个模糊的脸颊和身影；婚姻市场竞争的解释路径，虽然给予了单身者何以单身的解释，但这种过于追求经济理性的解释框架，在忽略社会制度与社会基础的同时，依然无法解答布迪

----

① 张萍：《中国大龄未婚问题及特点》，《中国人口科学》1989 年第 6 期；叶文振、林擎国：《中国大龄未婚人口现象存在的原因及对策分析》，《中国人口科学》1998 年第 4 期。

② ［法］安德烈·比尔基埃等主编：《家庭史》，袁树仁、姚静、肖桂译，生活·读书·新知三联书店 1998 年版，第 50 页。

③ 桂华、余练：《婚姻市场要价：理解农村婚姻交换现象的一个框架》，《青年研究》2010 年第 3 期。

厄式的困惑——缘何在贝亚恩地区，无法继承家产的幼子结婚了而继承家产的长子却单身了。面对这种解释盲区，我们认为"找回家庭"或许是解释这一些盲区的有效途径，即在过于宏观的性别机构与过于微观的个体竞争之中引入"家庭"这一中观层次的分析，其不仅有助于在超越个体的层面找到结构性因素，同时亦能将家庭置于具体的村落场域之中来分析，使婚姻研究具有"社会基础"。或许，我们在此亦必须回答另一个值得追问的问题：家庭在上述的两种解释路径中究竟是什么位置？必要的学术检视可以发现，在上述的两种解释中，家庭不是缺位便是变得"无足轻重"，家庭要么被视为性别失衡的制造者（微观家庭的重男轻女造成了宏观男女性别的失衡），要么是婚姻要价的索要者与供给者。无论是在何种情况下，"家庭"自身始终未成为单身现象的直接解释单位，这无疑是一种遗憾。为此，本章试图"找回家庭"，以赣南一个村庄为个案，以家庭为基本的研究视角来解析单身现象的发生与演变。

二　单身者的家庭：布迪厄未被继承的学术遗产

布迪厄的《单身者舞会》一书出版之后，后来者在从中抽取宏观社会理论"养分"的同时，却放弃了对布迪厄所关注问题本身的追究。研究者们从这本布迪厄生前编写的最后一部民族社会学的著作中再次捕捉到了"象征资本"、"惯习"、"策略"[①] 等抽象理论的光芒，但却遗忘了布迪厄所忧心的贝亚恩地区农村单身者的身影。因此，不论从何种意义上讲，在此书中布迪厄对于农村单身者的家庭与制度关注都成为了被学术界遗忘的遗产。

在《单身者舞会》一书中，布迪厄所要解惑的是贝亚恩地区的农村缘何传统时期幼子成婚难而长子成婚易的格局发生了变化？为何能够世袭爵位、享受优先继承权的长子却最终陷入到了单身的境地？长

① 刘勇华：《布迪厄的终身问题》，上海人民出版社 2009 年版。李猛：《布迪厄》，杨善华主编《当代西方社会学理论》，北京大学出版社 1999 年版。

子的单身究竟是"归因于单身者本人，还是归因于一个社会的危机"①。

（一）婚姻与家庭交换

在贝亚恩的农村地区，由于婚姻关乎家庭的未来，因此婚姻被视为是最为重要的经济交换机会，它"有助于进一步肯定社会等级和家族在这种等级中的地位"②。在这里，作为一种家族维系的机制，婚姻的缔结首先是以不损害家产的完整性为前提的。在贝亚恩地区，维护家产完整性的婚姻是嵌入在特定的经济环境之中得以实践的，即该地区现金匮乏、家产更多是以所拥有的土地为标准进行衡量的。在奉行长子继承制的贝亚恩农村，由于幼子的陪嫁财产必须同自身家产价值成正比，因此为了使子女的婚姻不破坏家产的完整性，长子的婚姻被附加上重要的经济意蕴，即"长子必须在结婚的时候获得一份陪嫁财产，以便能在支付幼子和幼女的陪嫁财产，而不必动用家产的份额，不减少地产"③。

20世纪初期之前的贝亚恩农村，仍然是滕尼斯所描述的"共同体"社会④，在此社会之中，"共有的习惯"⑤成为人们赖以行为的准则，父母的权威能够主导子女的行为（包括他们的婚姻选择），地方规范能制约每一个人自觉地履行。因此家庭成员的婚姻更多的是家长基于家庭整体利益的考量所作出的"规划行为"。在现金匮乏和地产成为珍贵财产主体的社会之中，长子权（其功能在于确保从祖先那里继承下来的土地）和陪嫁财产（给予幼子和幼女的补偿，以便他们放

---

① ［法］布迪厄：《单身者舞会》，姜志辉译，上海译文出版社2009年版，第3页。

② 同上书，第5页。

③ 同上书，第14页。

④ ［德］滕尼斯：《共同体与社会》，林荣运译，北京大学出版社2010年版。

⑤ ［英］汤普森：《共有的习惯》，沈汉、王加丰译，上海人民出版社2002年版。

弃对土地和住宅的权利）是一体两面、不可分割的。由于陪嫁制度本身隐藏着对家产完整性的破坏，因此父母会千方百计地避免这种有损家产的行为发生，他们会利用自己的权威以及幼子对土地、家族和姓氏的依恋要求幼子作为牺牲，"要么他去城里或美国，要么他留在家里，过着没有妻子和没有工资的生活。"① 在这种情况下，幼子（尤其是在人口众多的家庭和贫困的家庭）更多地成为了单身，而长子的单身却是罕见和例外。单身的幼子在布迪厄看来是"结构性受害者"②，他们被家庭和社会所抛弃，他们是以自己单身的命运来成就家产的完整性。

（二）婚姻与社会制度

婚姻维护家产的逻辑服从于两个基本原则，即长子和幼子之间的对立，以及低攀高的婚姻和高就低的婚姻之间的对立。第一个原则是基于家产的长子继承制而衍生出来的，长子是家产的首选继承者，他被赋予继承和维护家产完整性的使命，而幼子由于成婚需要陪嫁财产，他事实上是完整家产的破坏者。因此，在贝亚恩农村地区，长子和幼子本身便构成了当地家产制度的一对矛盾体。第二个原则是基于社会等级的维护与再生产而形成的。当人们根据地产的大小而将不同的家庭区分成大户人家和小户人家时，社会的等级便由此而产生，"每一桩婚姻一方面联系于男女双方的出生排行和家庭的大小；另一方面联系于两个家庭在社会等级中的相对地位"③。

婚姻由于嵌入在特定的财产制度与社会等级制度之中，因此婚姻的一个突出的社会功能便是维系社会等级的再生产，而任何试图破坏这种等级制度的婚姻都是对"集体情感"④的挑衅，必然受到来自家

---

① ［法］布迪厄：《单身者舞会》，姜志辉译，上海译文出版社 2009 年版，第 34—35 页。

② 同上书，第 176—177 页。

③ 同上书，第 14 页。

④ ［法］涂尔干：《社会分工论》，渠东译，生活·读书·新知三联书店 2000 年版，第 40 页。

庭和社区的压力。这种约束对于长子尤为严厉，任何低攀高的婚姻和高就低的婚姻都被视为不合适，必将受到来自父母权威的压制。幼子如果不离开农村（至少是离开当地农村），他唯一的选择便是同女继承人结婚，成为上门女婿，更改自己的姓氏；若幼子不能带去丰厚的陪嫁财产，他亦很难在新家之中获得地位，而这种财产的分割显然不是其父母愿意支付的。因此，对于相当多的幼子而言，单身成为其无法摆脱的阴影。这种阴影是社会制度强加给他的归宿。

（三）社会变迁与单身转型

20 世纪 20 年代开始，贝亚恩农村地区发生了急剧的变迁，因战争而引起的通货膨胀使得作为一部分家产的陪嫁财产和作为赠予给予结婚者的陪嫁财产之间的等价不能得到保证[①]。不仅如此，社会流动的增加和教育带来的新观念冲击着传统的权威，农村社会的价值观发生了改变甚至发生了崩塌；此前父母权威能通过家庭内剥削（令幼子成为单身）来实现家产完整性的权威基础发生了改变，选择自己的配偶更多地依靠个人而不是家庭。传统时期被视为男性优秀品质的"勤奋与乡下人的素质"[②] 发生了变化，城市人的"有教养"才被视为"完美男人"。这种价值主导性的改变使得乡村社会与城市社会相比时，处处陷入弱势。因此大批的青年女性流向城市，追求城市的生活。此前本身就较少受家庭限制的幼子此时也能较为自由地流动到城市，并在城市之中追求自由的婚姻。而长子则不同，尽管土地的收入不像此前那般举足轻重，但他们仍被视作农场未来的主人，他们有责任看守自己的农场，除非他主动放弃对地产的继承权。当长子固守在农村，而农村女孩大量外流时，其可选配的对象是极为有限的。不仅如此，束缚在长子身上的婚姻等级并未因社会的变迁及女孩的外出而

---

① ［法］布迪厄：《单身者舞会》，姜志辉译，上海译文出版社 2009 年版，第 45 页。

② 这种"乡下的素质"既不同于城市人的"有教养"，也不同于乡下人所言的"粗野"，而是介于二者之间，可以视为乡村社会价值判断的主体。

消失，"低攀高的婚姻"和"高就低的婚姻"仍然受到抵制。因此，当幼子不再留念乡村而流入到城市寻找配偶时，留在乡村守望着地产的长子却越来越多地沦为了单身。

布迪厄对贝亚恩农村单身现象的分析正是通过上述三重路径予以解释，这种解释背后有一些未被言明的前提与基础，即家庭的第一责任是维护家产的完整性，而不是家系的繁衍；对于幼子而言，其对家庭的贡献仅仅在于劳动力的供给，而非家族支系的扩张等。通过这种追问可以发现，法国贝亚恩地区的农村家庭与中国的农村家庭有着诸多的差异。例如，中国家庭的财产是诸子平分，家庭的第一责任是宗系（香火）的繁衍，家长有责任促成每一个子女的婚姻。[①] 在任何一个中国家庭之中，父母兄弟都会竭力避免任何一个成员成为单身。当在中国的语境中来探讨单身与家庭之间的关系时，其显然有悖于布迪厄的阐述。从这个意义上来讲，当我们延承布迪厄的学术遗产时，事实上亦是在"告别布迪厄"。

三 茶村社会：单身者的生活世界

茶村是赣南山区的一个行政村，全村是以雷姓为主导的大家族。茶村的各个小组都源自于同一个家族，系由雷氏家族房支迁移出去而形成。茶村面积 21 平方公里，其中山地面积达 27565 亩，耕地面积仅1481 亩。高山茶油和水稻是茶村农民收入的重要来源。在新中国成立前，茶村因为人均耕地相对丰富以及茶油收成好，成为当地有名的"天府之国"。在 20 世纪 90 年代中期之前，茶村的农民多延承着祖辈们的生活方式，在家种植水稻，并将剩余的劳动力投入到周遭山地种植的油茶树上。90 年代中期之后，越来越多的农民（尤其是年轻人）开始外出务工。据茶村 2011 年 3 月的一项统计显示，在总人口仅 2131 人的茶村，外出务工者达 420 人，占总人数的 19.7%，除去在乡镇经商者，茶

---

① 在父母无力完成这一使命时，长兄如父、长嫂如母，兄嫂有责任完成这一使命。

村的常住人口仅 1000 余人。

茶村是一个宗族性的村庄，除了极个别的外来户外，全村 14 个自然村的雷氏村民都是同一个家族人，只是随着房支的扩大，不同的房支便搬迁出去，由此形成如今的村庄格局。在 20 世纪 80 年代之后，茶村如赣南绝大部分的农村一样，宗族的观念复苏，族人们筹资撰修族谱、修葺宗祠。但在 90 年代之后，随着外出务工的增多，年轻人受现代市场观的冲击，他们对宗族的认同逐渐降低。虽然 2009 年时，茶村仍由几位退休的教师等积极分子牵头组织了雷氏宗族的大型祭祖仪式，但这一集体仪式并未能够再次有效整合村庄。正像主持者事后感言，"现在大家都各顾各的，只关心自己的小家，而不关心家族的公益了"。

就婚姻而言，新中国成立前的茶树因为经济条件好，附近村庄的家庭都愿意将女儿嫁到茶村。这一优势一直延续到 20 世纪 80 年代，在 90 年代之后，随着城郊乡镇工业的发展，以及城市劳务市场的开发，茶村的经济优势逐渐丧失。附近村庄的女孩不愿再嫁到仍主要以农业为主导的茶村，而茶村自身的女孩因传统习俗①和现代城市生活的吸引也不能或不愿在本村寻找配偶。因此在 20 世纪 90 年代以后，茶村的大龄未婚青年越来越多。2010 年代，我们在茶村调查时发现，茶村 28—46 岁的大龄未婚男青年达 58 人。其具体分布如下：

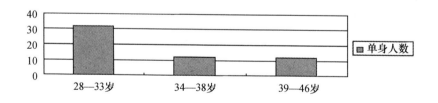

图 2-1　茶村大龄未婚男青年的年龄分布（人）

---

①　按照雷氏家族的传统，本族人不能在族内通婚。

四　从家族到家庭:婚姻事件的家庭化

费孝通先生早在半个多世纪之前便指出了中国家庭的关系结构与西方社会不同,即在西方家庭之中,"夫妻成为主轴,两性之间的感情是凝合",而在中国,"家是绵续性的事业社群,它的主轴是在父子之间,在婆媳之间,是纵的,不是横的"①。

在茶村这一宗族性的村庄,婚姻的意义并不仅仅是家庭之中纵向关系的建构,它亦是整个家族/房支的血缘延伸。对家族而言,族系的繁衍本身就是对祖先的最大慰藉。这在雷氏历代的族谱编撰中亦得到体现:"祖德流芳、绵绵世泽长。愿我雷氏子孙择居各地生根开花结果,繁荣昌盛,人才辈出,光宗耀祖,世代流芳。"

如果说单个家庭的婚姻之于家族更多的是具有"价值合理性",那么它对于具体的房支而言,则因为功利性而带有明显的"目标合理性"色彩。由于在不同的房支之间存在着竞争关系,只有当族中的适龄男青年结婚、生子,整个家系的香火才能够有效传承,人丁才能兴旺,房支在整个家族中影响力才会增加。这种功利性不仅体现在家族内,同时更多地体现在家族之间,当本族与外族发生纠纷时,人丁兴旺者才能够在冲突中获胜。

弗里德曼在分析中国农村家族的发展时曾指出,家族的存在是与其功能分不开的,因为地处边陲的东南地区宗族组织承载着重要的合作生产与共同防御作用。对赣南山区的研究再次证明了弗里德曼的结论,闽粤赣湘边区历来是地方动乱比较频繁的地区,导致这种宗族发育成熟状况的原因在于此地民众的生存压力比较大,并且山区的特征也有利于"贼"的活动。与此相关,这些边陲地区由于远离中央,处于中央政治的边缘,国家的控制比较弱。而宋明之后,中央政权加强了对地方社会的控制,一方面,建立了正式的行政区;另一方面,大规模地利用地方社会的大族,特别是在王阳明等人的倡导下,有意扶

---

① 费孝通:《乡土中国　生育制度》,北京大学出版社 1998 年版,第 41 页。

植地方的宗族组织，从而形成了具有南方特征的宗族组织。宗族的存在不仅在于中央政府的扶持，而且的确也契合了应对社会动乱的需要①。因此，只有人口得到繁衍，人丁兴旺，家族的势力才可能壮大，合作效应才能够得到凸显。

当个体和家庭的婚姻关系到整个家族的发展时，婚姻事件便具有了超个人性和超家庭性，它成为了一个"家族事件"。因此，适龄的青年（不论是男性还是女性）总会受到族人的关照，族人处处留心为其介绍对象。在这种情况下，即便是当事人生理上存在缺陷，其单身的可能性也不大，一方面，族人会极力配合甚至掩饰他的缺陷；另一方面，族人会通过"聋配瞎、痴配傻"等方式，以低质量的婚姻配对来促成婚姻的缔结。

20世纪90年代中期之后，随着越来越多的族人外出务工，他们"逃逸"出了对他们进行约束的村庄社会。不仅如此，市场浪潮对乡村文化及人际关联的冲击，令人们开始更多地关注自己的家庭。这从雷氏的祭祖活动便可见一斑。在90年代以前，雷氏族人在每年的节庆之时都会前往祠堂进行祭祖，而90年代中期以来，越来越多的村民在建新房之后，开始在新房的堂屋设立祖先的牌位，不再前往祠堂祭祖。在村庄社会之中，家庭地位得到凸显的同时，许多之前尚由家族介入的事件退化成为家庭事件。婚姻事件便是如此，当族人不再为族中的适龄青年"张罗"时，单个家庭从婚姻市场中获得的信息与资源也大大减少。这在相当程度上构成了当下茶村大龄男青年单身的结构性背景。

五 "家风"的评价：婚姻市场的道德要价

目前对婚姻家庭的研究业已开始关注婚姻的"市场要价"，其以经济的补给和回报作为主要切入点来探讨婚姻市场的交换，然而其却忽视了婚姻（特别是农村婚姻）所嵌入的社会背景与基础，即婚姻交

---

① 黄志繁：《"贼""民"之间：12—18世纪赣南地域社会》，生活·读书·新知三联书店2006年版。

换时对双方家庭伦理、道德的考量。"市场要价"的理论基础是农村人口的大规模流动使得区域封闭性的婚姻圈被打破，婚姻资源在更大的范围内进行配置，在"从夫居"的婚姻传统中，男青年只能留在本地完成婚姻，由此产生了婚姻资源配置的结构性失衡，进而使在婚姻市场上占据优势的女方获得了"婚姻要价"的主动权与主导型[①]。这一理论基础的预设是人口流动所带来的通婚圈扩大，婚姻资源的净流出造成婚姻市场的竞争加剧。而对通婚圈的研究却显示，虽然有研究发现[②]，改革开放以来的社会变迁使得农民的通婚圈不断扩大，但亦有研究者指出[③]，随着农村经济社会变迁步伐的加快，农村的通婚圈事实上呈现缩小的趋势。在茶村，这两种表面相悖的现象同时存在了，一方面，在本地通婚中，其通婚圈呈现缩小趋势；另一方面，在外地获得婚姻资源者越来越多。这种看似相悖的现象事实上是婚姻距离在不同维度的呈现，前者是在原有的村庄通婚圈范围内的通婚半径的自然延伸，后者是与原有通婚圈没有地域连接的分散婚姻导致婚嫁距离的扩展[④]。这种婚姻市场的选择区别本身亦是村庄内经济社会地位的呈现与投射，即条件好的家庭能够在就近的区域内（通常是本县范围内）娶到媳妇，而条件不好的家庭则只能在外县获得婚姻资源。在茶村人看来，就近的婚姻是最好的选择。它不仅为两个家庭带来了更多的互相帮扶的机会和可能，同时因为姻亲的关系，双方的家族之

---

①　桂华、余练：《婚姻市场要价：理解农村婚姻交换现象的一个框架》，《青年研究》2010 年第 3 期。

②　甘品元：《毛南族婚姻行为变迁研究》，《广西民族大学学报》2007 年第 11 期；李溱：《私人生活婚姻与社会性别建构》，《广西民族研究》2006 年第 3 期。

③　吴重庆：《社会变迁与通婚地域的伸缩》，《开放时代》1999 年第 4 期；新山：《婚嫁格局变动与乡村发展——以康村通婚圈为例》，《人口学刊》2000 年第 1 期；霍宏伟：《我国北方一个农庄的通婚圈研究——对山东济阳县江店乡贾寨村的个案分析》，《社会》2002 年第 12 期；周丽娜、王忠武：《值得关注的农村通婚圈缩小现象》，《新疆社会科学》2006 年第 5 期。

④　吕德文：《婚姻形式与村庄性质——转型期乡村婚姻形式的一项考察》，《文史博览》2005 年第 12 期。

间也建立起联系，使两个家族有可能共同面对一些困难。而娶远方（外县，甚至是外省）的媳妇或嫁到远方则无法实现这种功能。

当村民们首先是在本地的婚姻市场获取资源时，他们除了看经济条件，进行"市场要价"外，对于家庭的道德水平亦提出了要求，即双方都会考量对方的"家风"，如为人是否和善、是否孝顺等。我们将其称为婚姻市场的道德要价。道德要价之所以被村民们所看重是因乡土社会的性质所决定的。在乡土社会，"从己向外推以构成的社会范围是一根根私人联系，每根绳子被一种道德要素维系着"[①]。这种道德不仅维系着婚姻家庭的稳定，同时亦是家族、社区整合的纽带。婚姻的缔结只有进一步强化这种道德约束才能有助于家庭、家族和社区共同体的整合。因此，茶村村民会依据对方的"家风"状况来考量是否愿意与对方结成亲家。那些"家风"不好家庭的子女在婚姻市场上则必然陷入不利的境地。如下便是茶村部分大龄未婚男青年的"家风"状况：

表 2 - 1　　　　茶村部分大龄未婚男青年的"家风"状况

序号	姓名	年龄	"家风"状况
1	雷绍崇	37	喜欢信口开河，说话不靠谱，不实在
2	雷昌友	38	喜欢夸夸其谈，华而不实，不实在；喜欢吹大炮，在别人面前说自己怎么怎么能干，其实自己什么也没有做；做人很小气
3	雷梅清	33	父亲很小气
4	雷海泉	35	三人是兄弟，父亲很小气，不会做人
5	雷海原	33	
6	雷海云	31	
7	雷韵廷	38	说话不是很实在，做事不怎么相信别人
8	雷声东	34	好吃，有钱就吃了，自己好吃，还不请别人吃
9	雷高斌	29	父亲的口碑不好
10	雷文斌	36	父母同亲戚朋友的关系不好，什么事情都要赢的，不能输

---

① 费孝通：《乡土中国·生育制度》，北京大学出版社 1998 年版，第 33 页。

续表

序号	姓名	年龄	"家风"状况
11	雷盛开	29	说话做事很傲气
12	雷盛会	30	父亲是酒鬼
13	雷胜	32	不实在，不诚实，专门骗人；他父亲也是单位开除回来的，他的大哥与周围邻居的关系很不好
14	雷新东	42	说话做事很下流，不正经，被人看不起
15	雷品高	30	游手好闲，赌博，常年打牌
16	雷高海	30	父母不太会做人，与周围邻居关系不好，尤其是他的父亲，经常出口伤人，且好酒
17	曾进权	35	一家人说话没有教养，不按礼数来
18	雷传风	30	胆子大，什么事都敢做，在外面招摇撞骗，游手好闲，借了钱也不还，做事不实在

　　这种道德要价事实上是对当事人及其家庭成员的非经济条件进行评价和考量，它的机制与以嫁妆和彩礼为表征的经济要价存在着显著的不同。如果说经济要价是一种婚姻交换或补偿，那么道德要价则是对婚姻所嵌入的社会基础的再维护。如果现代理论算计逻辑的侵蚀会对婚姻的经济要价（特别是女方的婚姻要价）起到推波助澜的效果，那么理性算计所裹挟的去道德化观念正在消解道德要价在婚姻选择中的比重。正如前文所言，这种道德要价得以实践的基础是一个熟人社会在一个彼此熟悉的范围内，一个家庭能够获得关于另一个家庭的道德评价和口碑。这在一个较远的区域内则无法实现。用茶村村民的话来讲，本地的婚姻往往能够知根知底，外地的婚姻就弄不清楚对方的底细。事实上，即便是在本地，这种道德约束亦呈现软化的趋势，即由于在本地婚姻市场上，性别结构的失衡使得这种约束对女方越来越弱。那些"家风"不好的女性亦能较为轻便地在本地找到婆家，这种约束更多的是体现在婚姻配对的质量：只有那些家风好的女性才能够在本地嫁到家风好且经济条件好的婆家；而对于男性而言，如果其家风不好，则很难在本地婆到媳妇。

六 完整的家庭结构：婚姻市场的组织要价

以往研究者在探讨婚姻时，更多地关注婚姻圈、婚姻交换等因素对婚姻缔结的影响，鲜有研究者研究家庭结构对婚姻的影响。在中国，婚姻不是当事人的个人事件，而是关乎家庭并由家庭介入、操办的事件。在传统中国，"婚姻确定不是由结婚的双方来确定，而是由父母亲来决定，父母对适婚年龄的子女具有财产权"[①]。这种产权的拥有关系使父母对子女的婚姻安排拥有决定权。同时反过来，父母对子女所具有的产权也使得父母对子女的婚姻安排具有责任感，父母有责任让子女顺利出嫁，只有让子女成家且生育子女之后，"自己的任务才算完成了"。这是中国农民本体性价值[②]的一种彰显。正是因为如此，当家庭之中父母一方或双方早逝，这将为子女的婚姻缔结带来极大的不利。我们将婚姻市场之中追求配对家庭结构的完整性视为是婚姻市场的组织要价。通常而言，家庭结构的不完整会使得家庭为子女婚姻承担的责任大大削弱，进而给家庭中的适婚青年的婚配带来极大的消极影响。这在茶村大龄未婚男青年中表现得尤为突出。

表 2－2　　　　茶村部分大龄未婚男青年的家庭结构状况

序号	姓名	年龄	家庭结构状况
1	雷绍崇	37	父亲已去世十年，母亲患有精神病
2	雷奂坤	36	父亲早亡
3	雷传斌	28	父亲有癫痫病
4	雷海泉	35	
5	雷海原	33	三人是兄弟，多年前母亲去世，五年前父亲去世
6	雷海云	31	

---

① 张五常：《子女和婚姻合约中的产权执行问题》，载《经济解释——张五常论文选》，商务印书馆 2000 年版，第 110 页。

② 贺雪峰：《村治模式若干案例研究》，山东人民出版社 2009 年版。

续表

序号	姓名	年龄	家庭结构状况
7	雷福报	35	两人是兄弟，母亲早逝
8	雷声招	32	
9	雷志彬	35	父亲早逝
10	雷盛开	29	几年前父亲出车祸死了
11	雷春龙	28	父亲去世
12	雷余高	46	父母早亡
13	雷高斌	28	前几年父亲去世
14	曾伟添	42	父亲一直长病，几年前就病逝了
15	雷声胜	41	父亲很早就去世，母亲后来改嫁，没人管
16	雷声望	41	父母早亡，跟着爷爷过
17	雷仁添	41	父母早亡，母亲后来改嫁
18	雷秋林	44	母亲早亡，十年前父亲去世
19	曾群	35	两人是兄弟，母亲早逝
20	曾德丛	29	

　　在一个完整的家庭之中，父母会极力地张罗子女的婚事，并尽可能地动员各种资源和人脉来"完成自己的任务"。待子女完婚之后，父母也会尽最大的努力帮扶新的家庭：或是帮其带小孩，或是帮其耕种田地和打理茶树。而在不完整的家庭之中，无论是母亲的缺位还是父亲的缺位，对于子女婚姻缔结的影响都是深远的。家庭的不完整将意味着子女成家时无法获得正常家庭的投入。在茶村，无论是父母任何一方缺位，都会对整个家庭正常的秩序产生严重的冲击。在不完整的家庭中，父母一方花费所有的精力通常只能维持家庭的生存，而无法顾及或供给子女婚姻此类家庭发展事宜。即便是有其他亲属愿意帮助其张罗适龄青年的婚姻大事，女方家庭也极少愿意将自己的子女嫁给家庭不完整的男青年。因为在不完整的家庭中，年轻的夫妇由于缺乏父母的有效支持，往往需要更大的付出才能获得普通人的所得。例如，没有父母帮助带小孩的青年夫妇，只得在田间劳作时，将孩子带在身边，这大大降低了劳动效率。

　　如果将婚姻缔结视为是男女双方的家庭交换，那么这种交换除了婚姻缔结男女双方家庭通过嫁妆、彩礼等方式进行的交换，同时也包括婚姻缔结之后，男女家庭双方劳力的互换与帮工。在茶村，农忙时节，亲家往往是重要的帮工和换工来源，而家庭结构的不完整性将打破男女家庭交换的均衡，令结构完整的家庭也承受缺乏帮扶的压力。因此，在家长尚有能力决定或影响子女婚姻的家庭中，家长总是不情愿子女的婚姻令自身家庭陷入这种压力之中。正如前文所述，由于茶村及其当地婚姻市场男女性别结构失调，使得女性更具有优势。如此，即便是女性的家庭结构不完整，她们仍然能够顺利地完成婚姻大事；而结构不完整家庭中的男青年则没有他的姐妹那样幸运，他们更多地沦为"婚姻市场"的失败者。

七　婚姻的市场要价与家庭的经济供给

　　人类学理论在探讨婚姻中的彩礼时，往往集中于探究婚姻赠礼（一方面）与社会群体的结构布局、身份的法律创设和权利的让渡以及姻亲协商（另一方面）之间的功能性关系①。这种解释观投射到中国婚姻交换时，常常衍生成为两种不同却又彼此联系的解释观，即婚姻偿付理论（marriage payment theory）和婚姻资助理论（marriage endowment theory）②。这两种解释一致地认为，在婚姻的缔结过程中，男方家庭需要支付女方家庭一定的物质与财富。这种财富由男方向女方家庭的流动完成了女性"从夫居"的一种补偿。阎云翔的实地研究发现，基于家庭间礼物流动的彩礼和嫁妆（或间接嫁妆）的二分不是普遍的规律③。除了两家之前的婚姻赠礼，还存在新郎家内部的财富转移——由新郎的父母送给新婚夫妇的实物性礼物。事实上，女方父母为自己女儿选择经济条件好的婆家，为其未来的小家庭创造一个好

---

① 阎云翔：《礼物的流动》，李放春、刘瑜译，上海人民出版社 2000 年版，第 191 页。

② 同上书，第 192—193 页。

③ 同上书，第 173 页。

的机会并不是改革开放之后的现象。杨懋春在山东台头的研究早就指出，女方父母"首先考虑男家的经济条件，拥有多少土地、多少房屋。女孩母亲要弄清家里有几个儿子，计算每个兄弟在最后分家时可以分得多少财产。"①

在婚姻市场上，女方的市场要价提高后，男方要想在婚姻市场上获得较好的婚姻资源，他们必须具备一定的经济基础。这种经济的供给依赖于家庭的补足，一旦这种补足不济，则其就无法在婚姻市场竞争中占据优势，由此陷入单身者行列。在茶村的大龄未婚男青年中，因家庭经济不济的单身者屡见不鲜。具体案例如下：

> **案例1**　雷声奎，28岁，未婚。家里经济条件不太好，他们一家人好吃懒做，没有上进心，就像是在混日子。村中的同龄人都结婚了，他有人帮助做介绍，但女方一听说他们房子都是借别人家的，就再也不理会了。
>
> **案例2**　雷声亮（43岁）和雷声奇（40岁）兄弟俩至今未婚，经济条件是导致他们兄弟单身的最主要原因。他的父亲因为得病，花了不少钱，最终没有治好。落下了驼背的毛病，虽然能够做事，但劳力不怎么样。他们的母亲也是身体弱，劳力不好。劳动力不足给他们的家庭经济带来了极大的影响。
>
> **案例3**　曾德德（29岁）和曾德岳（28岁）俩兄弟，未婚。曾氏兄弟家境不好，给他们当媒人的人也不多，主要是因为他们经济太差，到现在都没有房子，住的是别人借的房子，而且住地也比较偏，属于最山里的一个小组。

在茶村，许多不完整的家庭也因为各种原因而陷入经济窘迫的境地，这种窘迫反过来又限制了身处其中的家庭成员参与婚姻市场的竞争。如果说在传统时期，由于族人的帮扶和婚姻市场上对道德要价的追求，一部分家庭贫寒的男青年因为勤奋、老实而可能顺利缔结婚

---

① 杨懋春：《一个中国的村庄——山东台头》，江苏人民出版社2001年版，第106页。

姻，那么伴随着婚姻交换中女方对婚姻市场要价的增长，女方的父母越来越多地关注男方家庭的经济供给能力，这种经济的供给能力直接影响着未来小家庭的经济状况。相比之下，经济贫困的农户无法在婚姻市场竞争中占据优势，他们的儿子则更可能沦为单身。

八　一个简单的小结

当其他研究者过于关注性别结构和生理、经济状况来探讨中国农村的单身现象时，本章则关注了布迪厄以来为人所忽视的"家庭中的婚姻"这一视角。与一般将婚姻视为家庭事件，理所当然地把单身视为家庭场域内的越轨不同，我们提出家庭视角对农村单身现象解读的可能与优势。我们以赣南茶村的大龄未婚男青年为例进行分析后指出，虽然容貌等生理性、个体性的因素在很大程度上影响了，甚至是决定了他们的婚姻状况，但与此相比，家庭不仅构成了婚姻生活的重要场域，同时亦对婚姻本身产生了重要的影响：当婚姻由家族事件变成家庭事件时，婚姻之于集体的重要性也大大降低，它由一个"公共事件"转变成"私密事件"，他人对于族人婚姻的关注与贡献也急剧降低；不仅如此，"家风"作为婚姻市场上的道德要价，对婚姻双方的社区道德和口碑提出了要求，这种道德要价在男女性别结构失衡的情况下，将压力转嫁给了处于结构弱势的男性；由于家庭是婚姻交换中劳力、经济的主要承载方，因此当男青年的家庭结构不完整或经济实力不济，这将使得男性在婚姻市场上无法获得女方的青睐。上述诸多因素的综合共同形塑了茶村大龄未婚青年的单身命运。本章的这一分析在延承布迪厄的学术遗产后，为中国农村单身/婚姻研究开辟了一个新的解释路径。

第三章　农民养老行为的选择偏好与结构约制

当国家逐步在全国范围内推进新型农村社会养老保险政策时，一部分农民确实表现了较高的积极性，但亦有许多的农民仍然将家庭养老作为自己的首选。如果研究者承认所有的制度设计只有合乎了受众的行为习惯才能够获得受众的认可与支持，继而取得成功的话；那么研究者就有必要首先去认清农民的行为（或曰行动的实践逻辑）是什么样的，他们究竟是怎样应对养老的。本章则试图在梳理现有理论对农民行为实践逻辑研究的基础上，考察农民自身的行为选择偏好，及其所处社会场域对其行为的影响，并以此为基础理解农民养老的实践逻辑。这一分析路径不仅有助于深入地了解农民养老行为的特点及其影响因素，而且回应了社会科学对个体行为的分析命题，形成对农民行为实践机制研究的经验积累。

一　经典的理论之争：个体的行为何以发生？

苏格拉底的一句经典名言："人啊，你应该认识你自己"，预言着对人的行为研究在社会科学中必将占据至关重要的地位。社会科学确实众望所归地将个体行为的解释列为其研究的重点，但这并不是意味着社会科学界对于个体行为的发生机制拥有一致的看法；相反，学术界对个体行为发生机制的解释尚存在着较大的分歧。

经济学家秉承新古典主义理论的传统，坚信人的行为源自于其特定的兴趣偏好以及基于此而产生的理性选择，因此他们认为应该在理性选择的框架之中来理解与解释人们的具体行为。这构成了经济学经典的"兴趣—利益选择偏好"解释框架。在经济学的理论中，"理性"成为其分析个体行为实践时一个极为重要的概念。经济学家在分析个体行为时，将个体的理性考虑列为最主要，甚至是唯一的考量因素。这一特征在新古典经济学家的研究中得到清晰的展现，他们强调人的利己性，并将追求个人利益最大化视为新古典经济学理论的预设前提之一。

与经济学的解释路径不同，传统的社会学一直认为个人的认知与行为都源自于其所处的社会结构与社会制度的形塑，对此个人并没有过多的自主选择权。例如，涂尔干在方法论层面清晰地阐明"社会事实能够且只能用其他社会事实加以解释"，亦即对个体的解释必须从结构层面而非个体层面的生理、心理来进行，因为真正对个体的行为起决定作用的是结构的约制①。

近年来，跨学科的学术研究活动使得研究者们不得不重视其他学科研究的传统，经济学与社会学在其对个体行为发生机制的研究中都开始逐渐抛弃原有单一强调"理性选择"或"结构约制"的极端路径，面对这种漫话夸张式的对比，研究者们都同意真理存在于这两个极端之间的某个位置；但是，如何在这两者之间发展出一种具有分析力度的理论和研究取向②，则是当前研究者们仍继续努力的方向。

学科的交叉与碰撞，使研究者们日渐清晰地认识到，成功地洞察个体行为发生机制的关键是要在制度决定论和理性选择之间寻找到一个具有分析能力的理论架构③。正是基于这种努力，新制度学派得以孕育和发展。但新制度学派试图在制度决定和理性选择之间寻找平衡时，其努力并未因自身的产生与发展而令社会科学界对个体行为机制的讨论渐趋统一；相反，仅新制度学派内部就又分歧为不同的派别。托马斯·A. 凯尔布尔（T. A. Koelble）将新制度学派论者划分为三大类，即理性选择制度学派论者、历史学制度学派论者和社会学制度学

---

① ［法］迪尔凯姆：《社会学方法的规则》，胡伟译，华夏出版社 1999 年版，第 87 页。

② 周雪光：《制度是如何思维的》，《读书》2001 年第 4 期。

③ 同上。

派论者①。其中，理性选择制度学派论者更多地继承了新古典经济学的传统，认为个体及其战略预测应当成为社会科学关注的中心，虽然他们关注制度，但他们认为制度只是一种能够影响但并不能决定个体选择和行为的介入变量。例如，诺斯（Douglass. C. North）就指出，制度是由追求效用最大化的个体精心创造的，但制度一旦存在，便为进一步的行动确定了参数。与理性选择制度学派把偏好的形成排斥在分析之外不同，历史学制度学派认为偏好是由制度形成的，该学派并不否认个体试图预测其利益，但认为最终的结果乃是各种群体、利益、观念和制度结构互动的产物。在他们看来，制度既对个体行为起着决定性的塑造作用，但其同时又受集体和个体选择的双重影响。而社会学制度学派在很大程度上仍延续着传统社会学结构论的观点，其认为个体决策不仅是制度背景的产物，而且是更大的参照框架的产物。正如格兰洛维特和波兰尼所指出的那样，个体发现自己被"嵌入"的恰恰是决定"自我利益"和"效用"概念的文化和组织"领域"或"部门"。对于社会学制度学派论者来说，制度本身取决于更大的"客观层次"变量（如社会和文化之类），个体在很大程度上只是无足轻重的因变量②。

通过上述的简短回顾，可以发现对个体行为发生机制的探讨不仅由来已久，而且已经形成若干类型化的解释范式。新制度学派在理论调合中的努力并未平息社会科学界对个体行为发生机制讨论的纷争，于是这一社会科学的经典争论又延续至今。虽然笔者承认，纯粹的理论探讨始终无法投射在具体的经验研究之中，但理论所提供的分析框架往往会令具体的经验研究拥有更为明确的指向。

二　两个主要的概念：理性选择与结构约制

"理性选择"和"结构约制"是社会科学中两个常见的概念。虽

---

① ［美］凯尔布尔：《政治学和社会学中的"新制度学派"》，《国外社会科学文摘》1996 年第 3 期。

② 同上。

然笔者也认可青木昌彦的论断——给任何概念下一个合适的定义都取决于分析的目的①，但笔者仍然认为对这两个概念的内涵以及发展作初步的梳理将有助于从过程的角度进行分析，因为"一个概念的意义是不能用日常语言来正确给出的，它的意思必须通过它被嵌入其中并被应用的概念上和推论上的网络背景下来理解的"②。

（一）理性选择

"理性"最初的定义并非源自于经济学家，心理学倾向于将理性定义为"认知过程"或"理智过程"，而将非理性定义为靠感情机制作出的抉择。威廉·詹姆士（William James）将理性视为"称作推理的特定思考过程"的同义语，即抉择的理性取决于抉择过程。但"理性"的非经济学定义逐渐被经济学家的定义所"覆盖"。正如西蒙所指出的那样，"在社会科学文献中，指抉择过程的理性一词正在销声匿迹"③。经济学家们往往用理性一词表示靠抉择过程挑选出来的行动方案的属性，而不是表述抉择过程的属性。经济学家在分析个体行为的时候，将个体的理性考虑列为最主要的，甚至是唯一的考量因素。这在新古典经济学家们那里得到最清晰的阐述，他们认为人都是利己的，他们把个人利益的最大化当作其理论的预设前提之一。

"理性选择预设"如同其孪生兄弟——源自于功利主义哲学的"经济人预设"——一样都强调着个体行为发生机制中个体的主动性与可创造性，虽然后来研究者不断修正，但其核心仍然未得到改变，即个体通过自我的算计支配着行为的发生。

（二）社会结构

"结构"原本是一个建筑学的概念，后不断拓展到工程学、地质

---

① ［日］青木昌彦：《比较制度分析》，周黎安译，上海远东出版社2001年版，第12页。

② ［英］杰西·洛佩兹、约翰·斯科特：《社会结构》，允春喜译，吉林人民出版社2007年版，第3页。

③ ［美］西蒙：《现代决策理论的基石》，杨砾、徐立译，北京经济学院出版社1989年版，第4页。

学和生物学等自然科学领域。斯宾塞（Herbert Spencer）将"结构"引入社会分析之中，故有了"社会结构"的概念。由此，"结构"也由最初的形象化概念衍变成为一个非常抽象的概念。

斯宾塞将结构的概念引入到社会分析之中，构建了其"社会有机体理论"。斯宾塞的方法论整体主义在涂尔干以及后来的法国年鉴学派那里得到了继承和发扬，涂尔干进一步区分了社会的"解剖结构"和"生理结构"，并在方法论层面阐明"社会事实能够且只能用其他社会事实加以解释"。涂尔干的思想在被帕森斯（Talcott Parsons）吸收后成为结构功能主义理论的重要来源，但随着结构功能主义在20世纪70年代声名狼藉后，结构主义的思想在学术界极少被人涉及。直到玛丽·道格拉斯（Dame Mary Douglas）力倡功能主义观察，强调观念制度的重要性，并对个人自主能动性提出质疑，涂尔干的制度关怀与方法论整体主义又才重新为学术界所重视。

综上，"理性选择"和"结构约制"作为影响个体行为发生的两大要素，立足于不同的要素，学术界形成了不同的研究传统。而社会科学研究者在探究行为发生机制时，始终在"理性选择"和"结构约制"这两极间摇摆。

三　小农行为的发生机制：实质主义与形式主义之辩

长期以来，学术界对小农行为展开了深入研究，形成了不同的小农理论，并引起了学术界负有盛名的"斯科特—波普金争论"。虽然"斯科特—波普金争论"只是《亚洲研究杂志》中的"特殊问题"，但其所指向的小农社会研究与小农关系研究中"实质主义者学派"和"形式主义者学派"则具有更为广阔、深远的学术基础与学术传统。

实质主义者在研究小农行为时，认为小农行为是嵌入在其所身处的社会结构与文化网络之中，由于"个体自利"的概念具有文化的特殊性，因而无法在时间和空间上进行推广。在传统社会中，由于各种风险的存在，共同体内部通过传统与规范进行整合，以谋求个体的生存与发展。因此，实质主义者认为，若要对小农的行为系统进行深入研究，则必须考虑小农所处的社会—文化网络。传统与规范作为最基本的社会因素，配合着强有力的传统动机，制约并调整着个体行为。虽然实质主义者学派包括吉尔茨（Chifford Geertz）、波兰尼（Karl Po-lanyi）、E. 沃尔夫（Eric R. Wolf）等学者，但卓有成就的论述则必须提及斯科特（James C. Scott）的《农民的道义经济学》。斯科特在《农民的道义经济学》中研究了东南亚（主要是缅甸和越南）小农的社会安排和政治行为[①]，其拓展了汤普森（E. P. Thompson）对道义经济理论的分析与阐释[②]。在《农民的道义经济学》中，斯科特极力强调生存规则对于底层农民的道德含义，即农民对剥削的认知并不仅仅是食物和收入的占有问题，而是取决于农民对社会公正、权利义务以及互利互惠关系的认知。对于长期处于"水深齐脖"状态的小农而言，生存对他们而言是第一位的，他们的行为总是将风险规避置于最为重要的位置，而不愿冒险去追求收入最大化。对于"剥削"和"公平"的认知，"道义伦理"下的小农更看重的不是"被拿走了多少"而是"剩了多少"。斯科特虽然是从经验研究切入对小农行为发生机制进行的讨论，但其理论的基石却是明显而牢固的，即小农的日常行为受到共同体内的规范与准则约束，为了解释小农的行为，有必要理解共同体内的规范与准则。正是基于此，包括斯科特在内的实质主义者都试图建立一个"社会行动选择模型"：所有行动发生在某种有意义的选择领域之内，背景价值观与背景内涵决定了可能的领域，然后这个领域以狭隘的约束条件影响个人现有的可能性[③]。

与实质主义者不同，形式主义者在研究小农行为系统及小农社会

---

① ［美］斯科特：《农民的道义经济学：东南亚的反叛与生存》，程立显、刘建井译，译林出版社 2001 年版。

② ［英］汤普森：《共有的习惯》，沈汉、王加丰译，上海人民出版社 2002 年版。

③ ［美］斯科特：《农民的道义经济学：东南亚的反叛与生存》，程立显、刘建井译，译林出版社 2001 年版。

时，首先假定了小农是使其个人福利或家庭福利最大化的理性人，而为了谋求自身（个人或家庭）福利的最大化，小农甚至不惜牺牲集体的规范和共同体的福利。形式主义者的研究目标就是运用这些经济分析工具（主要包括在个体物质利益基础上行动的理性计算的观点）解释非西方社会生活的特征。形式主义者的主要代表人物有舒尔茨（Thodore W. Schults）、马若孟（Ramon H. Myers）、波普金（Samuel L. Popkin）等。舒尔茨认为小农绝非西方社会一般人心目中所认为的"懒惰愚昧"或"没有理性"，农户是一个追求利润的单位，小农是一个在"传统农业"（在投入现代的机械动力和化肥之前）的范畴内有进取精神并对资源能够作出最适度运用的人①。与舒尔茨的研究相比，波普金的个案研究更能够体现出经验研究的社会基础。波普金在《理性的小农：越南农村社会的政治经济》一书中通过对 19 世纪中期以后的越南农村政治与经济状况的研究指出，乡村制度并没有像道义经济学家所主张的那样有效，小农的行为因其个体理性地支配而显得更具复杂性，个人利益与群体利益之间所存在的矛盾也使得共同体的规则无法有效地制约个体的行为。因此，波普金强调，对于小农社会以及小农行为系统的研究"必须把更多的注意力放在农民的个体收入动机上"②。在形式主义者看来，小农行为的产生是基于小农自身的理性计算，即如何才能够实现个人福利和家庭福利的最大化。与实质主义者强调准则与价值观的规范不同，形式主义者并不认为农村制度与惯例具有结构刚性，相反具有相当的可塑性，小农的行为并不被准则与价值观所钳制。形式主义者虽然包括了经济史学家、人类学家和农村社会学家，但其却共同接受和认同了古典经济学家对个体理性计算的观念，认为小农的行为最根本的是源自于自身福利的算计。

实质主义者学派与形式主义者学派之间的争论虽然只是社会理论界关于个体行为发生机制的一个翻版与再叙述，但却在经验研究的基

① ［美］舒尔茨：《改造传统农业》，梁小民译，商务印书馆 2003 年版。

② Popkin, Samuel. 1979, *The Rational Peasant: The Political Economy of Rural Society in Vietnam* ［M］. California: University of California Press, p. 78.

础上对小农社会以及小农的行为系统进行了有针对性的讨论。如若将实质主义学派与形式主义学派的观点极端化，则发现二者最主要的分歧在于传统社会（农村社会）内部是否具有统一约制性的规范以及规范在何种程度上约制小农的行为。为了进一步推进知识的生产与积累，下文将会结合小农养老行为来对小农行为与规范之间的关系作具体的分析。

四　小农养老行为的实践之逻辑：
行为选择与结构约制

如前文所述，不论是对个体行为发生机制的经典社会科学争论，还是实质主义者与形式主义者的"交锋"，其都是力图把握身处社会之中个体行为的实践特征。就农民研究而言，要理解他们的行为则需要考察他们在社会结构与制度规范约束下的实践特征。在这一节中，笔者将以小农的养老行为为切入点，来探究小农如何在结构、规范与准则的约束下行为，以此回应前文所述的经典社会科学争论与实质主义者和形式主义者的"交锋"。

本章将通过对 2006 年中国综合社会调查（2006CGSS）数据进行分析，探究农民的养老行为及其影响因素。2006 年的调查以第五次人口普查数据（2000 年）为抽样框，采取标准 PPS 抽样方法，共获得6013 个城市有效样本和 4138 个农村有效样本，其中有 3028 个样本回答家庭问卷。本章选取农村样本，有关样本的具体描述统计特征（见表 3 - 1）如下：（1）从性别上看，样本中，男性人口为 2001 人，占48.4%，女性人口为 2137 人，占 51.6%，女性人口比重稍高；（2）从年龄结构看，样本中，年龄最小的 18 岁，最大的 69 岁；（3）从受教育程度看，样本中，最少接受过 1 年的教育，最多接受过 17年教育，均值为 7.02 年；（4）从婚姻状况看，样本中，未婚、已婚有配偶、离婚和丧偶所对应的人数依次为 324（7.8%）、3 612（87.3%）、49（1.2%）、153（3.7%）。

表 3-1　　　　　　　　　　　　　　　样本的基本特征

类别	变量	频次	有效百分比（%）
性别	男	2 001	48.4
	女	2 137	51.6
年龄	26 岁及以下	452	10.9
	27—36 岁	858	20.7
	37—46 岁	1 164	28.1
	47—56 岁	961	23.2
	57 岁及以上	703	17.0
文化程度	6 年及以下	1 515	44.7
	7—9 年	1 445	42.7
	10—12 年	351	10.4
	13 年及以上	77	2.3
婚姻状况	未婚	324	7.8
	已婚有配偶	3 612	87.3
	离婚	49	1.2
	丧偶	153	3.7

1. 农民养老的制度背景：养老保障体系的嬗变

老年保障通常指家庭或社会组织为老人提供相应的经济和服务等方面支持。从经济支持的角度讲，新中国成立以来，农村的老年保障先后经历了建国初期的家庭保障、人民公社时期的集体保障以及 20 世纪 80 年代以来的以家庭保障为主的多元化保障三个阶段。

在第一个阶段，通过土改，农民以家庭为单位获得了土地的所有权和经营权，农民除了在土地上耕作获得当下的生存资料外，同时依靠生育子女来获得年老时的依赖。家庭养老是这一阶段养老的核心特征。由于缺乏社会保障体系和对私有财产的保障，农村老年人除了依赖高的生育率和对子女灌输"孝道"理念外，还主要通过物质和财产资源的积累以防子女不孝①。土改后，土地的家庭私有属性进一步强化了上述家庭中的交换逻辑。这一时期，虽然"五保"供养制度开始萌芽，但针对农村老人的社会保障尚未出现，非"五保"老人完全依靠家庭保障。

第二阶段时，国家建立了政社合一的人民公社体制，之前曾属于农民私有的生产资料（如土地）被收归公有而纳入到集体体制之中，粮食按"口粮加工分粮"或"工分粮加照顾"的原则进行分配，其中口粮按人头平均分配。通过按人头平均分配来体现集体的部分收入以保障老年人的最低生活水平，这样的安排有效地防范了农村老年人无子女赡养的风险，这相当于在集体所有成员中实行了代际转移；同时子女也负有直接的养老责任，即子女在老人失去劳动能力之后对其进行供养。② 除此之外，有条件的基本核算单位还实行了养老金制。据不完全统计，到 1984 年人民公社制度完全解体时，全国有 23 个省、自治区、直辖市的 330 个乡，9 460 个村实行了退休养老金制度，享受人数超过 60 万人③。

在第三阶段，家庭联产承包责任制的实施使农民继续回到一家一户的生产经营模式之中。当农户重新获得土地等生产资料时，集体将除了"五保户"这一特殊群体之外的农民养老都交由家庭自行解决。家庭养老再度成为农民养老的首要选择。与此同时，农民的分散经营使得人民公社政社合一体制下的集体经济基础被削弱，进而影响了集体保障农村老人福利的经济基础，农村老人的保障尤其是经济方面的保障再度依赖于家庭。

进入 20 世纪以来，国家开始加强对农村民生工程建设，积极推进农民合作医疗保险和农村社会养老保险。特别是国务院作出"从 2009 年起开展新型农村社会养老保险试点"的决定，进一步推动了

---

① 丁士军、陈传波：《经济转型时期的中国农村老年人保障》，中国财政经济出版社 2005 年版，第 8 页。

② 同上书，第 9 页。

③ 中国社会科学院法学研究所：《中国经济管理法规文件汇编》，吉林人民出版社 1985 年版。

农村社会养老保险在农村社会的普及。但来自实证调查的数据资料显示，虽然新型农村社会养老保险（俗称"新农保"）已基本普及，但农民参保的档次并不高，并不足以实现养老的"社会化"①。

回顾历史，农村老年保障长期不被重视，有关制度极不完善，且农村老年社会保障水平较低，而农村老年经济保障主要依靠家庭②。

2. 农民的养老行为选择及其影响因素

现阶段，我国农村养老任务的绝大部分是由家庭承担，农村老人的主要生活来源是家庭赡养和土地收入。在本章中，农民的养老行为主要是指子代在经济供养、生活照料和精神慰藉3个方面，对父代进行赡养的具体实践形态。

表3-2　　　　农村子女对其父母所提供的经济支持、
生活照料和精神慰藉情况　　　（％）

	很经常	经常	有时	很少	完全没有	不适用
给钱	2.5	13.3	23.0	15.4	10.1	35.7
帮助料理家务	3.5	15.9	20.9	16.3	8.0	35.4
听他（们）的心事或想法	1.9	13.0	26.6	17.9	5.4	35.2

居住方式在农村老年人保障问题中占有极为重要的地位，能够与子孙后代居住在一起是老年人安享晚年的基本生活条件之一。在现代化的进程中，由于家庭规模逐渐的核心化和农村剩余劳动力的外出务工，老年人与子女同住的现象逐渐减少。数据显示，分别有47.4%和39.2%的子女不与父亲、母亲居住在一起。另外，15.8%的子女会经常向其父母提供金钱，19.4%的子女会经常帮助父母料理家务，14.9%的子女会经常倾听父母的心事或想法（见表3-2）。通过数据资料的分析，可以清楚地发现，农村子女不仅在日常生活中较少与父母居住在一起，而且在经济和日常照料等方面也较少为父母提供帮

① 钟涨宝、李飞：《动员效力与经济理性：农户参与新农保的行为逻辑》，《社会学研究》2012年第3期。

② 林闻钢：《现代社会保障》，中国商业出版社1997年版。

助，更少给父母以精神慰藉。

要深入理解农民养老行为的发生机制，则有必要探析影响农民养老行为的各因素。首先，基于"理性选择"理论来分析，农民会经过一个"理智过程"来作出践行何种养老行为的理性抉择。那么，农村子女在考虑是否对父母提供经济、生活以及情感上的帮助时，需要考虑两个十分重要的因素：一是是否有足够丰富的家庭盈余；二是是否有充足闲暇的时间。因此，基于"理性选择"理论，本章提出以下两个假设：

假设 1：家庭经济盈余对农村子女是否践行家庭养老（向父母提供经济供养、生活照料和情感慰藉）影响显著，且家庭经济盈余越多，子女向其父母提供家庭养老的程度越高。

假设 2：子女拥有的闲暇时间也对农村子女是否践行家庭养老影响显著，且闲暇时间越充裕，子女向其父母提供家庭养老的程度越高。

另外，"结构约制"也是影响个体行为发生的重要因素。根据实质主义者的研究，小农的行为受其所身处的社会结构与文化网络所约制。以"反馈模式"为表征的家庭养老模式在中国社会中已经绵延了数千载，这种代际均衡互惠的养老模式背后有一整套的从宏观到微观的社会机制来维持它的持续运转。其中，孝道观念和家庭结构、代际关系构成了家庭养老的文化基础和家庭基础①。除此之外，国家政策的运行对家庭养老的发展发挥着推动作用，尤其是社会养老保障制度的推行。因此，本章又提出以下假设：

假设 3：子女的孝道价值观对其是否践行家庭养老影响显著，孝道价值观越强，子女向其父母提供家庭养老的程度越高。

假设 4：家庭结构对子女是否践行家庭养老影响显著。在本章中，家庭结构主要通过兄弟姐妹数进行测量，即兄弟姐妹数越多，子女将较多向其父母提供经济供养、生活照料和情感慰藉。

假设 5：代际关系与子女是否践行家庭养老之间呈现正相关关系，

---

① 中国社会科学院法学研究所：《中国经济管理法规文件汇编》，吉林人民出版社 1985 年版。

即子女与父母的关系越好，向父母提供经济供养、生活照料和情感慰藉等越频繁。

假设 6：国家推行的社会养老保障制度对子女是否践行家庭养老存在消极影响，即子女或家庭成员享受养老保险，则子女将较少向其父母提供经济供养、生活照料和情感慰藉。

表 3 - 3　　　　　　　　　　　主要变量的描述统计

变量	变量描述	均值	标准差
因变量			
家庭养老	连续变量	9.722	2.376
自变量			
劳动时间	连续变量	323.483	98.237
全家消费/全家收入	连续变量	0.349	0.889
兄弟姐妹数	连续变量	2.690	1.863
孝道价值观	连续变量	15.414	3.974
代际关系	5 = 很不好（0.4%），4 = 不好（0.5%），3 = 无所谓（6.0%），2 = 好（64.3%），1 = 很好（16.9%）	4.210	0.597
是否享受养老保险	1 = 享受（8.3%），0 = 不享受（91.7%）	0.083	0.275

根据上述分析，本章将农民的养老行为，即子女所提供的家庭养老程度，设置为因变量 Y，将有可能影响农民养老行为的 6 个因素设置为解释变量 X_1，X_2，…，X_n，其中，n 为解释变量的个数，$n = 6$。线性模型的具体形式是：$Y = \beta_0 + \beta_1 X_1 + \cdots + \beta_{11} X_{11} + \varepsilon$。在本章中，因变量是农村子女所提供的家庭养老的频繁程度，包括提供经济供养、生活照料的精神慰藉的频繁程度。在 2006 年全国综合社会调查的家庭问卷中，设计了一个测量子女提供家庭养老的频繁程度。题目的答案选项分为"很经常""经常""有时""很少"和"完全没有"五类。笔者依次对这五类分别赋值1—5，总程度变量由经济供养、生活照料和精神慰藉的题目得分相加形成，将它视为连续型变量，取值区间为3—15，数值越大，表明子女向其父母所提供家庭养老的程度

越低。另外，本章中的自变量包括劳动时间、家庭消费—支出比、兄弟姐妹数、孝道价值观、代际关系（与父亲的关系）和是否享受养老保险。有关变量的说明与描述性统计分析详见表3－3。其中，孝道价值观是由七维度量表进行测量，并根据同意程度"非常同意"—"非常不同意"依次赋值1—7。在问卷中所测量的条目共6项，总价值观由6项得分加总形成，视为连续变量。

为了更好地检验上述研究假设，本章分别构建了3个线性回归模型（见表3－4）：模型一中自变量包括劳动时间和家庭消费—支出比；模型二中自变量分别为兄弟姐妹数、孝道价值观、代际关系以及是否享受养老保险；模型三中的自变量是模型一和模型二的汇总。

表3－4　　　　　农民养老行为的影响因素分析（线性回归）

	模型一		模型二		模型三	
	标准化系数	显著性水平	标准化系数	显著性水平	标准化系数	显著性水平
常数	9.671	0.000	11.213	0.000	11.155	0.000
劳动时间	0.000	0.714			0.000	0.652
家庭消费—支出比	0.003	0.828			0.004	0.785
兄弟姐妹数			－0.009	0.111	－0.009	0.109
孝道价值观			0.016	0.003＊＊	0.016	0.003＊＊
代际关系（与父亲的关系）			0.405	0.000＊＊＊	0.405	0.000＊＊＊
是否享受养老保险			－0.110	0.078	－0.110	0.077

注：＊表示$P<0.05$；＊＊表示$P<0.01$；＊＊＊表示$P<0.001$。

从分析结果来看，在模型一和模型三中，劳动时间和家庭消费—支出比均不对农民向其父母提供家庭养老的程度构成显著性影响。因此，假设1和假设2均未得到检验。在模型二和模型三中，孝道价值观、代际关系对农民向其父母提供家庭养老的程度影响显著，显著性水平分别为0.003和0.000。其中，孝道价值观与农民的养老行为之间呈现正相关关系，即孝道价值观越强烈，子女越有可能向父母提供经济供养、生活照料和精神慰藉。另外，代际关系与农民的养老行为之间也呈现正相关关系，即子女与父亲的关系越亲密，子女越有可能向父母提供经济供养、生活照料和精神慰藉。因此，假设4和假设5均得到检验，而假设3与假设6则没有得到检验，即兄弟姐妹数和是否享受养老保险对农民养老行为没有显著性影响。综上所述，农民养老行为发生场域中的结构、规范与准则对农民的行为选择具有影响和约制作用，而并不是基于理性计算所作出的行为抉择。

3. 风险规避与路径选择：农民养老行为的一个解释框架

如同实质主义者所指出的那样，对于小农行为的研究必须置于其所在的社会结构与文化网络之中进行，探讨农民的养老行为也必须考虑农民所处的社会结构与制度背景。改革以来，农村社会养老保险制度尚未建立与完善起来，且存在覆盖面窄、保障水平低、社会化程度低、养老金调节范围较小、管理水平低，风险大等各种问题，还不能完全承担起农民养老的责任。除此之外，家庭赡养功能不断下降，土地保障也难以承担养老功能。几乎与之同时发生的是，市场经济的改革使得农民日益卷入社会化体系之中，成为"社会化小农"①。农民的生活日益面向市场，不仅其生产资料（如农药、化肥以及帮工劳力）需要以货币化的方式在市场上获取，而且其生活资料，包括人情交往都依赖于一定的市场购买力。农民提供家庭养老能力在一定程度上也取决于他们在市场中获得收入的能力。因此，农民为父母提供赡养资源（特别是经济资源）必然会受到其经济收入和其他经济支出的影响。

单个的农民进行养老行为选择时，其确实如形式主义者所坚持的那样进行着"理性算计"。这种理性算计并不是简单的利益最大化考虑，也不是由个人的自利支配，他往往是在道德规范、代际关系和家庭结构等层面进行着综合的考量，甚至他们会针对国家政策而调整养老行为。我们在国内不同省份的农村进行驻村调研后发现，不同区域之间农村家庭养老的状况有着较大差异，而且其背后存在着一定的内

---

① 徐勇、邓大才：《社会化小农：解释当今农户的一种视角》，《学术月刊》2006年第7期。

在关联。这里所说的区域差异并不单单是地理位置的差异，而更多的是指地域背后因国家权力与市场主义形塑后社会结构的差异。下面我们以不同区域的典型村落为代表进行描述，来呈现不同区域农村家庭养老的异样图景。

黄村地处鄂东，是一个宗族观念比较重的村庄。黄村家庭养老的秩序基本良好，子代不孝顺、不赡养老人者少之又少，子代对养老赋予了极高的正当性，他们认为"父母养了自己的小，自己养父母的老"是理所当然的。在黄村，如若父母尚有劳动能力，他们自身不要求已分家的儿子养老，年轻的夫妇便不必立即履行赡养义务，但当这个小家庭生了小孩后，需要父母来照看小孩时，年轻的夫妇则就需要开始履行自己的赡养义务。在黄村人看来，给小家庭照看小孩增加了老人的负担，影响了父母通过自己的劳动自养，作为补偿，小家庭则应该提前履行对老人的赡养义务。就赡养的标准而言，黄村不同的家庭会根据各自的经济情况来调整供养老人的物资和零花钱。在多子女的家庭，当老人只是与其中一个儿子居住时，老人的饮食起居和日常照料便由随住的儿子承担，其他的儿子则以给老人固定零花钱的方式履行赡养义务。如果老人图自在而要求单独居住，则诸子需要平均承担老人的口粮和日常开支。

鲁村位于鲁西北，虽然村庄都是由同一姓氏者组成，但村庄中存在着较强的派性观念，五服之内族人的认同感较强。鲁村的家庭养老秩序比较好，老人能够获得基本的物资保障与生活照料。当老人没有能力进行自养时，儿子便为老人提供基本的生计资源。特别是当年老的父母中一位去世后，除非在世的单亲（或父或母）坚决要求独自居住，否则儿子有义务将在世的单亲接到自己家中供养或兄弟家中轮养；但与黄村的老人不同，鲁村的老人很难从儿子与媳妇那里获得零花钱。当父母与儿子或诸子间因养老而发生纠纷时，鲁村的村组干部是养老纠纷的主要解调者。在调解中，村组干部有较强的权威，基本能"摆平"这些纠纷，且最终能令老人的基本生计资源得到保障，进而使鲁村的家庭养老秩序得以维系。

河村位于鄂西南，村民家族观念淡薄，五服之内族人的认同也不强，村民认可的"自己人"更多的是核心家庭成员。河村老人的生活境遇整体上比黄村与鲁村都差，河村的老人不仅很难从儿子与媳妇手中获得零花钱，即便是其基本的口粮也不一定能够获得。在河村，70余岁、80余岁的老人仍自行耕种、拾荒来养活自己者不在少数。在居住上，老人一般都是单住或者在儿子所住的房子旁搭建一间窝房居住。与黄村和鲁村的老人因图自由而自愿单住不同，河村的老人选择单住更多的是基于无奈，因为与儿子媳妇居住在一起经常受气。在河村，养老纠纷在家庭纠纷中占据重要比重。河村的养老纠纷主要是子代以亲代的某些过失或不公平行为为理由来拒绝承担赡养义务。由此，在河村的家庭中，养老逐渐成为一种有前提的交换行为：如果父辈对自己的抚养存在过失或对自己的小家庭存在不公，那么自己便有理由不承担赡养义务。对于养老的纠纷，河村的村组干部虽然也介入调解，但收效则远不如黄村与鲁村。正是因为如此，村干部开始建议村中的老人通过法律途径来保障自己的权益。

对上述典型村庄中养老实践的分析可以发现，家庭之中子代对亲代的赡养资源能否有效供给、代际之间的互惠是否有效达至，与社区是否有强力来约束试图逃脱赡养责任的子代有直接的关系。而在社区之中，这种强力通常是由村组干部来执行。

养老秩序的达成在相当程度上取决于养老资源的获取，而在农村地区，养老资源的获取总是与土地资源的占有存在着密切联系。当土地的承包经营权与老人的身份捆绑时，诸子便可能因为老人承包地的分配问题而发生纠纷，进而影响对老人的赡养。当村庄的土地会不断调整时，村庄内的成员对家庭土地的占有便缺乏稳定性，他们也不会将承包地视为自己的"家产"，而对亲代承包地的占有和分配感到不公。与此同时，当村庄中的土地尚能够不断调整时，村组干部手中便掌握有农民重要生产资料的处理权，亦拥有进行纠纷调解、村庄治理的基本权力（村组干部的权力并不必然来源于土地资源的控制，其亦可能源自于村庄的集体经济等）。在黄村和鲁村，村庄或是因为能够调整土地或是因为村庄存有一定的集体经济，村干部拥有进行纠纷调解、村庄治理的权力，他们能够有效地"制裁"拒绝承担赡养责任者；而河村因为集体经济的亏空及村民对村庄共同体依赖的下降，村组干部进行纠纷调解、村庄治理的权力业已丧失。正是因为村组干部在约制拒绝承担赡养责任者的强度不同，不同的村庄中呈现出了不同的赡养形态。

如果说社区权力对村庄家庭养老与代际互惠形成强约束的话，那么社区养老情理则构成了对家庭养老与代际互惠形成了软约束。需要强调的是，这里说的软约束并不是指效果不如前者，而是指约束的手段具有"软"的特性，事实上这种"软"手段所发挥的作用甚至可能超过前者。道德共同体内各成员间的行为准则被研究者归结为"社区情理"，道德共同体构成了社区情理得以实践的场域。由于"社区情理"是人们在日常生活中逐渐形成的行为规范和道德认知，因此它较之于国家的政策规范和成文法，更容易被村民们认同。在社区情理这一知识谱系中对养老问题的认知与规范可以称之为"社区养老情理"，它是社区成员对养老所形成的共识。

一种外在的行为规范能够在日常生活中被成员实践与遵从，关键是看外在约束机制，即是否存在维持规范实践的社会基础，并对违反这一规范的成员进行惩罚。在黄村和鲁村，村庄舆论具有很强的约束力，如果哪家儿子/媳妇不孝顺父母、不赡养老人，整个村庄的人都会议论他，这会令他们在村庄内的名声变得非常糟糕。当村民们通过私下的议论和公开的广播批评来惩罚违背社区养老情理者时，一个直接的后果便是使后者在村庄中"坏了名声"、"没了面子"。而一个"坏了名声""没有面子"的村民在日常生活之中将无法获得其他村民的正常帮助。例如，红白喜事中村民不再邀请他参加，在互助中被村民边缘化；儿子结婚或女儿出嫁时难以找到好的亲家等。而在河村，村庄的舆论对这种"越轨者"的制约并不强，大家都认为"那是别人自己家的事情"，舆论未对拒绝承担赡养义务者进行道德指责与制裁，这使得村庄中拒绝承担赡养义务的行为具有存在空间并逐步蔓延，最终令河村的家庭养老面临危机。

重新回到上文的理论框架，我们可以发现，农民的养老行为更多地体现着"风险规避"的特征：农民始终在缩减核心家庭的经济消费（支出）与减轻养老给家庭带来损失（风险）（包含道德损失和道德风险）之间博弈。具体养老行为的选择往往是农民在博弈曲线中寻找适合自己的均衡点。

　　农户的"风险规避"并非是个人理性算计的任意发挥，其行为实践总是在一定的规则与结构之中展开。村庄内的道德规范迫使农民不可能对年老力衰的老人置之不理，但村庄的价值观同样也不可能令子女倾其所有来进行赡养父母。农民只是在道德规范、特定的家庭结构和制度安排等制约下，在既定的空间内来实现自己的"风险规避"。

五　结语

　　前文的实证研究发现，农民的养老行为具有明显的"风险规避"特征，农民养老行为的发生机制由两个相反相成的方面构成：一方面，农民养老行为发生场域中的结构、规范与准则对农民养老行为的选择具有影响和约制作用；另一方面，结构、规范与准则为农民养老行为的发生提供了一定的行为空间（而不是如结构主义者所强调的"提供了特定的行为模式"），在这个既定的空间之中，农民通过理性算计来决定养老行为的选择。这个相反相成的过程既保障了农民养老行为在相当时空范围内具有稳定性，同时又形塑了农民养老行为的复杂性。正是因为如此，未来对农民养老行为的探讨，甚至是对整个农民行为的研究，不仅需要把握结构、规范与准则对农民行为的约束，更需要探寻农民在既定行为空间中的多样化选择以及影响其选择背后的因素。

第四章　子女的家庭禀赋与赡养资源供给

　　家庭养老作为农村养老的主导形式，它决定了农村老人的赡养资源主要依靠成年子女的供给，这种子代对亲代的赡养构成了费孝通所讲的"反馈模式"的重要一环。子代对亲代的"反馈"之所以能够"兑现"，在相当程度上是因为孝道伦理的规训和社区情理①的约束。然而，在20世纪80年代以来，伴随着经济社会的变迁，农村社会的价值观念发生了深刻变化，孝道观念也日渐衰落。与此同时，农村的家庭结构与家庭关系也随之发生了相应变化：一方面，核心家庭的比重迅速上升；另一方面，横向的夫妻关系逐渐取代纵向的亲子关系成为家庭关系的主轴②。在家庭日益小型化的背景下，子代家庭首先是将小家庭的利益置于最为重要的位置，亲代养老资源是否能够获得有效供给则与子代的家庭资源禀赋有密切的关系，即子代家庭的资源禀赋直接影响着其是否向亲代供给养老资源，以及提供多少养老资源。

　　本章将核心家庭视为行为主体，以家庭的禀赋资源作为分析的切入点，运用2006年中国综合社会调查（CGSS2006）数据对理论模型进行检验和论证，以此来回答子女的家庭禀赋对其赡养资源供给会产生何种影响，以及这一影响得以产生的内在机理是什么？同时亦考察在不同家庭结构中，子女的赡养资源供给是否会存在内在差异。

---

　　① 杨善华、吴愈晓：《我国农村的"社区情理"与家庭养老现状》，《探索与争鸣》2003年第2期。

　　② 阎云翔：《私人生活的变革：一个中国村庄里的爱情、家庭与亲密关系（1949—1999）》，龚小夏译，上海书店出版社2006年版，第124—125页。

一　家庭赡养中的资源禀赋效应：文献与假设

（一）子女赡养行为的研究

子女赡养行为一直是家庭养老研究的重点，围绕这一主题，研究者分别从赡养内容、赡养机制以及赡养行为的影响因素等方面展开了系统的研究，取得了丰硕的成果。

目前研究就赡养的内容业已达成了基本共识，其主要包括子女对父母的经济支持、生活照料和精神慰藉，但是这三个方面在不同时期、针对不同的赡养群体存在着非均衡性[①]。研究者对赡养内在机制的研究主要是围绕资源交换和文化约束两个基本维度展开。就资源交换而言，不同的研究者将"资源"又区分成不同的内容，他们以资源交换作为切入点，强调父母与子女作为理性人在代际互动中呈现出的交换理性，由此而形成了经济交换说和社会交换说等观点。在经济交换论者看来，无论人类社会的政治、经济制度如何，总都存在着成年人对其子女及老人的供养问题。这种供养与被供养关系是人类为了自身的繁衍而发生在未成年人、成年人和老年人之间产品和劳务的一种经济交换关系，这种代与代之间的交换关系就是代际交换。代际之间之所以有这种交换关系，是因为不同年龄的人在经济、社会活动中占有不同的地位。他们占有的资源不同，所能创造的产品与提供的劳务不同，对社会产品及劳务服务的需求也不同，这样在代与代之间就产生了交换的必要性。从生命周期的历程来看，未成年人和老年人基本上都是消费者，生产能力不足，成年人才是主要生产者，成年人要向未成年人提供生活资料、生活服务和医疗服务以及提供教育和必要的生产资料；同样，老年人也只能依靠成年人所提供的产品和劳务而生存。由此可见，成年人对未成年人的供养就成为一种"投资"，是一

[①] 张晖：《建立我国农村社会养老机制的迫切性及可行性》，《人口学刊》1996 年第 4 期；张恺悌等：《市场经济条件下的家庭养老与社会化服务》，《人口研究》1996 年第 4 期；姜晶梅等：《我国城市养老的经济模式分析》，《人口研究》1998 年第 6 期。

种对未来的投资行为；而老年人得到供养，就成为一种"回收"以前投资的行为。每一代人只有完成这样一种交换才能顺利地结束自己的生命周期。① 同样是秉承经济交换的视角，陈皆明的研究则指出这种交换并不仅仅发生在子代年幼时接受父母的抚养而自己成年后为父母提供赡养资源以作为回报，在他看来，父母与子女之间的代际互惠并不一定是平衡的一对一即时交换，而是以"一般性互惠原则"为指导，即目的不在于获得即时回报，而在于帮助受惠者的物品交换，父母的投资与子女赡养老人的可能性存在正相关关系②。

与经济交换论者不同，社会交换论者认为，亲代与子代之间的"抚养—赡养"关系背后所凸显的并不是一种基于利益考虑的对等性物质或商品交易；而是一种基于社会道德、情感支持或公义维护的资源重新流动或分配，它从给予者或提供者一方流向接受者一方。在老人的照顾过程中，成年子女与父母之间可能维持着一种双向的社会关系，一方面，父母可以继续从子女那里得到生活上的照顾和精神上的安慰；另一方面，子女也可继续从父母那里得到支持和帮助。这种传统的老人照顾伦理体现了养儿防老这样一种均衡互惠和代际递进的原则，它成为维系家庭经济共同体延续的纽带③。

如果说资源交换论的分析是聚焦于抚养—赡养主体双方的行为逻辑而展开的，那么文化约束论的研究则是关注抚养—赡养行为主体所嵌入的文化与社会结构，进而探讨这些结构条件如何形塑了主体的行为特征。后者从文化和价值观进行切入，强调中国文化的特殊性，即其对子女行为的特殊约束，由此形成代际反馈说、责任内化说和血亲价值说等观点。代际反馈说的代表人物是费孝通先生。费孝通先生通

① 杜亚军：《代际交换——对老化经济学基础理论的研究》，《中国人口科学》1990 年第 3 期。

② 陈皆明：《投资与赡养——关于城市居民代际交换的因果分析》，《中国社会科学》1998 年第 5 期。

③ 熊跃根：《成年子女对照顾老人的看法——焦点小组访问的定性资料分析》，《社会学研究》1998 年第 5 期。

过比较中西文化的差异指出，在西方，是甲代抚养乙代，乙代抚育丙代，一代接力一代，简称"接力模式"；而在中国是甲代抚育乙代，乙代赡养甲代，乙代抚育丙代，而丙代又赡养乙代，上一代抚育下一代，下一代都要进行反馈，简称"反馈模式"。费孝通认为亲子关系的反馈模式可以说是中国文化的一项特点，不仅有着相当悠久的历史，在很早以前就有着许多维持它的伦理观念；且作为一个人伦规范，至今还受到社会舆论的支持。① 责任内化说的代表人物是张新梅。张新梅认为养老敬老是中华民族的传统美德，几乎所有的人都或明或暗、或多或少地持这种观点。这种西周时期就存在的文化习俗后来经儒家倡导和设计为孝道，被国家权力大力推行而在意识形态上得以强化，可以说是中国传统文化的产物。传统中国社会中的尊长养老历久不衰，几千年儒家文化对孝的强调，使得赡养老人的义务已经变成了每一个中华儿女内在的责任要求和自主的意识，是其人格的一部分。养老尊老已不是个简单的礼仪形式问题，而是一种文化现象和心理情感。② 与上述两种论述不同，血亲价值论是一种用血亲价值观点阐释家庭代际关系的理论，就是以血缘关系为价值标准。姚远认为，血亲价值是以血亲关系为基础并以实现血亲利益为其人生价值和调节代际关系准则的行为规范和心理定势。在他看来，家庭养老除了得到国家和道德的支持外，其文化机制中还包含着接受变化的因素，并且不拒绝利益机制，这使得家庭代际关系能够保持稳定，延续千载③。尽管血亲价值论有一定的说服力，但是仍面临一个问题就是，社会中事实上存在着大量的不同程度上的不孝现象。

在子女赡养行为的影响因素方面，既有的研究主要集中在子女和老年人的个人特征、家庭特征、社区特征以及孝道观念等因素的探

① 费孝通：《家庭结构变动中的老年赡养问题——再论中国家庭结构的变动》，《北京大学学报》1983 年第 3 期。

② 张新梅：《家庭养老研究的理论背景和假设推导》，《人口学刊》1999 年第 1 期。

③ 姚远：《血亲价值论：对中国家庭养老机制的理论探讨》，《中国人口科学》2000 年第 6 期。

讨。新近的研究亦开始关注居住模式、外出务工、子女养老行为的示范作用、对子女的教育投入、子女数量等因素对子女赡养行为的影响。研究者发现，老人的居住模式和居住距离并不明显影响子女给予的经济支持，但会影响子女的日常照料和情感慰藉方面给予的支持①。外出务工对子女养老分工存在显著影响，并且儿子和女儿外出务工的影响存在显著性性别差异。兄弟姐妹间的养老行为存在示范作用，并对老年人获得子女供养的状况有重要影响②。来自子女教育投入的养老回报主要体现在经济支持方面，子女受教育程度越高，对父母的经济支持越大③。子女给予父母各方面照料的频繁程度不受兄弟姐妹数量的影响④。总之，居住模式和家庭结构是影响子女赡养行为的重要因素。居住模式及父母子女间的空间距离决定了子女为父母提供支持的便利程度；而家庭结构则在很大程度上影响为父母提供支持的子女数量和可能性，以及家庭内部各成员间的分工、替代情况。

综上，既有的学术研究在子女赡养行为领域留下了较好的学术遗产，但这种学术积累并非不值得质疑。就子女赡养行为发生的内在机制而言，既有的研究多从结构主义理论出发，探讨社会/文化结构约束下的子女赡养行为的发生机制。除此之外，从子女个体的角度出发，将其赡养行为的发生视之为基于资源交换逻辑下的理性算计。这两种主导的解释路径主要还是将赡养资源的供给看作是子女的"个体行为"，即从子女个体的角度出发来展开分析。而正如

①　谢桂华：《老人的居住模式与子女的赡养行为》，《社会》2009 年第 5 期；谢桂华：《家庭居住模式与子女赡养》，《社会科学战线》2010 年第 2 期；鄢盛明、陈皆明、杨善华：《居住安排对子女赡养行为的影响》，《中国社会科学》2001 年第 1 期。

②　高建新、李树茁、左冬梅：《外出务工对农村老年人家庭子女养老分工影响研究》，《南方人口》2012 年第 2 期。

③　伍海霞：《家庭子女的教育投入与亲代的养老回报——来自河北农村的调查发现》，《人口与发展》2011 年第 1 期。

④　谢桂华：《老人的居住模式与子女的赡养行为》，《社会》2009 年第 5 期。

前文所述，在 20 世纪 80 年代以来，农村的家庭结构与家庭关系也随之发生了相应变化，一方面，核心家庭的比重迅速上升；另一方面，横向的夫妻关系逐渐取代纵向的亲子关系成为家庭关系的主轴。在这一背景下，一个成年的儿子是否为其年老的父母提供赡养资源不仅取决于其本身是否具有"孝心"，同时亦取决于（甚至是更为重要地取决于）其妻子是否同意将家庭资源中的一部分供给父母养老。正是因为如此，本章才认为，将对父母赡养资源的供给视为是家庭的组织决策而不是子女个人的决策才更加契合实际。在本章中，我们即尝试从家庭禀赋的视角，探讨子女赡养行为的家庭禀赋效应。

（二）家庭禀赋与赡养行为：理论与假说

受结构功能主义理论的影响，我们在研究农民养老行为时业已提出了风险规避与路径选择的解释框架[1]，认为结构、规范与准则为农民养老行为的发生提供了一定的行为空间，在这个既定的空间中，农民通过理性计算来决定养老行为的选择。针对当下农村子女的赡养行为，这一既定空间即为：孝道观念已衰弱，但依然获得道德上的认可，所以子女一方面，承认自身在养老方面的责任；另一方面，则是更看重自身小家庭的生存、发展。换言之，子女对于丧失劳动能力的年迈父母不会不闻不问，但也不会不计后果地付出，其存在一种"有限责任"关系。同时，老年人出于一种"责任伦理"，往往也会通过降低生活标准、减少需求等途径达到减轻子女赡养负担的目的[2]。如此"互动"的后果便是出现一种代际关系下位运行的现象[3]，即在代际互动的过程中，亲代对子代的付出总是大于子代对亲代的付出，且

---

① 参见狄金华、李静《农民养老行为的实践逻辑研究——基于 2006 年 CGSS 数据资料的分析》，《华中农业大学学报》（社会科学版）2013 年第 1 期。

② 杨善华等：《责任伦理与城市居民的家庭养老——以"北京市老年人需求调查"为例》，《北京大学学报》（哲学社会科学版）2004 年第 1 期。

③ 范成杰：《代际关系的下位运行及其对农村家庭养老影响》，《华中农业大学学报》（社会科学版）2013 年第 1 期。

亲代总是有意识地"体谅"子代，主动减轻子代赡养自己的"负担"。代际关系下位运行的现象并未在成年子女这一节点上戛然而止，而是延续到成年子女的下一代身上，如此便也达到了另一种意义上的平衡。这种代际接力的均衡不是本章所要重点关注的对象，本章关心的是在代际关系下位运行这一背景下，子女作为抚养与赡养的双重主体，将依据何种原则做出决策，这种决策的形成与行为的发生同家庭的资源禀赋之间存在何种内在关联？

在中国农村，家庭对于个人的行为选择具有特殊的意义。这个群体的成员占有共同的财产，有共同的收支预算，他们通过劳动的分工过着共同的生活，彼此之间相互依存[1]。最近的研究表明，家庭核心化正在成为中国家庭的变化趋势；同时伴随着近年来中国农村现代化进程加快的影响，家庭关系从传统的以垂直父子关系为中心逐渐转换到以平行的夫妻为中心[2]。在这一结构背景下，子代是否养老以及向亲代提供多少养老资源构成了子代小家庭的"家庭事件"。而家庭自身的资源禀赋则直接影响了其向亲代提供的养老资源。就赡养行为而言，子女必须基于家庭禀赋许可的范围，在满足所有家庭成员福利最大化的家庭决策约束之下采取行动。

1. 家庭角色与农村子女的赡养行为

在传统的代际关系图式中，亲子之间存在着特定的互惠模式：父母赠予女儿生命，婚前抚养，结婚时以嫁妆形式分给小部分家产；而对于儿子最重要的则是生产训练，帮助成家，分家以及财产的平均分配。作为回报，儿子有赡养父母的义务，女儿则没有相关方面的明确义务。在当代农村地区，这一传统的互惠模式得到了延续。在此结构中，子女的赡养行为存在着明显的性别差异，即女性在有兄弟的情况下对父母一般没有明确的赡养义务，而往往作为丈

---

① 费孝通：《江村经济——中国农民的生活》，商务印书馆 2009 年版，第 41—46 页。

② 阎云翔：《私人生活的变革：一个中国村庄里的爱情、家庭与亲密关系（1949—1999）》，龚小夏译，上海书店出版社 2006 年版，第 124—125 页。

夫的依附，以媳妇的角色赡养丈夫的父母。子女身处的家庭不同，他们或者作为嫁出去与父母分住的女儿，或者是和父母合住的女儿，或者是与父母分住的儿子，或者是与父母合住的儿子，分别承担着不同的赡养责任，而这些不同的责任则体现在不同家庭决策中的赡养行为。

2. 农村子女赡养行为的家庭禀赋效应

必须承认，我们将子女的家庭禀赋作为本章分析的最为重要的切入点多少受到家庭经济学的影响。在家庭经济学看来，家庭的禀赋资源，特别是家庭经济资源是影响家庭组织行为的最重要因素。就家庭赡养而言，家庭经济学的"外溢效应"分析卓有影响。即当子女家庭的经济资源越丰富，其"外溢"到亲代家庭，为亲代提供赡养资源的可能性就越大。若延续经济学这一逻辑演绎下去，其"经济理性"将会把家庭经济资源的丰富程度与供给亲代经济资源以养老之间建立起简单的线性关系，但事实上我们看见，许多家庭资源不宽裕的子女为亲代所提供的赡养资源甚至要多于富裕者。这显然已经是狭隘的经济理性所无法解释的，因此本章中我们更多的是回到社会理论，将包括社会资本在内的"社会"引入其中，借用更具有包容性与解释性的"社会理性"来解析家庭资源对子女赡养资源供给的影响。

何为禀赋？《辞海》称"禀赋，犹天赋，指人所禀受的天资或体质"。对于家庭而言，其禀赋自然是指家庭所具有的资质。在具体的学术研究中，家庭禀赋被用来指涉"家庭成员及整个家庭所拥有的包括了天然具有的及其后天获得的资源与能力"[1]，具体包括经济资本、人力资本、社会资本和自然资本。家庭禀赋是个人禀赋的外延，是家庭成员可以共同利用的资源；同时个人的行为选择也会受到家庭禀赋状况和家庭决策的约束[2]。家庭的资源禀赋对赡养行为产生着复杂的

---

[1]　孔祥智等：《西部地区农户禀赋对农业技术采纳的影响分析》，《经济研究》2004年第12期。

[2]　石智雷、杨云彦：《家庭禀赋、家庭决策与农村迁移劳动力回流》，《社会学研究》2012年第3期。

影响，这一影响我们称之为"家庭禀赋效应"。

当子女拥有较高的经济资本时，经济本身便不构成其家庭的稀缺性资源，子女亦更有可能为父母提供更多的经济性的赡养资源；但有可能因此而产生"逆补偿"效应或者一种金钱换劳动的做法，减少对父母的生活照料。而倾听父母的心事或想法等精神方面的慰藉作为一种较高层次的资源供给，需要一定的经济基础作为支持，故经济资本丰富的子女家庭可能为父母提供更经常的精神慰藉。由此我们提出本章的第 1 个研究假设：

假设 1：经济资本效应假设。子女家庭的经济资本越丰富，其越可能更频繁地为父母提供经济性赡养资源和精神慰藉，但会降低对父母生活照料行为的频度。

当子女家庭成员拥有较高的人力资本时，其便更有可能从事高收入的职业，因此也就更有可能拥有高的收入，故其使子女更有可能为父母提供更多的经济性的赡养资源。同时，较高的学历对于感知老年人的精神方面的需求有更高的敏感度，因此其也更有可能关注并为亲代提供精神慰藉。家庭人力资本作为个人人力资本某种程度上的外延，具有类似的效应。对此，我们提出本章的第 2 个研究假设：

假设 2：人力资本效应假设。子女家庭的人力资本越丰富，其越可能为父母提供更经常的经济支持、生活照料和精神慰藉。

社会资本也可能是影响子女家庭赡养资源供给的另一个重要因素。拥有较高社会资本的家庭因为顾及自身的名声，从而在提供养老资源时更加积极。但由于社会资本本质上是嵌入于个人的社会网络和个人所处社会结构之中的可调动的资源①，而社会资本的维持需要大量时间成本。因此当子女家庭具有较高的社会资本时，子女需要花费大量的时间、精力来维持社会关系，这必然要牺牲掉对于父母部分的生活照料时间和情感慰藉精力。这样，主观积极性与现实的限制便在一定程度上达到了均衡。鉴于此，我们提出本章的第 3 个研

---

① ［法］布迪厄、［美］华康德：《实践与反思》，李猛、李康译，中央编译出版社 1998 年版，第 162 页。

究假设：

假设 3：社会资本效应假设。子女家庭的社会资本越丰富，其会越频繁地为父母提供经济性赡养资源，而生活照料和精神慰藉不受明显影响。

农村劳动力迁移引起农业生产的"女性化"和"老年化"，当子女家庭实际耕种土地面积较多时，父母往往会提供一定程度的帮助，作为一种回报，子女会为父母提供更多生活照料，这种互动进一步增强了亲子间的关系，子女也就更愿意倾听父母。

作为衡量农村子女家庭自然资本的土地耕种面积在中国农村普遍实行家庭联产承包责任制以来，本身内部的差异并不显著；同时相对于其他产业，农地的利润率相对较低，进一步减少了其对子女赡养行为的影响。故其对于子女的赡养行为，不论是经济支持、生活照料还是精神慰藉都不会产生太大的影响。

假设 4：自然资本效应假设。子女家庭的自然资本越丰富，其越经常为父母提供生活照料支持和精神慰藉，而对经济支持影响不明显。

二　模型构建与变量测量

（一）理论模型与变量测量

在以往的研究中，研究者们通常将子女给予父母的支持分为三类，即经济支持（给父母钱）、生活照料（帮助父母料理家务，例如，打扫、准备晚餐、买东西、代办杂事等）和精神慰藉（听父母的心事或想法）。这三种支持构成了子女为父母提供的最主要的三种赡养资源，即经济资源、劳务资源和精神资源。本章将子女给予父母的赡养资源供给作为被解释变量 Y_k，$k = 1$、2、3，分别代表子女支持的 3 种类型（"1"表示"经济资源供给"，"2"表示"劳务资源供给"，"3"表示"情感资源供给"）。问卷调查了过去一年中被访者给予父母三种不同支持的频繁程度，经过综合以后形成 3 个定序变量，其中从不、很少、有时和经常，分别赋值 0、1、2、3；将可能影响子女养老行为的 3 类因素、11 个变量设置为解释变量

x_1, x_2, $\cdots$, x_n, 其中, n 为解释变量的个数, $n = 11$。

我们使用以下公式作为分析模型

$$Ln\left(\frac{P\ (Y_k \leq m)}{P\ (Y_k > m)}\right) = \beta_0 + \sum_{j=1}^{n}\beta_j x_{ij} \tag{1}$$

上式用于预测农村子女家庭禀赋、家庭结构特征及受访者及其父母的个人特征对于受访者各赡养行为内容的影响, "m" 代表被解释变量的赋值 (0—3 分别代表 "从不"、"很少"、"有时"、"经常")。式中, β_0 为常数项; β_j 是解释变量的回归系数, 反映解释变量影响被解释变量的方向和程度。

各变量的具体含义和描述统计分析结果见表 4-1, 对其中部分变量的含义及统计结果做如下说明:

解释变量有三部分, 一部分是本研究的核心变量: 家庭禀赋。家庭禀赋是影响成年子女为亲代供给赡养资源的重要因素, 它使得子女在做出赡养资源供给决策时不再仅仅依赖于与父母的工具交换或者已经日渐衰落的孝道观念。在本研究中, 我们将家庭禀赋操作化为家庭对经济资本、人力资本、社会资本以及自然资本的占有状态。

对家庭经济资本的测量使用了两个指标: 第一个指标是农户过去一年 (2005 年) 的货币年总收入, 包括农业收入、打工收入、各种补贴和经营性收入等。第二个指标是家庭住房的建筑面积。对这两个指标进行 Z 标准化后分别赋 0.5 的权重进行加权求和得到变量家庭经济资本[①]。

对家庭人力资本的测量选择了受访者家庭所有成员的平均受教育年限作为指标, 并为了取得一致, 对其进行 Z 标准化处理。同时, 在控制变量中引入受访者的个人受教育与其对照比较。

①　参照石智雷、杨云彦的研究, 将货币总收入和住房面积赋予相同权重。石智雷、杨云彦:《家庭禀赋、家庭决策与农村迁移劳动力回流》,《社会学研究》2012 年第 3 期。

关于家庭社会资本①，我们重点关注的是家庭社会网络的规模和质量。通常，社会网络规模越大，质量越高，其社会资本就越丰富；反之，其社会资本则越贫乏。在本章的研究中，我们选择了受访者及其家人与各类不同人员打交道的频繁程度之和②。首先，选择了12类不同的人，分别是本村人、外村人、城里人、村干部、乡镇干部、县级以上干部、城里的亲戚朋友、专业技术人员、国有或集体企业领导、国有或集体企业管理人员、私有企业老板和私有企业管理人员，他们代表了社会网络的规模大小。其次，对于每一类人，

---

①　社会资本的研究虽然在各领域都受到重视，但是对于如何测量社会资本学术界一直没有定论。缺乏对社会资本测量形成共识是社会资本研究的一大弱点。总结学术界对社会资本测量的方法，主要有以下几种方法。测量社会资本的一种方法是在某一社会中对群体和群体成员进行普查。罗伯特·D. 普特南曾利用各种各样的人口普查资料和社会调查资料，对美国体育俱乐部、保龄球协会、文学社、政治俱乐部以及类似群体的成员规模作了追踪观察，通过统计公民社会中的群体数量对美国的社会资本进行了测量。测量社会资本的另一种方法是利用有关信任和公民参与的社会调查资料。社会资本的储备量似乎一直在不断地增加，但是这种现象很可能只是一种主观的估计，甚至还可能根本就没有发生过。因此需要借助其他资料，譬如关于信任和公民参与的数据，来测量社会资本。福山在前面两种方法的基础上提出了第三种测量私人企业中社会资本量的方法，即考察公司在接管前后的市场评估价值。林南在建立社会资源与地位获得之间模型的基础上，提出测量"接触的社会资本"可以有定名法（对内容或角色进行抽样）和定位法（对等级地位进行抽样）两种方法。定名法是一种在网络研究中广泛利用的研究方法，其一般技巧就是向个体自我提出一个或多个问题，询问其余熟人的一些情况：角色关系、交往内容或者关系亲密程度等。定位法则是由林南和杜明首先提出，是先对社会中常见的结构性地位（职业、权威、工作单位、阶级或部门）进行抽样，然后让回答者指出每一个地位中（譬如跟自己熟悉）的熟人（如果有），另外再确定每一个地位上个体自我与熟人的关系。

②　本章对数据的处理首先利用了衡量社会资本的主要方法之一——主成分分析法来建立一个指标，但由于各维度之间的相关性不是特别高，KMO 统计量为 0.778，小于适合标准 0.8，提取公因子的方差累计贡献率只有 60%。因此，本章借鉴部分已有研究中一些学者采用的社会网络的数量和质量来衡量社会资本，如石智雷的研究。参见石智雷《人口流动与中国农村地区的家庭禀赋——基于中部地区农户调查数据的分析》，《湖北经济学院学报》2012 年第 5 期。

都设置了与他打交道的频繁程度，从不＝1，很少＝2，有时＝3，经常＝4，以这种频繁程度量度两者间的紧密度，作为衡量家庭社会资本的质量。两者结合，求取与12类不同人打交道频繁程度之和后对其进行 Z 标准化作为衡量家庭社会资本的变量。

表4－1 变量说明与描述统计

变量名称	变量说明	均值	标准差	极小值	极大值
被解释变量					
经济支持	受访者2005年为其父母提供经济支持的频繁程度：完全没有＝0；很少＝1；有时＝2；经常＝3	1.692	1.008	0.00	3.00
生活照料	受访者2005年为其父母提供生活照料的频繁程度：完全没有＝0；很少＝1；有时＝2；经常＝3	1.793	1.005	0.00	3.00
精神慰藉	受访者2005年为其父母提供精神慰藉的频繁程度：完全没有＝0；很少＝1；有时＝2；经常＝3	1.782	0.894	0.00	3.00
解释变量家庭禀赋					
家庭经济资本	家庭经济资本总值Z标准化值	0.007	0.713	－1.68	3.95
家庭人力资本	家庭人力资本总值Z标准化值	0.000	1.000	－2.860	3.264
家庭社会资本	家庭社会资本总值Z标准化值	0.000	1.000	－3.027	3.778
家庭自然资本	家庭自然资本总值Z标准化值	0.000	1.000	－0.700	13.444
受访者家庭结构特征					
性别与是否和父母合住的组合		2.933	1.186	1.00	4.00
男性合住	男性合住＝1；非男性合住＝0	0.224	0.417	0.00	1.00

续表

变量名称	变量说明	均值	标准差	极小值	极大值
女性合住	女性合住 = 1；非女性合住 = 0	0.067	0.251	0.00	1.00
男性分住	男性分住 = 1；非男性分住 = 0	0.262	0.440	0.00	1.00
女性分住	女性分住 = 1；非女性分住 = 0	0.447	0.498	0.00	1.00
兄弟姐妹数量	受访者目前仍健在的兄弟姐妹数量	3.280	1.742	0.00	8.00
受访者及其父母个人特征					
年龄	受访者年龄，以周岁计（岁）	38.811	10.787	18.00	68.00
政治面貌	受访者是否中共党员：否 = 0；是 = 1	0.063	0.244	0.00	1.00
婚姻状况	未婚、离婚或丧偶 = 0；已婚有配偶 = 1	0.880	0.326	0.00	1.00
文化程度	受访者受教育年限	7.368	3.498	0.00	15.00
父母健康状况	受访者对父母健康状况的评估，取健康状况较差者：很好 = 1，；好 = 2；无所谓好不好 = 3；不好 = 4；很不好 = 5	2.606	1.068	1.00	5.00

家庭自然资本主要是指农户拥有或可长期使用的土地。土地为农户提供了最基本的生存保障，也是农户最重要的自然资本，我们将家庭自然资本以受访者家中实际耕种的旱地和水田的总面积为变量，并将其 Z 标准化。

解释变量的第二部分我们选择了受访者家庭结构特征变量，它们分别是"性别""是否和父母合住的组合""兄弟姐妹数量"。

解释变量的第三部分是受访者个人及其父母的特征变量，引入个人特征变量主要是为了控制个人特征差异对子女赡养行为的影响，包括受访者的年龄、政治面貌、婚姻状况、文化程度和受访者父母的健康状况。

（二）数据来源与样本分析

表 4 - 2　　　　　　　　样本的基本特征

特征	选项	频率	有效百分比（％）	特征	选项	频率	有效百分比（％）
性别	男	315	48.7	政治面貌	中共党员	41	6.3
					共青团员	25	3.9
	女	332	51.3		群众	581	89.8
年龄	25 岁及以下	71	11.0	婚姻状况	未婚、同居	53	8.2
	26—35 岁	184	28.4		已婚有配偶	569	87.9
	36—45 岁	230	35.5				
	46—55 岁	113	17.5		分居、离婚和丧偶	25	3.9
	56 岁及以上	49	7.6				
文化程度	未受过正式教育	84	13.0	个人年收入水平	2000 元及以下	239	39.5
	小学	195	30.1		2001—5000 元	180	29.8
	初中	285	44.0		5001—10000 元	114	18.8
	高中（中专）	71	11.0		10001—20000 元	57	9.4
	本科（专科）及以上	12	1.9		20001 元及以上	15	2.5

如前所述，本研究所使用的数据资料来源于 2006 年中国综合社会调查（CGSS2006），该项调查由中国人民大学社会学系与香港科技大学社会科学部执行。通过标准 PPS 抽样方法，对全国 28 个省、市、自治区进行了问卷调查，共获得有效样本 10151 个。其中，城市有效样本 6013 个，农村样本 4138 个。另外，上述样本中又选取了 3028 个样本进行"家庭问卷"调查，就家庭方面的问题，包括代际关系、家人评估、家庭价值、婚姻等问题进行了问卷调查。结合本研究主题，我们对问卷中所涉及的子女赡养问题及相关问题进行软件处理，共获得 647 个农村样本。具体样本特征见表 4 - 2。

三　家庭禀赋与赡养资源供给:实践中的家庭养老

（一）下位运行：农村家庭代际关系的特征

表4-3　　　　　子女家庭关系重要程度认知分析　　　（单位:%）

		第一重要的家庭关系			
		与父母的关系	与配偶的关系	与子女的关系	合计
婚姻状况	未婚、离异、丧偶等	57.7	25.6	16.7	100.0
	已婚有配偶	30.9	54.1	14.9	100.0
合计　样本数频率		221	328	98	647
有效百分比		34.2	50.7	15.1	100.0
		$\chi^2 = 25.499$，	$p = 0.000 < 0.05$		

对被调查者所认知的第一重要家庭关系的分析结果（表4-3）显示，50.7%的样本选择与配偶的关系作为最重要的家庭关系，34.2%的样本认为最重要的家庭关系是与父母的关系，剩下15.1%的样本选择了与子女的关系。作为代际关系下位运行表征的夫妻关系（即与配偶的关系）及与子女的关系之和占到了65.8%，远高于与父母的关系（34.2%）。同时，考虑到个人生命周期的特点，其在生命的不同阶段对于各种家庭关系的重视程度存在差异，又分别引入了婚姻和年龄两组控制变量，分析结果见表4-3和表4-4。当控制婚姻变量时，在已婚有配偶的人群中，夫妻关系的重要性更加明显，增加到了54.1%，而认为下位的亲子关系（即受访者与子女的关系）是第一重要家庭关系的样本数基本保持不变。在未婚、离异、丧偶等情况下的样本，或者未曾经历夫妻关系（如未婚），或者经历失败的婚姻关系（如离异）等原因都使夫妻关系处于缺位状态。而在这种夫妻关系缺位状态下的认知结果则显示了与父母关系的重要性。表4-4显示了在加入年龄作为控制变量后各家庭关系第一重要性的频率分布，由表中可知，随着年龄的增长，选择上位的亲子关系（即受访者与父的关系）作为第一重要的家庭关系的样本比例整体呈现一种下

降的趋势，下位的亲子关系的重要性逐渐增加，而选择夫妻关系的样本先上升后下降，但一直处于最高水平。

表 4 – 4　　　　年龄分组下第一重要家庭关系分析结果　　　（单位:%）

	25 岁及以下	26—35 岁	36—45 岁	46—55 岁	56 岁及以上
与父母的关系	43.7	31.5	33.9	35.4	28.6
与配偶的关系	45.1	55.4	51.3	46.9	46.9
与子女的关系	11.3	13.0	14.8	17.7	24.5

上述数据表明，传统上位父子轴的家庭关系发生了较大变化，虽然人们仍然十分重视与父母的关系，但夫妻关系和下位亲子关系这些表征代际关系下位运行的家庭关系已经日益取得主导地位。

（二）农村子女的赡养资源供给现状分析

表 4 – 5　　　　　　受访者对父母赡养情况的统计分布

	经济支持（%）	生活照料（%）	精神慰藉（%）
从不	15.6	12.5	8.5
很少	24.0	25.3	27.7
有时	36.0	32.5	41.0
经常	24.4	29.7	22.9
样本量（个）	647	647	647

从表 4 – 5 可以看出，绝大多数的子女都给予父母一定的支持，对父母在经济、生活照料和情感三个方面给予的"经常"或者"有时"的支持比例较高，均在 60% 以上；但亦有 15.6% 的被调查者在过去一年从未给予父母"经济支持"，12.5% 的被调查者在过去一年从未给父母以生活照料的帮助，8.5% 的被调查者在过去一年从未给予父母精神方面的慰藉。

（三）农村子女家庭禀赋与赡养资源供给的相关性分析结果

表 4 - 6　　　　子女家庭禀赋与赡养行为的相关性分析结果

解释变量	经济支持	生活照料	精神慰藉	解释变量	经济支持	生活照料	精神慰藉
家庭经济资本	0.206***	0.035	0.115***	年龄	0.093**	-0.009	-0.052
家庭人力资本	0.066	0.050	0.093**	政治面貌	0.117***	-0.016	-0.015
家庭社会资本	0.222***	0.008	0.113***	婚姻状况	0.113***	-0.039	-0.021
家庭自然资本	0.077**	0.015	0.067*	文化程度	0.158***	0.128***	0.137***
性别与是否和父母合住的组合	-0.230***	-0.305***	-0.225***	父母健康状况	-0.114***	-0.004	0.014
兄弟姐妹数量	0.021	-0.096**	-0.090**				

注：＊＊＊、＊＊、＊分别表示变量在1%、5%、10%的统计水平上显著。

为探讨子女赡养行为的影响因素，本章计算了解释变量与被解释变量的 Pearson 相关系数及其显著性水平。表 4 - 6 中的分析结果显示：对于被解释变量经济支持来说，反映家庭禀赋的家庭人力资本和反映家庭结构特征的兄弟姐妹数量的相关关系不显著；而家庭经济资本、家庭社会资本、政治面貌、婚姻状况和文化程度均在1%的统计水平上与子女对父母的经济支持呈显著的正相关关系；性别与是否和父母合住的组合和父母健康状况则成负相关关系；家庭自然资本和年龄在5%统计水平上与子女对父母的经济支持呈显著的正相关关系。对于家庭禀赋与子女另外两项赡养行为，即生活照料和精神慰藉的相关性分析结果见表 4 - 6。

（四）农村子女家庭禀赋对赡养行为影响的 Logistic 回归分析

表 4－7 农村子女家庭禀赋对赡养行为影响的定序 Logistic 回归结果

变量	经济支持		生活照料		精神慰藉	
	模型 1	模型 2	模型 3	模型 4	模型 5	模型 6
家庭经济资本	0.485***	0.554***	0.095	0.094	0.256**	0.293**
	(0.111)	(0.120)	(0.106)	(0.116)	(0.108)	(0.117)
家庭人力资本	−0.003	−0.138	0.096	−0.064	0.133*	0.027
	(0.075)	(0.094)	(0.075)	(0.094)	(0.076)	(0.094)
家庭社会资本	0.322***	0.247***	−0.027	−0.044	0.067	0.077
	(0.080)	(0.086)	(0.078)	(0.085)	(0.079)	(0.085)
家庭自然资本	0.116	0.118	0.034	0.162*	0.103	0.187**
	(0.076)	(0.091)	(0.072)	(0.092)	(0.075)	(0.093)
兄弟姐妹数量		0.074		−0.045		−0.004
		(0.051)		(0.051)		(0.051)
年龄		0.029***		0.028***		0.004
		(0.009)		(0.009)		(0.009)
文化程度		0.092***		0.060**		0.057*
		(0.030)		(0.030)		(0.030)
父母健康状况		−0.133*		0.019		−0.063
		(0.074)		(0.074)		(0.075)
男性合住（女性分住为参照组）		1.449***		1.556***		1.093***
		(0.228)		(0.228)		(0.225)
女性合住（女性分住为参照组）		0.798**		2.731***		1.895***
		(0.336)		(0.389)		(0.354)
男性分住（女性分住为参照组）		0.856***		0.696***		0.632***
		(0.206)		(0.203)		(0.206)
政治面貌（中共党员为参照组）		0.188		0.592*		0.792**
		(0.340)		(0.330)		(0.335)
婚姻状况（已婚为参照组）		−0.962***		−0.419		−0.431
		(0.262)		(0.263)		(0.263)

续表

变量	经济支持		生活照料		精神慰藉	
	模型1	模型2	模型3	模型4	模型5	模型6
− 2 Log Likelihood（Final）	1614.820***	1425.774***	1649.376	1449.437***	1549.808***	1390.508***
Pearson	1876.740	1746.522	1862.446	1769.521	1849.505	1751.864
Cox and Snell	0.079	0.207	0.005	0.161	0.025	0.117
Nagelkerke	0.085	0.222	0.005	0.173	0.027	0.127
McFadden	0.031	0.086	0.002	0.066	0.010	0.049

注：括号内为标准误；＊＊＊、＊＊、＊分别表示变量在1%、5%、10%的统计水平上显著

上述相关性分析只是检验了单个解释变量与被解释变量之间相关关系的显著性及其作用方向。由于农村子女赡养行为的影响因素之间可能存在相互作用，因此有必要建立回归模型来进一步估计这些影响因素的影响程度及其显著性水平。基于本章的研究假设，我们建立了农村子女家庭禀赋及其他相关控制变量对农村子女赡养行为影响的定序 Logistic 回归模型，并运用 SPSS17.0 统计软件对其结果进行了统计，结果见表4-7。其中，模型1—2、模型3—4、模型5—6分别就子女给予父母的经济支持、生活照料和情感慰藉作了回归分析。模型1、模型3、模型5是在只有家庭禀赋作为解释变量情况下的回归结果，而模型2、模型4、模型6则是在加入其他控制变量情况下的回归结果。相对来说，模型2、模型4、模型6因为控制变量的引入而更为科学可行，故下文的分析将主要围绕模型2、模型4、模型6展开，并适当与模型1、模型3、模型5进行比较。

由于预测模型中被解释变量的排序从小到大（1至4）表明对父母获得子女支持的频率从"从不"到"经常"的升序变化，因此回归系数越大，则表明被访者越可能经常给予父母相应的支持；回归系数越小，则表明被访者越可能不经常给予父母各种相应的支持。模型检验结果显示，除模型3以外，其他模型的 − 2 Log Likelihood（Final）均在1%的统计水平上显著，表明模型有统计学意义；而 Pearson 卡方

检验均在 5% 的统计水平上不显著，表明模型拟合度较好；伪判定系数 Cox and Snell、Nagelkerke、McFadden 均大于 0.01，表明模型较为理想。故综合来看，模型 1、模型 2、模型 4、模型 5、模型 6 均较为理想，模型 3 不理想，然而这恰好验证了本章的假设（即家庭资源禀赋在子女对父母生活照料方面的影响不显著，后文会详细说明），故为追求整体的对照，保留模型 3 在表 4 - 7 中。

1. 家庭禀赋的作用

表 4 - 7 的估计结果表明，整体来看，所引入的家庭禀赋因素对子女经济支持的频度有显著影响；对提供精神慰藉的频度存在一定程度的影响，而对提供生活照料频度影响不显著。相比较来看，子女家庭的经济资本变量对子女提供经济支持和精神慰藉频度的影响强度都是最大的。子女家庭的经济资本值每增加一个单位，子女为父母提供经济赡养资源频度增加的概率就会增加 0.740 倍（Exp（0.554） = 1.740），而提供更频繁的精神慰藉的可能性会增加 0.340 倍（Exp（0.293） = 1.340），对子女提供生活照料支持频度的影响不显著。也就是说，子女家庭的经济资本越丰富，其越可能更频繁地为父母提供经济性赡养资源，更经常地倾听父母的心事和想法。子女家庭的经济资本对生活照料支持频度影响不明显，说明此处并未出现前述所谓"金钱换劳动"的说法。因此，研究假设 1 基本得到验证。

子女家庭的人力资本对其为父母提供各项赡养资源频度的影响皆不显著，而控制变量中子女个人的文化程度对其提供经济支持、生活照料和精神慰藉频度的影响分别在 1%、5% 和 10% 的统计水平上显著。因此，研究假设 2 并未得到验证。这可能是因为家庭经济资本和家庭人力资本之间存在高度相关性，当控制了具有更强影响力的家庭经济资本后，家庭人力资本便不再显著。也可能是因为前述通过个人人力资本效应推论家庭人力资本并不成立，这一问题还有待进一步研究。

子女家庭的社会资本在 1% 的统计水平上对子女为父母提供经济支持行为有显著的正向影响，即农村子女的家庭社会资本越丰富，其越倾向于为父母提供更经常的经济支持。模型 2 的回归结果显示，子女的家庭社会资本值每增加一个单位，子女为父母提供更频繁的经济支持的概率会增加 0.280 倍（Exp（0.247）＝1.280）。子女的家庭社会资本对其为父母提供生活照料和精神慰藉支持频度的影响不显著。因此，研究假设 3 基本得到验证。

子女家庭的自然资本分别在 10% 和 5% 的统计水平上对子女为父母提供生活照料和精神慰藉频度有显著的负向影响，对子女为父母提供经济赡养资源的频度没有显著影响。即农村子女的家庭自然资本越丰富，其越倾向于为父母提供更经常的生活照料支持和精神慰藉支持。模型 4 的回归结果显示，子女的家庭自然资本值每增加一个单位，子女为父母提供更频繁的生活照料支持的概率会增加 0.176 倍（Exp（0.162）＝1.176）；模型 6 的回归结果显示，子女的家庭自然资本值每增加一个单位，子女为父母提供更频繁的精神慰藉支持的概率会增加 0.206 倍（Exp（0.187）＝1.206）。因此，研究假设 4 基本得到验证。

2. 其他因素的作用

研究结果表明，性别与是否与父母合住组合变量对子女提供各项赡养资源的行为皆有显著影响。就提供更频繁的经济支持而言，男性合住类型家庭是女性分住类型家庭的 4.259 倍（Exp（1.449）＝4.259）；女性合住类型家庭是女性分住类型家庭的 2.221 倍（Exp（0.798）＝2.221）；男性分住类型家庭是女性分住类型家庭的 2.354 倍（Exp（0.856）＝2.354）。就提供更频繁的生活照料支持而言，男性合住类型家庭是女性分住类型家庭的 4.740 倍（Exp（1.556）＝4.740）；女性合住类型家庭是女性分住类型家庭的 15.348 倍（Exp（2.731）＝15.348）；男性分住类型家庭是女性分住类型家庭的 2.006 倍（Exp（0.696）＝2.006）。就提供更频繁的精神慰藉支持而言，男性合住类型家庭是女性分住类型家庭的 2.983 倍（Exp（1.093）＝2.983）；女性合住类型家庭是女性分住类型家庭的 6.652 倍（Exp（1.895）＝6.652）；男性分住类型家庭是女性分住类型家庭的 1.881 倍（Exp（0.632）＝1.881）。可见，男性在对父母的经济支持方面扮演着重要角色，而对父母的生活照料和精神慰藉则在很大程度上落到了女儿的身上；而与父母合住的子女无论在经济支持上还是生活照料和精神慰藉都高于与父母分住的子女。

受访者的年龄对其为父母提供经济支持和生活照料的频度有显著的正向影响，因为受访者的年龄与其父母的年龄高度相关，可见，年龄越大的父母越经常得到子女的经济支持和生活照料支持。受访者父母的健康状况越差，得到经济支持的频繁程度越低，生活照料和精神慰藉支持不受影响，这一点令人意外，但这也可能验证了部分学者的观点：子女对父母的帮助并不完全以父母的需要为中心，可能更多的是孝心的表现。受访者的政治面貌对子女提供生活照料和精神慰藉的频度有显著影响，而受访者的婚姻状况对子女提供经济支持的频度有显著影响。

四　结语

本章考察了中国农民对家庭关系重要程度的认知和农村子女赡养行为的现状，并通过相关性分析和建立定序 Logistic 回归模型分析了家庭经济资本、家庭人力资本、家庭社会资本和家庭自然资本等家庭禀赋因素对农村子女赡养行为的影响，得出了以下几点主要的结论：第一，农村子女的赡养行为并不十分乐观，有 14% 上下的人在过去一年中对于父母没有任何相关的支持行为。第二，农村子女家庭禀赋效应对赡养行为的影响主要通过对父母的经济支持产生作用。具体来说，农村子女家庭禀赋越丰富，其对父母经济支持的频率越高，对父母精神慰藉的频率也有一定程度的正向影响，但是对父母生活照料的频率几乎没有影响。其中，家庭经济资本的作用无论是体现在对父母的经济支持还是精神慰藉都处在最主要的位置；家庭社会资本对提供父母经济支持的频率有显著的正向影响；家庭自然资本对提供父母精神慰藉和生活照料的频率有不同程度的正向影响。第三，对子女赡养行为的最主要影响因素还是子女的性别和父母的居住模式（即是否与子女合住）。通过回归分析可知，子女的赡养行为存在明显的性别分工，即儿子相对承担更多的经济支持，而女儿则承担着更多的生活照料和精神慰藉。同时，缘于与父母合住的便利性及与父母更多的交换，与父母合住子女承担着更多的赡养职责。

对子女家庭而言，当其拥有较多的经济资源成为地方富户时，为父母提供更多的经济支持便是情理之中的事情。如果我们将子女对父母经济资源的供给视为一种家庭支出，那么这一支出明显受到家庭经济条件的刚性约束。在同样条件下，经济富裕的子女较经济贫困的子女更有可能为父母提供经济支持；而在经济贫困的情况下，经济资源具有稀缺性，当子女为父母提供赡养性的经济支持，势必会挤占其他领域（如对子女的抚养投入或自己消费）的支出。

在农村地区，社会资本的占有总是与家庭在当地社会阶层中的位置存在相关性，即一个人脉广泛的家庭在地方上有地位、有脸面。这样的家庭会非常重视自己在当地民众中的口碑，而其中对家庭老人是否孝顺则会直接影响到当地民众对这一家庭的评价。特别是在宗族观念比较强的村庄，村庄舆论具有很强的约束力，如果哪家的儿子和儿媳妇不孝顺父母、不赡养老人，村里人大多会议论他们。当村民们通过私下的议论和公开的批评来惩罚违背社区养老情理者时，导致的直接后果便是后者在村庄中"坏了名声"、"没了面子"。而一个坏了名声、没有面子的村民在日常生活之中将无法获得其他村民的帮助。因此，占据较多社会资本家庭中的子女往往会为父母提供较为充足的赡养资源。

子女赡养行为存在的性别分工则是农村社会结构在养老领域的微观反映。在农村社会之中，为父母提供养老的经济资源被视为是儿子的义务，而女儿则是扮演"贴心棉袄"的角色，她们更善于与年迈的父母进行情感的沟通。此外，当年迈的父母与媳妇之间存在的矛盾无法通过儿子来有效解决时，女儿便成为父母进行倾诉和求助的对象。

土地等自然资本对子女供给赡养资源的影响可能是源于代际间的工具交换。通常，在拥有较多土地的家庭，劳动力的匮乏是常见的情况，而老人则是家庭劳动力供给的主要补充：老人或直接参与到子女的土地耕作之中，或通过帮助子女带小孩和做家务，以减轻子女在家务上的投入。作为回报，子女通常会给予父母较多的生活照料，而土地等自然资本对供给父母经济资源不显著则可能是源于父母与子女尚未分家，两代人在经济上没有进行"分割"，因此也就无所谓单独的经济供给。居住模式对家庭赡养资源供给的影响，在以后的章节中将进行专题分析，这里就不再详述。

需要指出的是，随着农民进城务工及农村自身的快速发展，农民的收入在不断攀升，其家庭禀赋也日益充盈。同时，新型农村社会养老保险制度的全面推广更是为老年人提供了一份独立而稳定的个人收入。但是通过前面的分析可知，家庭禀赋效应主要作用于子女提供的经济支持，而对精神慰藉的影响有限，对生活照料更是没有影响。因此，如何解决老年人的生活照料和精神慰藉问题在当下显得更为突出，这也是后续研究所要关注的重要方面。

第五章　家庭权力结构与养老供给

　　国内对养老主题的研究总无法回避费孝通先生提出的"反馈模式"①，并将"代际互惠"作为中国家庭养老的内在机制②以检视当前中国家庭的养老实践。在费孝通先生看来，中国传统的代际关系不同于西方社会，其是一种基于公平原则的双向流动的"抚育"与"赡养"关系③。"反馈模式"不仅形成了对中国家庭养老机制的描述，同时也成为了理解中国传统家庭④关系的理想类型。需要指出的是，"反馈模式"及其背后"父慈子孝"的代际关系图是嵌入在特定的社会结构之中才得以有效实践与传承，即以父子血缘关系为中心的家族文化及制度构成了"反馈模式"实践的文化基础与制度基础⑤。在父系家族制度中，赡养的责任主要是由儿子而不是女儿来承担，代际之

---

　　①　费孝通：《家庭结构变动中的老年赡养问题——再论中国家庭结构的变动》，《北京大学学报》（哲学社会科学版）1983 年第 3 期。

　　②　潘允康、约翰·罗根、边馥琴、边燕杰、关颖、卢汉龙：《住房与中国城市的家庭结构——区位学理论思考》，《社会学研究》1997 年第 6 期；郭于华：《代际关系中的公平逻辑及其变迁——对河北农村养老事件的分析》，《中国学术》2001 年第 4 期。

　　③　费孝通：《家庭结构变动中的老年赡养问题——再论中国家庭结构的变动》，《北京大学学报》（哲学社会科学版）1983 年第 3 期。

　　④　在本章中，"中国传统家庭"这一术语主要是指晚清至 1949 年前的中国家庭生活模式。

　　⑤　唐灿、马春华、石金群：《女儿赡养的伦理与公平——浙东农村家庭代际关系的性别考察》，《社会学研究》2009 年第 6 期。

间赡养责任与义务的规定主要与父系家族的代际传承规则有关，而并不是同亲情回报相连①。在这一制度约束下，赡养父母构成了男性（儿子）无可逃卸的刚性责任，这种责任既是经济性的，又是道义性的——男性（儿子）对亲代的赡养既包括经济性的供给，又包括伦理性的孝顺。相比之下，女性（女儿）对自身父母的赡养责任并不被父系家族制度所强调，她们只是作为其丈夫的依附性角色（妻子）被赋予赡养公婆的责任。

古德认为，社会的现代化变迁将导致家庭从垂直家庭以及延伸的亲属关系的义务移开，趋向夫妇间关系的优先。后者带来的一个直接后果便是削弱了亲属关系纽带与义务的父系特征②。现有的关于中国家庭关系变迁的研究证明了古德家庭现代化理论的假设，即传统以父子为轴心的家庭以及父系家族制度在国家政权建设以及市场经济发展的双重冲击下已经发生了变化。改革所创造的非农就业机会的增加和社会流动政策的放宽使得农民能够根据自己的利益选择工作，年轻一代对父母的依赖因此减少，同时家庭与外界联合或合作的经济活动方式日趋多元化，这些都改变或弱化了父母的权威③。在"父母身份非神圣化"的过程中，横向的夫妻关系取代纵向的父子关系成为家庭关系的主轴④。这种关系转向的一个直观表现便是女性在核心家庭中权力地位的提升。如果说传统的"反馈模式"是建基于传统的父系基础之上，并在父子关系为主轴的家庭权力结构之中得到保障；那么当赡

---

① ［日］滋贺秀三：《中国家族法原理》，张建国、李力译，法律出版社2003年版，第100—103页；程维荣：《中国继承制度史》，东方出版中心2006年版，第259页；唐灿、马春华、石金群：《女儿赡养的伦理与公平——浙东农村家庭代际关系的性别考察》，《社会学研究》2009年第6期。

② ［美］W.古德：《家庭》，魏章玲译，中国社会科学出版社1986年版。

③ 转引自唐灿、马春华、石金群《女儿赡养的伦理与公平——浙东农村家庭代际关系的性别考察》，《社会学研究》2009年第6期。

④ 阎云翔：《私人生活的变革：一个中国村庄里的爱情、家庭与亲密关系（1949—1999）》，龚小夏译，上海书店出版社2006年版，第124—125页。

养老人的传统父系基础被打破①，原有的家庭权力结构发生变迁后，"反馈模式"是否仍然能够有效运转？子代对亲代的养老资源供给在这种变迁中是否能够获得保障？其中哪些因素可能影响家庭养老资源的供给？这构成了本章关注并试图回答的问题。

一　家庭权力、代际交换与养老资源供给：理论与假说

正如研究者所指出的那样，在诸多关于中国家族和农村家庭的研究者，女性始终是一个被忽视或研究不足的群体②。对此，有学者以女性的社会角色入手探讨了女性"被隐蔽"的制度原因，即女性在父系家族中没有任何必然的权力，婚前她们是父系家族的"依赖人口"或"家之附从成员"暂时被娘家养着，婚后成为其丈夫家族的正式成员③。对于女性而言，不论是为人女"栖居"父姓村落，还是为人妻、为人母"立足"、"安身"于夫姓村落，抑或是年老之后在夫姓村落"立命"，女性都必须遵从某个男子（或父或夫或子）方才能顺利完成人生阶段④。为此，女性在家族与家庭关系的研究中，始终是

---

① 怀默霆：《中国家庭中的赡养义务：现代化的悖论》，《中国学术》2001年第4期。

② ［加］朱爱岚：《中国北方村落的社会性别与权力》，胡玉坤译，江苏人民出版社2004年版；陈中民：《冥婚、嫁妆及女儿在家庭中的地位》，见乔键主编《中国家庭及其变迁》，香港中文大学社会科学院暨香港亚太研究所，1991年；阎云翔：《私人生活的变革：一个中国村庄里的爱情、家庭与亲密关系(1949—1999)》，龚小夏译，上海书店出版社2006年版；唐灿、马春华、石金群：《女儿赡养的伦理与公平——浙东农村家庭代际关系的性别考察》，《社会学研究》2009年第6期。

③ ［日］滋贺秀三：《中国家族法原理》，张建国、李力译，法律出版社2003年版，第353页；Cohen, 2005, *Kinship Contract Community and State.* Stanford：Stanford University Press.

④ 杨华：《隐藏的世界——农村妇女的人生归属与生命意义》，中国政法大学出版社2012年版，第315页。

作为男性的依附性角色而呈现。

随着社会结构的变化，家庭结构（特别是家庭权力结构）随之发生变动，女性对于家庭的重要性开始被研究者广泛关注。女性在家庭关系的研究中也日渐"浮出历史的地表"①。研究者将目光聚焦于女儿的养老资源供给②，考察儿子养老与女儿养老的差异③。与此同时，也有部分研究者考察了老人赡养资源供给中儿媳妇的角色与行为。夏传玲等认为，在家庭养老中，农村儿媳的角色权重远远高于城市儿媳，儿媳成为子代中的第一位照料者④。张友琴对厦门市老年人的社会支持网的调查发现，儿媳在老年人生活照顾中占有重要地位，且农村儿媳对老年人的生活照料和精神方面支持率要高于城区⑤。近年来呈现的农村赡养纠纷案例的剖析亦呈现，相当部分的家庭赡养纠纷是由儿媳引起或儿媳在其中发挥着重要作用。如果说儿媳依附于其丈夫，其对公婆的养老资源供给尚体现着她为丈夫履行"报恩"的逻辑，那么在家庭权力结构变动，"妻管严"盛行的背景下，儿媳是否依然会"报恩"于并未予以自己养育之恩的公婆，则还是有待于进一步探讨的问题。

中国的家庭权力结构主要是受传统的父系继嗣制度所影响，无论是家庭的经济权力、政治参与权力、家庭决策权力、声望地位等各方面，家庭权力都是以男性为主要掌控者，基本排除了女性在家庭中的发言权。因此，这种父系继嗣制度下的家庭权力可以说是一种"男权

---

① 孟悦、戴锦华：《浮出历史地表》，中国人民大学出版社 2004 年版。

② 金一虹：《父权的式微——江南农村现代化进程中的性别研究》，四川人民出版社 2000 年版；朱爱岚：《中国北方村落的社会性别与权力》，江苏人民出版社 2004 年版；阎云翔：《私人生活的变革：一个中国村庄里的爱情、家庭与亲密关系（1949—1999）》，龚小夏译，上海书店出版社 2006 年版。

③ 唐灿、马春华、石金群：《女儿赡养的伦理与公平——浙东农村家庭代际关系的性别考察》，《社会学研究》2009 年第 6 期。

④ 夏传玲、麻风利：《子女数对家庭养老功能的影响》，《人口研究》1995 年第 1 期。

⑤ 张友琴：《老年人社会支持网的城乡比较研究——厦门市个案研究》，《社会学研究》2001 年第 4 期。

思维"，剔除了女性权力对家庭权力结构的影响。但是，随着制度变迁与社会转型，女性家庭权力和地位开始发生相应的变化，主要包括以下几个方面：首先，随着妇女参与经济发展和父系父权制家庭制度的逐渐瓦解，妇女在家庭中的地位提高和对其作用的认识逐渐明晰①，这是女性权力意识方面的提高。其次，根据资源理论，一个人、一个群体的资源或国家的财富愈多，得到这种资源的人或群体所拥有的权力就愈大。女性的非农就业参与度的提升，作为一种经济资源，对其家庭地位的提高具有重要作用②。再次，有研究发现夫妻情感性需求的增强也是促成农村女性家庭地位提高的重要因素③。阎云翔在东北下岬村的调查发现，青年人婚前婚后都表现出亲密关系的显著增加④，男性与女性之间的相互依赖，使得女性会获得对于男性的权力，间接增加自己的家庭权力。除此之外，随着农村教育普及度提高，女性的受教育程度也不断提高。教育的扩张可能改变女性的家庭观念，将她们从父权文化的约束中解脱出来，同时降低她们对男性权力的认同。因此受教育水平高的女性可能获得更高的家庭地位。据此，本章提出假设1。

假设1：家庭权力变迁假设。随着社会变迁，女性在核心家庭中的权力呈逐步提升趋势。

该假设可以拓展为以下两个推论。

推论1：女性受教育程度越高，她在核心家庭中的权力地位就越高。

推论2：与年长的女性相比，年轻的女性在核心家庭中的权力地

---

① 杨善华、沈崇麟：《城乡家庭——市场经济与非农化背景下的变迁》，浙江人民出版社2000年版。

② 金一虹：《非农化过程中的农村妇女》，《社会学研究》1998年第5期；吕青：《城市化进程中女性生活状况的社会性别视角》，《江南大学学报》（人文社科版）2004年第3期。

③ 陈锋：《依附性支配：农村妇女家庭地位变迁的一种解释框架》，《西北人口》2011年第1期。

④ 阎云翔：《私人生活的变革：一个中国村庄里的爱情、家庭与亲密关系(1949—1999)》，龚小夏译，上海书店出版社2006年版，第95—106页。

位更高。

沿承埃文思—普里查德和福特斯对公共生活中的亲属组织和私人生活中的家户关系的思考，布迪厄提出了"正式亲属关系"与"实践性亲属关系"的区别。在布迪厄看来，正式亲属关系指亲属群体的抽象规范、规则和规定，而实践性的亲属关系则是指日常生活中个体行动者将前者转化为时间策略。其中正式亲属关系的功能是建立社会秩序并使之合法化；而实践性亲属关系在日常生活中被个体行动者用来实现他们的社会目标①。王跃生在反思家庭问题研究时也指出，家庭结构必须与民众家庭实践结合，努力捕捉家庭成员关系中所出现的新动向，将建立在"静态"基础上的家庭结构研究赋予"动态"的活力②。秉承王跃生的上述反思，以家庭关系作为切入点，重新反思费孝通先生的"反馈模式"则亦会有新的发现。

费孝通先生将中国的养老模式归纳为"反馈模式"以区别于西方的接力模式③。在"反馈模式"中，家庭关系被简化为父子关系（或曰亲子关系）。这在传统的父系社会之中无可厚非，因为横向的夫妻关系并不被社会所重视，妻子只是一个依附性角色，并不对"反馈模式"中的代际互惠产生冲击。但这种依附性并不意味着妻子在家庭之中是完全被动的角色，沃尔夫在考察台湾地区的家庭关系时，提出了"母体家庭"（又译为子宫家庭）的概念。他认为，在一个户中，女人苦心经营着自己的小圈子，这个小圈子只包括她和她的儿子。她精心培育着和儿子之间最紧密的关系，目的是为了将来能在家庭中获得实力和晚年生活的保障④。然而，在传统时期，由于妻子在家庭决策中所起作用有限，因此其对家庭资源的支配能力并不强。但是，随着

---

① ［法］布迪厄：《实践感》，蒋梓骅译，译林出版社 2003 年版，第 296 页。

② 王跃生：《中国当代家庭结构变动分析》，中国社会科学出版社 2009 年版，第 532 页。

③ 费孝通：《家庭结构变动中的老年赡养问题——再论中国家庭结构的变动》，《北京大学学报》（哲学社会科学版）1983 年第 3 期。

④ 转引自笑冬《最后一代传统婆婆?》，《社会学研究》2002 年第 3 期。

女性家庭地位的提升，女性在核心家庭中决策权提高，当子代家庭为亲代提供养老资源时，女性的认识与决策便不可忽视。

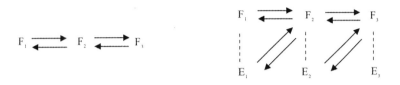

图5-1　简单反馈模式　　　　　　图5-2　复合反馈模式

如果在费孝通的"反馈模式"中引入夫妻关系，反馈便由图5-1的"简单反馈模式"演化为图5-2的"复合反馈模式"。E_1作为F_2的母亲抚养F_2，F_2有责任有义务在E_1和F_1年老时为其提供养老资源，但E_2作为F_2的妻子，并未受到E_1和F_1的抚养，作为理性人的E_2有足够的动力将家庭资源（包括经济、劳务和情感）更多地用于自己对儿子F_3的抚养，以期日后为自己提供养老资源的"回报"。由此可见，核心家庭中，女性权力地位的提升将直接影响家庭养老资源的供给。据此，本章进一步提出如下假设2。

假设2： 资源供给的权力假设。女性对配偶父母的养老资源供给行为在一定程度上受到女性的家庭权力影响，女性的家庭权力越高，对配偶父母的养老资源供给的决定权就越大，越有可能将家庭资源优先供给给子女而不是配偶父母。

资源的控制并不必然完全导致媳妇在夫妻关系中居于权力的主导地位。正如韦斯特（C. West）和齐默曼（D. H. Zimmerman）在其研究中所指出的夫妻间互动的微妙过程和"社会性别实践"（Doing gender）[①]，即资源更多的妻子并不一定利用资源要求更多的权力，她们可能因为"社会化"而顺从丈夫以显示自己并不争夺权力[②]。同样，当女性掌握了家庭内较大的权力时，其并不必然对养老资源的供给

①　祝平燕、夏玉珍：《性别社会学》，华中师范大学出版社2007年版，第7页。
②　郑丹丹：《中国城市家庭夫妻权力研究》，华中科技大学出版社2004年版。

提出质疑，其最终的养老资源行为取决于她对养老资源供给的意愿。

假设3：资源供给的意愿假设。女性对配偶父母的养老资源供给行为受到其对养老资源供给意愿的影响。

郭于华通过对养老纠纷的个案分析指出，中国亲子之间的抚养和赡养关系本质上是交换关系，代际传承和亲子间的互动依循着交换原则，实现着物质、经济的有形交换和情感、象征层面的无形交换①。当子代在主观上认为自己的付出大于亲代的付出时，其便会拒绝或推卸赡养责任的承担。对女性家庭资源分析后，笑冬指出，当女性开始控制核心家庭内部的资源时，其亦随之控制了婆婆赖以养老的资源，因此她会要求婆婆为她的"母体家庭"付出劳动，以换取婆婆的养老保障②。即如果配偶父母对媳妇提供的工具性帮助（比如日常生活照料、照顾孙子女等帮助）越多，媳妇便越愿意向配偶父母提供养老资源或提高养老质量。据此，本章提出以下假设4。

假设4：工具交换假设。女性对配偶父母的养老资源供给行为受到配偶父母提供的工具性帮助影响，配偶父母对女性的工具性帮助越大，女性对配偶父母的养老资源供给越频繁。

二 研究设计与模型构建

（一）数据来源

本研究的实证分析数据来源于2006年中国综合社会调查（2006CGSS）数据。通过不等概率分层抽样的方法，此项目在全国30个省、市、自治区进行，共获得有效样本10151个。其中，城市有效样本6013个，农村样本4138个。在上述样本中，共抽取了3208个城乡样本，进行面对面的"家庭问卷"访谈，询问了有

① 郭于华：《代际关系中的公平逻辑及其变迁——对河北农村养老事件的分析》，《中国学术》2001年第4期。

② 笑冬：《最后一代传统婆婆?》，《社会学研究》2002年第3期。

关被访者个人和家庭的各种相关信息，最终获得有效问卷3207份。由于本章探讨的是农村家庭已婚女性对配偶父母的养老资源供给行为的分析，因此将样本界定为农村家庭中已婚（有配偶）的女性作为被访者，共468个样本。

（二）样本的基本特征

表5-1　　　　　　　　　　　样本的基本特征

特征	选项	有效样本数 N（%）	特征	选项	有效样本数 N（%）
年龄	30岁及以下	68（14.5）	目前工作状况	目前有工作	389（83.1）
	31—40岁	139（29.7）		曾经工作过，但目前没有工作	54（11.5）
	41—50岁	121（25.9）		从未工作过	25（5.3）
	50岁以上	140（29.9）			
受教育程度	几乎没有受过教育	126（41.3）	个人年收入水平	1000元及以下	154（32.9）
	小学程度	16（5.2）		1001—5000元	214（45.7）
	初、高中程度	160（52.5）		5001—10000元	47（10.0）
	大学高等教育程度以上	3（1.0）		10000元以上	53（11.3）

（三）变量测量与理论模型

1. 被解释变量及其操作化

在本章中，家庭养老资源的供给行为是最主要的被解释变量。家庭养老资源的供给行为主要是指子代为亲代提供物质资源、劳力资源。由于受传统观念的影响，农村家庭代际之间很少进行正式的情感表达，因此在本研究中并未将"情感资源"纳入到分析框架之中，本章选取物质供给（给配偶父母生活费）与劳力供给（帮助配偶父母料理家务，如打扫、准备晚餐、买东西、代办杂事等）作为测量养老资源供给行为的测量指标。CGSS问卷调查了被访者在过去一年中给予配偶父母的物质供给与劳力供给的频繁程度，经过综合之后形成4个定序变量"从不"、"很少"、"有时"和"经常"，分别赋值 1、2、3、4，数值越大，表明女性对配偶父母的养老资源供给程度越频繁。

2. 解释变量及其操作化

（1）自变量。本章的自变量主要涉及女性的家庭权力。家庭事务决策是家庭权力的主要表现①，因此本章选取女性对于家庭事务决策的程度作为女性的家庭权力的测量指标。在问卷中涉及对家用支出的分配、对子女的教养、买高价的家庭用品及对自己父母的赡养 4 个方面的决策程度作为衡量家庭事务决策权的观测指标。我们将这 4 个方面的情况整合成 1 个新变量，即"女性的家庭权力"。具体做法是，将以上 4 个方面的决策者频率，"总是我"、"经常是我"、"我和配偶各一半"、"经常是我配偶"、"总是我配偶"和"其他家人"分别赋值 6—1，总体家庭权力由这 4 个方面的题目得分加总而成，取值区间为 4—24，均分为 3 个等级，4—10 为"权力较小"，11—17 为"权力中等"，18—24 为"权力较大"，数值越大，表明女性的家庭权力越大。

其他自变量还包括女性的家庭养老资源供给意愿以及配偶父母给予女性的工具性帮助两类变量。

家庭养老资源的供给意愿主要指子代愿意向亲代提供物质资源和劳力资源的意愿程度。基于数据缺少女性对于配偶父母劳力供给的意愿程度的数据，故本章只选取女性对于配偶父母物质供给（给配偶父母生活费）和女性对于自己父母的物质供给（给自己父母生活费）的意愿程度作为测量女性的养老资源供给意愿的指标。通过向这 2 个变量的 7 个指标"非常不同意""相当不同意""有些不同意""无所谓同意不同意""有些同意""相当同意"和"非常同意"分别赋值 1—7，数值越大，表明女性的家庭养老资源供给的意愿程度越高。

本章将选择配偶父母对于女性的经济帮助（给钱）与生活帮助（帮忙料理家务或照顾小孩或其他家人），作为配偶父母向女性提供

---

① 郑丹丹：《中国城市家庭夫妻权力研究》，华中科技大学出版社 2004 年版，第 25 页。

的工具性帮助的测量指标。经过综合处理之后，形成 4 个定序变量"从不""很少""有时"和"经常"4 类指标，分别赋值 1—4，数值越大，表明配偶父母为女性提供的工具性帮助越频繁。

表 5 - 2　　　　变量的含义、描述性统计分析与预期作用方向

变量类型及名称	变量含义与赋值	均值	标准差
解释变量			
女性个体特征及与配偶父母的客观状态			
年龄	被访者的年龄，以周岁计（岁）	43.154	11.029
受教育年限	接受小学以上教育的年限（以年为单位）	6.52	2.681
个人年收入水平	2005 年个人全年总收入的 Z 标准化值	0.000	1.000
目前工作状况	从未工作过 =1；曾经工作过，但目前没有工作 =2；目前正在工作 =3	2.78	0.529
配偶父母身体状况	取配偶父母健康状况较差者。很不好 =1；不好 =2；一般 =3；好 =4；很好 =5	3.438	1.015
与配偶父母的居住情况	住在一起 =1；不住在一起 =0	0.316	0.466
女性的家庭权力	权力较小 =1；权力中等 =2；权力较大 =3	2.097	0.452
配偶父母提供的工具性帮助			
经济帮助	从不 =1；很少 =2；有时 =3；经常 =4	1.563	0.872
生活帮助	从不 =1；很少 =2；有时 =3；经常 =4	2.144	1.154
家庭养老资源的供给意愿			
对配偶父母的供给意愿	非常不同意 =1；相当不同意 =2；有些不同意 =3；无所谓 =4；有些同意 =5；相当同意 =6；非常同意 =7	5.383	1.035

变量类型及名称	变量含义与赋值	均值	标准差
对自己父母的供给意愿	非常不同意=1；相当不同意=2；有些不同意=3；无所谓=4；有些同意=5；相当同意=6；非常同意=7	5.551	1.016
被解释变量			
家庭养老资源供给的行为			
物质供给	从不=1；很少=2；有时=3；经常=4	2.502	0.986
劳力供给	从不=1；很少=2；有时=3；经常=4	2.786	1.042

（2）控制变量。控制变量主要涉及女性的个体特征及与配偶父母的客观状态。具体包括女性的年龄、受教育年限、个人年收入水平、目前工作状况、与配偶父母的居住情况和配偶父母的身体健康状况。

各变量的具体含义和描述统计分析结果见表5-2。

3. 理论模型

根据前文理论分析，本章将女性对配偶父母的养老资源供给行为（物质供给、劳力供给）作为被解释变量 Y_k，$k=1$、2（"1"表示"物质供给"；"2"表示"劳力供给"）。将可能影响女性对配偶父母的养老资源供给行为的4类因素的11个变量设置为解释变量 x_1，x_2，$\cdots$，x_n其中，n 为解释变量的个数，$n=11$。

本章使用以下公式作为分析模型

$$Ln\left(\frac{P(Y_k \leq m)}{P(Y_k > m)}\right) = \beta_0 + \sum_{j=1}^{n} \beta_j x_{ij}$$

上式用于预测农村已婚女性的家庭权力、女性的家庭养老资源供给意愿、配偶父母提供的工具性帮助、女性的个人特征及与配偶父母的客观状态对于女性对配偶父母的养老资源供给行为的影响，"m"代表被解释变量的赋值（1—4），分别代表"从不""很少""有时""经常"（物质供给、劳力供给）。公式中，β_0 为常数项；β_j 是解释变量的回归系数，反映解释变量影响被解释变量的方向和程度。

三 家庭权力结构与养老资源的供给

（一）农村已婚女性的家庭权力现状分析

在所调查的样本中，通过对农村已婚女性的家庭权力进行频次分析发现，15.5%的农村已婚女性的家庭权力处于较大程度，78.6%女性的家庭权力处于中等程度，仅有5.8%的女性家庭权力处于较小程度。家庭权力的总体均值为15.48，略高于理想均值14，标准差为2.67。这说明，农村已婚女性的家庭权力普遍处于中等偏高的程度。为了进一步观察农村已婚女性家庭权力的内部差异，我们对不同年龄和教育程度的农村女性的家庭权力进行了交叉分析。

统计结果（表5-3）显示，女性的受教育程度与其家庭权力显著相关。受教育程度越高的女性，其家庭权力也相对较高。其可能原因在于，今天农村女性的文化教育水平普遍提高，大多数女性都接受过小学或初高中教育，甚至也有小部分比例在大学高等教育程度以上。随着女性受教育程度的提高，她们对子女的教育或日常家庭支出更有发言权，家庭权力相对提高。

表5-3 不同受教育程度、年龄的农村女性家庭权力现状

		女性的家庭权力分类%			显著性检验
		权力小	权力中等	权力大	
受教育程度	几乎没有受过教育	7.9	82.5	9.6	$\chi^2 = 17.360$ $p = 0.008$
	小学	25.0	58.3	16.7	
	初高中	3.6	76.3	20.1	
	大学及以上	33.3	66.7	0.0	
年龄	30岁以下	3.4	76.3	20.3	$\chi^2 = 5.661$ $P = 0.462$
	30—40岁	5.4	76.7	17.8	
	40—50岁	4.4	81.4	14.2	
	50岁以上	9.0	79.3	11.7	

注：大学高等教育程度以上的样本量过少，不具备充分解释意义，故在解释时不予考虑。

不同年龄段的农村女性的家庭权力存在略微差异，虽然从统计学意义上二者之间并不显著，但是我们可以看到家庭权力较小的女性以50岁以上的居多，家庭权力中等的女性以40—50岁和50岁以上的居多，而家庭权力较大的女性以30岁以下和30—40岁之间的居多。因此，我们可以推测存在"一种女性的年龄越大，其家庭权力越小"的趋势，即现在的女性相比过去的女性的家庭权力更高一些。假设1及其两个推论都通过检验。

（二）农村已婚女性对配偶父母养老资源供给行为的现状分析

农村已婚女性对配偶父母的家庭养老资源供给行为的频次分析（表5－4）显示，分别有52.9%和62.6%的被调查者提供物质供给和劳力供给的频繁程度集中在"经常"或"有时"，这表明大部分农村已婚女性都能向配偶父母提供一定的养老资源，不过也有19.4%和14.9%的人在过去一年"从不"向配偶父母提供物质或劳力的养老资源。

表5－4　　　　农村家庭养老资源供给行为的描述性统计结果

频繁程度	家庭养老资源供给的行为			
	物质供给（%）		劳力供给（%）	
从不	56	19.4	43	14.9
很少	80	27.7	65	22.5
有时	105	36.3	92	31.8
经常	48	16.6	89	30.8

（三）农村已婚女性的家庭权力对家庭养老资源供给行为的Logistic回归分析

基于本章的研究假说，我们建立了农村已婚女性的家庭权力对家庭养老资源供给行为影响的定序Logistic回归模型，并运用SPSS17.0统计软件对其结果进行了估计，结果见表5－5。由于预测模型中被解释变量的排序从小到大表明女性对配偶父母的家庭养老资源供给行为的频繁程度从"从不"到"经常"（1至4）的升序变化，因此回归系数越大，则表明被访者可能越经常给予配偶父母家庭养老资源；回归系数越小，则表明被访者可能越不经常给予配偶父母家庭养老资源。

表 5-5 列出了在不包括或包括其他控制变量的情况下，农村已婚女性不同程度的家庭权力对家庭养老资源供给行为影响的估计值。模型Ⅰ反映了在不考虑其他因素的影响下，自变量对于被解释变量的影响。模型Ⅱ则反映了在控制了女性的个体特征及与配偶父母的客观状态的影响后，自变量对于被解释变量的影响。为了更准确地测量和分析自变量对被解释变量的影响程度，下文的分析主要以加入控制变量后模型Ⅱ的回归结果展开。模型检验结果显示，2 个被解释变量的模型Ⅱ的 -2 Log Likelihood（Final）均在 5% 的统计水平上显著，表明模型具有统计学意义；伪判定系数 R^2 均大于 0.01，表明模型较为理想。综合来看，2 个被解释变量的模型的统计估计值基本稳定，具有较好的解释力。

表 5-5　农村女性的家庭权力对家庭养老资源供给行为的 Logistic 回归结果

解释变量	家庭养老资源供给的行为			
	劳力供给		物质供给	
	模型Ⅰ	模型Ⅱ	模型Ⅰ	模型Ⅱ
女性的家庭权力（参照项：较大）				
较小	-0.089 (0.568)	0.315 (0.966)	-0.819 (0.588)	-1.218 (1.042)
中等	0.433 (0.300)	0.775** (0.384)	0.142 (0.306)	-0.095 (0.393)
家庭养老资源的供给意愿				
对配偶父母的供给意愿	-0.062 (0.137)	0.002 (0.204)	0.116 (0.139)	0.643*** (0.221)
对自己父母的供给意愿	0.046 (0.145)	0.202 (0.217)	0.065 (0.147)	-0.240 (0.230)

续表

解释变量	家庭养老资源供给的行为			
	劳力供给		物质供给	
	模型 I	模型 II	模型 I	模型 II
配偶父母的经济帮助 （参照项：经常）				
从不	-1.507*** (0.583)	-2.785** (1.300)	-0.299 (0.676)	-0.500 (1.348)
很少	-1.284** (0.605)	-2.866** (1.330)	-0.712 (0.692)	-0.310 (1.383)
有时	-0.899 (0.667)	-2.498* (1.382)	-0.386 (0.751)	-0.625 (1.436)
配偶父母的生活帮助 （参照项：经常）				
从不	-0.569 (0.366)	-0.636 (0.595)	-3.120*** (0.453)	-3.259*** (0.740)
很少	-0.500 (0.382)	-0.029 (0.598)	-2.481*** (0.448)	-2.744*** (0.737)
有时	-0.483 (0.395)	-0.145 (0.596)	-1.835*** (0.456)	-1.312* (0.725)
年龄		0.009 (0.023)		0.048** (0.024)
受教育年限		0.029 (0.060)		0.030 (0.063)
个人全年总收入		0.133 (0.141)		0.203 (0.143)
目前工作状况（参照项： 目前正在工作）				
曾经工作过，目前没有 工作		0.184 (0.542)		-0.519 (0.559)
从未工作过		0.563 (0.909)		2.048** (1.025)

续表

解释变量	家庭养老资源供给的行为			
	劳力供给		物质供给	
	模型 I	模型 II	模型 I	模型 II
配偶父母健康状况（参照项：很好）				
很不好		0.419		− 0.656
		(1.235)		(1.234)
不好		− 0.692		− 0.479
		(0.583)		(0.627)
一般		− 1.169*		− 0.679
		(0.630)		(0.660)
好		− 0.891*		− 0.959*
		(0.511)		(0.550)
与配偶父母居住状况（参照项：住在一起）				
不住在一起		− 0.853**		− 1.767***
		(0.401)		(0.436)
− 2 Logistic Likelihood (Final)	473.640**	390.653**	446.823***	358.468***
Pseudo R²	0.072	0.192	0.278	0.423

注：＊＊＊、＊＊和＊分别表示相关关系在1%、5%和10%的统计水平上显著；括号中的类别为参照省略项。

从女性的家庭权力对家庭养老资源物质供给的影响效应来看，女性不同程度的家庭权力影响其对配偶父母物质供给的频繁程度呈现显著差异，家庭权力越大的女性对配偶父母的物质供给频度越低。在模型 II 中，家庭权力中等的女性对配偶父母的物质供给的频度是家庭权力较大女性的2.2倍（$e^{0.775} = 2.17$）。这说明，当配偶父母给予的工具性帮助和女性个人特征及与配偶父母客观状态的影响被控制后，女性的家庭权力在一定程度上影响女性对配偶父母的物质供给，且家庭权力越大，物质供给频度越低。这可能是由于随着农村已婚女性家庭权力的增大，其对家庭经济和物质支配的权力也不断增大。由于女性没有受到配偶父母的养育，在主观意愿上并不受抚养—赡养逻辑的约束，且基于一种对子女投入的理性计算，女性可能更多倾向于增加对子女的教养投入和自己父母的经济帮助，从而减少对配偶父母的物质供给。

对于家庭养老资源的劳力供给来说，女性的家庭权力并没有显著影响其对配偶父母的劳力供给。从模型Ⅰ和模型Ⅱ来看，无论是否加入控制变量，女性的家庭权力对劳力供给影响的统计结果都不存在显著性。其原因可能是，不管女性的家庭权力程度如何，作为儿媳都有对配偶父母给予生活照料的基本义务，比如做饭等日常家务，因此，女性对配偶父母的劳力供给并不受女性家庭权力影响，仅物质供给受女性的家庭权力影响。假设2部分通过检验。

与我们的假设3部分相吻合，女性对于配偶父母的家庭养老资源供给意愿显著影响其对配偶父母的劳力供给，但对于物质供给的影响不明显。女性的供给意愿赋值每增加一个单位，女性对配偶父母的劳力供给频度增加的概率就会增长 0.9 倍（$e^{0.643} = 1.90$），也就是说女性对配偶父母的养老资源供给意愿的程度越强，女性对配偶父母的劳力供给频度就越高。而女性对于自己父母的养老资源供给意愿并不影响其对配偶父母的养老资源供给行为。

对于另外一个重要的自变量，配偶父母给予女性的工具性帮助，通过统计结果可以看出，配偶父母给予女性的经济帮助、生活帮助分别与女性对配偶父母的物质供给和劳力供给显著相关。通过模型Ⅱ中配偶父母给予女性的经济帮助和生活帮助从"从不"到"有时"的回归系数增大，可以看出配偶父母越经常给予女性经济帮助，女性对配偶父母的物质供给频度越高；配偶父母越经常给予女性生活帮助，女性对配偶父母的劳力供给频度越高。这两类配偶父母给予女性的工具性帮助对家庭养老资源供给行为的影响结果，可能是由于女性没有受到配偶父母的养育，并不受抚养—赡养关系的约束，所以会将一种平等交换式的逻辑带入家庭生活中。她们更在意配偶父母对其提供的工具性帮助，比如经济帮助、帮忙照顾孙子女等，从而更愿意向配偶父母提供养老资源，实现一种互惠式帮助。假设4通过检验。

在控制变量方面，女性的年龄及其工作状况与女性对配偶父母的劳力供给显著相关。女性的年龄越大，其对配偶父母的劳力供给频度越高；从未工作过的女性相比目前正在工作的女性，对配偶父母的劳力供给频度更高。这两个控制变量对劳力供给的影响原因可能较为接近，一方面，随着女性年龄的增长，其赚取经济收入的劳动能力不断下降，无论是农业生产还是外出务工的时间都会有所降低；另一方面，从未工作过的女性几乎没有用于工作的时间，在家庭中的时间更多。因此，年龄大的女性和从未工作过的女性会更多增加对家庭的生活照料，对配偶父母的劳力供给频度会更高。

配偶父母的身体状况与女性对配偶父母的物质供给和劳力供给呈现边际上的相关性。相比身体很好的老人，身体状况好的老人得到的物质供给和劳力供给的频繁程度分别是前者的41%（$e^{-0.891}$）和38%（$e^{-0.959}$），供给的频度都有所降低，这在一定程度上可以看出身体状况较差的老人相比身体较好的老人获得的物质供给频度更低一些。这个分析结果似乎有点出乎意料。其中的原因可能非常复杂。一种可能的解释是，结合配偶父母向女性提供的工具性帮助与女性对配偶父母的养老资源供给行为之间的显著关系来看，老人的身体条件越好，才越有可能向女性提供一些工具性帮助，比如参与经济生产、帮忙照顾孙子女等。因此，基于一种交换原则，老人的身体越好，越经常给予女性帮助，女性可能就越经常向老人提供养老资源。

女性与配偶父母的居住状况与女性对配偶父母的物质供给和劳力供给都显著相关。与配偶父母住在一起的女性提供家庭养老资源的频繁程度，特别是劳力资源的供给，比不住在一起的更高，这也在一定程度再次验证了一些研究者的发现，即居住模式会影响子女对老人的生活照料。其原因可能是，一方面，同住的居住安排显然有助于增加女性对老人的养老资源供给的可能性；另一方面，同住也增加了老人向女性提供工具性帮助的可能性，比如生活帮助。

四 结语

中国的家庭养老在很大程度上是通过代际关系（主要是亲子关系）得以完成和实现。费孝通先生用"反馈模式"① 将中国独特的代际关系形象地表现出来，即为一种"抚养—赡养"关系。中国一直被视为典型的父权制国家，至高无上的父权使得"反馈模式"在中国传统乡村社会得以维系。在中国传统的乡村社会，家庭经济是以小农经济为主导，家庭合作式生产，经济大权由长者牢牢把握。只有作为一家之长的长者才能决定田产、房产及其他财产如何经营、使用和分配；分家产何时进行、如何进行也是由长者说了算。事实上，传统家庭中长者权力的维持在很大程度上也取决于他们对家庭财产的控制。此外，由于奉养和服从父母的孝道被赋予最高道德意义的社会价值观念受到历代统治者的大力倡扬，加之数千年间国家科层体制各层机构的全力支持，中国传统家庭中的父母对成年子女拥有强有力的支配权② 。但是，随着时代的推移，尤其是新中国成立后我国经济、政治制度的巨大变革，农村家庭的经济结构发生了巨大的变化，家庭逐渐失去了作为生产和生活单位的重要作用，也因此削弱了以往把持家庭权力的长者的物质基础。此外，伴随着现代意识对社会文化的介入，中国的传统孝道伦理观念也出现被理性的个人意识所代替的趋势。由此，维持长者权力的经济基础、文化基础和社会基础已经发生根本性的变化，长者在家庭中的权力和权威被大大地削弱。而伴随着长者权力的弱化，子辈由于自身财产的积累与个人权力意识的增长，使其从父辈手中"接替"的个人权力不断增加。那么这种由父辈向子辈权力递交的过程带来的最直接后果就是养老问题开始凸显。单一的抚养—赡养关系已经不能正常运行，家庭养老在今天越发体现出一种交换色

---

① 费孝通：《家庭结构变动中的老年赡养问题——再论中国家庭结构的变动》，《北京大学学报》（哲学社会科学版）1983 年第 3 期。

② 陈皆明：《投资与赡养——关于城市居民代际交换的因果分析》，《中国社会科学》1998 年第 6 期。

彩。父辈想要得到子辈的赡养,在完成抚养子女这个"应该完成的义务"之后,必须持续不断地与子女进行资源交换,比如尽到对成年子女生活照料、对孙辈照顾等"义务",才会换取子辈对父辈的赡养;而不少地区的子女对父母的赡养情况并不尽如人意,甚至存在子女不赡养老人和虐待老人的情况。子女们不再视报答父母养育之恩为最重要的义务,而是更强调自己应该从父母身上得到和索取的权利,他们欢欣地获取了国家给予拥有更多个人权力机会的同时,却拒绝履行自己的本该履行的赡养父母的义务。由此,从反馈模式的权力逻辑来看,今天农村产生的家庭养老问题可以说是子代权力增长的伴生产物。

在子代权力增长的过程中,我们不能忽视的是子代权力的性别差异。近年来,我们的确看到在某些领域女性的地位上升,尤其是在家庭领域中,无论是在农村还是在城市,很多的研究都证实了女性家庭地位的上升。另一方面,我们又看到在更多的领域,女性的地位不仅没有提高,而可能会后退,尤其是在政治领域[①]。也就是说子代权力的增长,不仅包括男性权力的变化,也包括女性权力的变化,其更显著的是在家庭权力方面。新中国成立后,由于社会经济的发展和国家意识形态的推动,全国范围内发动了女性解放运动,"男女平等"意识深入人心,女性的经济收入、教育水平和社会地位不断提高。在社会学视野中,权力与资源总是联结在一起的。传统的资源理论认为,一个人、一个群体的资源或国家的财富愈多,得到这种资源的人或群体所拥有的权力就愈大。在婚姻家庭中,夫妻双方所拥有的权力是和他(她)带进婚姻及提供给配偶的资源相一致的,权威和权力来源于配偶双方占有资源的比较。由此,女性因其资源的累积在家庭中可能会更有发言权,家庭权力也会不断提高。

近年来,由于男性进城务工或从事其他非农工作增多,女性留在家中务农,产生一种"农业女性化"趋势,这种"农业女性化"间接提升了女性的经济参与。她们不仅仍然"主内",照顾家庭的衣食

---

① 沈奕斐:《"后父权制时代"的中国——城市家庭内部权力关系变迁与社会》,《广西民族大学学报》(哲学社会科学版) 2009 年第 6 期。

安排，而且日益创造可以与男性相当的生产收益。金一虹在江南农村变化中发现，年轻女性对经济权力日益重视，她们强调"女性一定要靠自己，有经济收入才有地位"①。可见，在家庭中，经济基础是家庭权力的基础。近年来，女性除了在家庭中的经济参与度日益提高以外，随着农村家庭日益重视女性的受教育权利，女性的文化水平不断提高。在农村人眼里，有文化就是有本事，有本事就有发言权，因此受过教育的年轻女性获得了更高的文化地位与社会地位。此外，"男女平等"意识深入人心，女性不再拘泥于琐碎的家务，而是开始走出家庭，走上社会，追求实现自身目标和理想，女性也开始建立自身的权力意识。女性的文化地位与权力意识的提升，使得今天的媳妇不再是过去受着婆婆气的"小媳妇"，也不必忍受着"多年媳妇熬成婆"的命运来树立自己的权威。从近年来一些农村养老纠纷的案例中看出，现代农村的家庭纠纷很大一部分是由媳妇引起的。因此，随着女性在家庭中的权力增加和地位提升，很大程度上会直接影响对其配偶父母的赡养行为与赡养观念。

本章利用 2006 年中国综合社会调查（2006CGSS）数据研究家庭权力结构转型背景下农村已婚女性对配偶父母的养老资源供给行为的变化及影响因素。我们发现，农村已婚女性对配偶父母的物质供给受女性的家庭权力影响，且女性的家庭权力越大，其对配偶父母的物质供给频繁程度越低；女性对配偶父母的劳力供给受女性的家庭养老资源供给意愿的影响，且供给意愿程度越强，其对配偶父母的劳力供给频度越高。此外，农村已婚女性对配偶父母的养老资源供给行为受配偶父母提供的工具性帮助影响，工具性帮助越多，女性对配偶父母的资源供给越频繁。

家庭权力结构的转型与农村已婚女性对配偶父母的养老资源供给行为影响的分析结果表明：相对于过去的农村家庭，现在的农村已婚女性获得了更大的家庭权力，年轻的女性较年长女性的权力普遍更大。这种女性家庭权力增大的原因：一方面，是受社会经济和文化意

---

① 金一虹：《父权的式微——江南农村现代化进程中的性别研究》，四川人民出版社 2000 年版，第 210 页。

识的影响，女性在社会上的地位认可度不断提高，不论其经济水平如何，女性在家庭中都会获得一定的话语权。另一方面，随着农村教育普及度的提高，农村女性的文化水平有很大的提升，且与女性在家庭事务分工的性别角色相应，女性先天拥有对子女教育的权力优势，而家用的购买和支出也基本上都由女性做决策。因此，随着家庭权力结构在纵向上由父权向子权转移，横向上再由夫权向妻权的平衡和过渡，逐渐实现了家庭权力结构的转型。

家庭权力的变化必然会影响到家庭事务的变化，其中很重要的就是对老人的赡养的影响。这种影响可能是通过女性自己的赡养行为主导，也可能是通过其与配偶共同的赡养行为主导。不管是女性个人还是夫妻共同作为赡养主体，在女性家庭权力增大的同时，伴随着的是女性对配偶父母赡养的变化。通过分析结果可知，女性的家庭权力增大的同时，降低了其对配偶父母的物质供给。但是，老人们并没有因此而"甘于被降低赡养质量"，他们通过向媳妇提供工具性帮助换得了更多的物质供给和生活照料。在实际的农村家庭生活中，父母帮助子女做家务和带孙子女是很普遍的事情，而老人也比较热衷于做带孙子女这样的事情。然而通过调查分析，我们却发现这种原本被老年人看似分内的事情却是换取养老资源的"必然资本"。

在家庭养老中，从法律和道德层面，媳妇有辅助丈夫赡养老人的义务；但是从个人的交换逻辑层面，媳妇没有受到配偶父母的养育，并不受知恩必报的交换逻辑约束，赡养行为存在个人主观性。媳妇由于不受"反馈模式"这种抚养—赡养关系的约束，所以可能将一种平等交换式的逻辑带入家庭生活中。她们更在意配偶父母对其提供的工具性帮助，比如日常生活照料、照顾孙子女等帮助，从而更愿意向配偶父母提供养老资源或提高养老质量，这种交换式的逻辑即一种投入与产出的关系，实现代际交换的过程。女性嫁入夫家并不受抚养—赡养关系的约束，所以在建立与配偶父母的关系中，更多的是参考交换逻辑的非道德因素，老人们只有"有所付出"，才能"有所回报"。过于扩大化自身的利益与欲望，而将责任无限缩小化的行为让我们看到了阎云翔在东北下岬村调查时提出的"无功德个人"在今天农村家庭养老中的缩影。农村女性家庭权力的增加不应是配偶父母的养老质量降低的标志，交换式逻辑的实践不应是家庭养老的道德基础和运行环境的终结，而我们所期待的是父慈子孝、夫唱妇随的和谐家庭景象。基于这样的认识，我们认为农村老年人的养老资源不能仅靠家庭，也要结合国家的制度保障与农村的社区资源，延续传统文化共同建立多元化的养老资源供给体系，以解决当前农村老年人的养老困境。

第六章 家庭居住方式与养老供给

几乎所有的研究者都无法否认，家庭养老仍然是当前农村养老的主导形式，而家庭养老的实现则是依赖于子代为亲代提供基本的赡养资源。这种代际间的供给实践是嵌入在特定的家庭结构与社会传统之中，后者构成了前者得以有效运行的基础性条件和保障性机制；当后者发生变迁时，前者的实践形态亦可能随之发生变化。新近的研究发现，随着人们家庭观念的变化和人口流动的增加，家庭的权力/权威结构正在发生变化，钳制子代供给赡养资源的内在约束性力量正在弱化。前一章中，我们以子女家庭的权力结构作为切入点展开了分析，在这一章中，我们重点是考察代际间的居住方式（特别是老年人居住方式）与其赡养资源获取之间的关系。以居住方式这一"空间结构"来探讨其子代资源供给的影响承载着我们对空间权力结构的反思。基于空间的生活政治研究不仅有可能对空间结构的归属与使用上展开深入的分析，探讨空间支配背后的力量博弈以及博弈法则的变迁，同时有可能对以空间侵占为目的的行为进行分析进而探讨生活政治本身的内涵延伸与拓展[1]。例如，汪民安对于现代家庭空间生产的分析[2]、

---

① 狄金华：《空间的政治"突围"——社会理论视角下的空间研究》，《学习与实践》2013 年第 1 期。

② 汪民安：《家庭的空间政治》，《东方艺术》2007 年第 6 期。

阎云祥对东北房屋结构变迁的研究①，都展现出了空间在生活政治研究中的主体性地位。本章也正是延续这一思路，以老年人居住方式作为切入点，探析空间如何影响赡养资源的供给。

客观地讲，本章是一项定量分析中的复制性研究。对于定量分析而言，所谓复制性研究就是利用某项研究的数据和估算相关模型所用的计算机程序代码，对该项研究的全过程进行再现，实现校验和拓展该项研究的目的②。进行复制性研究既是由定量研究的内生性问题所要求的，也是中国定量社会学走向规范并形成后发优势的有效路径③。本章旨在利用 2006 年 CGSS 数据从老人的角度出发研究老人的居住模式与获得养老资源之间的关系，同时来验证谢桂华利用同样的数据从子女的角度出发对老年人居住模式与子女赡养行为之间关系的研究④。

之所以选择对谢桂华的研究进行复制性研究，我们主要是基于以下两个方面的考虑。其一，在传统时期，父母通常与已婚的儿子居住在一起，共同居住构成了传统代际"反馈模式"互惠的空间基础⑤；而随着社会变迁，传统的居住模式开始发生一定的变迁⑥，这种居住空间的变化在多大程度上影响到老人的福祉是一个值得关注的重要问题，而谢桂华的研究则正是分析了老年人的居住模式、与子女的居住

① 阎云翔：《从南北炕到"单元房"：黑龙江农村的住宅结构与私人空间的变化》，载黄宗智主编：《中国乡村研究》（第一辑），商务印书馆 2003 年版，第 172—185 页。

② 陈云松、吴晓刚：《走向开源的社会学：定量分析中的复制性研究》，《社会》2012 年第 3 期。

③ 同上。

④ 谢桂华：《老人的居住模式与子女的赡养行为》，《社会》2009 年第 5 期。

⑤ 费孝通：《家庭结构变动中的老年赡养问题——再论中国家庭结构的变动》，《北京大学学报》（哲学社会科学版）1983 年第 3 期；王跃生：《华北农村家庭结构变动研究——立足于冀南地区的分析》，《中国社会科学》2003 年第 4 期。

⑥ 鄢盛明、陈皆明、杨善华：《居住安排对子女赡养行为的影响》，《中国社会科学》2001 年第 1 期；王跃生：《当代中国家庭结构变动分析》，《中国社会科学》2006 年第 1 期。

距离和儿女数量对子女赡养行为的影响。其二，谢桂华的研究主要是从家庭赡养的供给方——子女——进行的考察。由于子女可能在调查中刻意掩盖自己对父母养老资源供给不足的现象而令研究结论存在不实的风险。基于上述两个方面的考虑，本章期望通过对家庭赡养供给的接受方——父母——来考察老年人的居住模式、与子女的居住距离对老年人养老资源获取的影响。本章同样利用 2006 年 CGSS 数据来展开分析，通过与谢桂华研究中相应的自变量和因变量来看从老人角度出发和从子女的角度出发是否会得出相同的结论。具体而言，本章将一方面研究不同的居住模式之下，子女对于老人的经济支持、日常照料和精神慰藉的三种支持有什么差异；另一方面研究子女的数量和性别等对于子女的赡养行为有何种影响。

一　研究设计与模型构建

谢桂华[①]利用 2006 年 CGSS 数据从子女的角度出发，研究了老人的居住方式和子女的赡养行为。他在研究老人居住模式和子女的赡养行为时根据传统家庭结构特征和以往学者的研究结果后，提出了 5 个理论假设并进行了验证。他发现，老人的居住模式对于子女赡养行为有一定的影响，老人的居住模式对于子女对老人的经济支持没有显著影响，而对于子女对老人的日常照料和情感慰藉有显著影响。与子女同住的老人得到了更多的日常照料和精神慰藉。居住距离的影响与居住模式影响一致。子女与父母居住距离越近，越经常为父母提供日常照料和情感慰藉。本章则以谢桂华的研究为基础，提出相应的研究假设，从老人的角度出发来验证谢桂华的研究结论。

（一）研究假设

本研究从老人的角度出发，研究老人的居住模式、与子女的居住距离，以及父母子女的个人特征与经济状况是如何影响老人养老资源

---

① 谢桂华：《老人的居住模式与子女的赡养行为》，《社会》2009 年第 5 期。

获取的。由于本章主要是探讨家庭养老中的资源获取，因此老人的养老资源获取主要是指老人从子女身上获得经济支持、日常照料和精神慰藉等养老资源。与谢桂华①的研究相对应，本章提出以下理论假设：

假设1：老人从子女那里获得的经济支持在一定程度上受到老人的居住方式和与子女居住距离的影响，即对于不与子女同住的老人来说，无论老人是何种居住方式，老人从子女处获得的经济支持都要高于与子女同住的老人；居住的离子女越远的老人，所得到的子女的经济支持度越高。

假设2：在控制了其他变量之后，老人从子女处获得的日常照料，在一定程度上会受到居住方式和居住距离的影响，即与子女同住的老人所得到的日常照料多于不与子女同住的老人。

假设3：老人从子女处获得的精神慰藉不受居住方式和居住距离的影响。

假设4：老人从儿子处获得的经济支持、日常照料和精神慰藉都高于女儿。

假设5：老人从子女处获得的经济支持、日常照料和精神慰藉不受子女数量的影响。

（二）变量和模型

本章使用的数据来源于中国人民大学2006年的全国综合社会调查（CGSS2006）。CGSS2006数据由两部分组成，一部分来源于综合问卷（称为综合调查）的数据，采于10151个通过分层抽样从全国获取的18—70岁的样本（总样本），被访者报告了其家庭成员构成、年龄、性别等基本信息；一部分是从总样本内部又抽取了3208个样本接受家庭问卷的调查，他们在回答了综合问卷之后，又就家庭方面的问题，包括代际互助、家庭价值观念等，接受了访谈（称为家庭调查）。由于本章关注的是老年人的居住方式与养老资源获取问题，主要的信息涉及了家庭问卷，因此本研究的样本为填答了家庭卷的年满

---

① 谢桂华：《老人的居住模式与子女的赡养行为》，《社会》2009年第5期。

60 岁的老人。经过软件处理，符合本次研究的样本共有 409 个，删除重要变量缺失的样本，共获得有效样本 381 个。

1. 因变量

本章将老人从关系最亲近的子女处所获取的三种养老资源，即经济支持（给予父母金钱）、日常照料（帮助父母做家务）和情感慰藉（与父母谈心）作为因变量。问卷调查了被访老人在过去一年从关系最亲近的子女那里所获得的三种资源的频繁程度，经过综合之后形成了定序变量，即"经常、有时、很少和从不"。

2. 自变量

自变量中主要涉及老人的居住模式和老人与亲近子女的居住距离。老人的居住模式分为以下 4 种，即"与亲近子女同住、与其他子女同住、仅与配偶同住和独居"。与亲近子女的居住距离分为 5 种，即"与亲近子女同住、步行 15 分钟之内、车程 1 个小时之内、车程 3 个小时之内和车程 3 个小时以上"。

其他自变量还包括：亲近子女的性别（为定类变量）和子女的数量（连续变量）。另外，我们将老人的子女按性别和是否有兄弟合并为一个三分变量，即男性、女性有兄弟和女性无兄弟，以深入探讨老人获得的养老资源供给者的性别角色差异。

3. 控制变量

控制变量主要包括老人信息和子女信息两大类。

在被访老人的信息中，我们将老人的年龄和 2005 年个人年收入作为控制变量，其中，2005 年个人年收入可以用来测量老人的客观的社会经济地位。同时，我们也将老人的主观经济地位作为一个控制变量，由被访老人对自己的社会经济地位进行主观认定。由于认为自己属于"上层"或者"中上层"的人数很少，本章通过合并将老人的主观社会经济地位分为三类，即中层及以上、中下层和下层。其次，被访者的户口状况、健康状况和婚姻状况也被作为控制变量。由于被访者年龄超过 60 岁，我们将老人的婚姻状况合并为两种，即"在婚"和"不在婚"；将老人的户口情况分为两种，一种为农村户口，将"蓝印户口"和"城镇户口"合并为"城市户口"。

在子女信息中，我们将与老人关系亲近的子女的年龄、性别和婚姻状况作为控制变量。本章将子女的婚姻状况也分为"在婚"和"不在婚"两种。

由于本研究设计的因变量为定序变量，因此，本研究采用定序的 Logistic 回归模型来分析各个自变量和控制变量的影响。设定因变量 Y_k 代表老人从亲近子女那里获得的养老资源，$k=1、2、3$，分别代表老人从子女那里获得养老资源的三种类型（"1"表示"经济支持"，"2"表示"日常照料"，"3"表示"精神慰藉"）；P-LA 代表老人的居住模式变量，DT 变量代表被访老人与亲近子女的居住距离，SIBS 代表子女变量（子女数量、女性是否有兄弟），P-VAR 代表老人的特征变量（包括）；R-VAR 代表子女的特征（包括）。

本章使用以下公式作为分析模型：

$$Ln \frac{P(Y_k \le m)}{P(Y_k > m)} = \tau_m - (\beta_1 * P\_LA + \beta_2 * DT + \beta_3 SIB_s +$$
$$\beta_4 * P\_VAR + \beta_5 * R\_VAR) \qquad (1)$$

此公式用于预测老人居住模式、居住距离和子女数量对于老人从子女那里获得养老资源的影响，"m"代表因变量的赋值（1—4 分别代表"经常"、"有时"、"很少"和"从不"）。模型中的 β 为回归系数向量，代表众多自变量和控制变量的回归系数，其中 β_1 为老人居住模式的回归系数向量，β_2 为居住距离的回归系数向量，β_3 为子女数量的回归系数向量。

上述模型的左边表明的是因变量的频繁程度之间的几率的自然对数，β 代表当自变量增加一个单位时，这个几率比的变化。由于 β 前面是负号，因此 β 越大，几率比的变化幅度越小。因为公式右边的 β 系数不随 m 取值的变化而变化，所以，在控制了其他变量之后，某个自变量变化一个单位所带来的几率比的变化是等值的。β 所反映的是一个趋势：当 $\beta > 0$ 时，$exp(-\beta) < 1$，$Y_k > m$ 发生的可能性更高；当 $\beta < 0$ 时，$Y_k \le m$ 发生的可能性更高。

二 老人居住模式与养老资源获得

（一）老人从子女处获得养老资源的描述分析

表 6-1 给出了老人从亲近子女那里获得三种养老资源的频繁程

度，这里的数据不是具体的数量，而是老人自己估计从子女那里获得养老资源的频繁程度。

表6-1　被访老人从亲近子女获得养老资源的分布情况（N=376）　（%）

变量	经济支持	日常照料	情感慰藉
经常	28.0	25.0	25.3
有时	38.9	33.8	39.6
很少	16.3	24.2	23.4
从不	16.8	17.0	11.7
总计	100.0	100.0	100.0

从表6-1可以看出，绝大多数老人能够从子女处获得一定的养老资源，老人能够"经常"和"有时"获得经济支持、日常照料和情感慰藉层面的比例较高，都接近60%。不过，从未获得经济支持、日常照料和情感慰藉层面的比例也不低，分别有16.8%、17.0%和11.7%的被访者在过去一年从未获得亲近子女的"经济支持""日常照料"与"情感慰藉"。

（二）居住模式与居住距离的描述分析

表6-2反映了居住模式和居住距离的分布情况。就老人的居住模式来看，36.4%的老人与子女同住，有61.4%的老人处于空巢家庭，其比例超过了与子女同住老人。31.1%的老人与亲近子女同住，5.3%的老人与其他子女同住，53.7%的老人与配偶同住，7.7%的老人自己一个人居住。"其他"选项指老人与子女以外的其他人居住的情况。从老人与亲近子女的居住距离来看，56.4%的老人与亲近子女居住距离不远，老人与亲近子女住在一起或是在步行15分钟范围之内。其中30.7%的老人与亲近子女住在一起，25.7%的老人与亲近子女的居住距离在步行15分钟之内，27.6%的老人与亲近子女的居住距离在车程一个小时之内，5.0%的老人与亲近子女的居住距离为三个小时车程之内，11.0%的老人与亲近子女的居住距离在车程三个小时之上。

表 6 - 2　　　　老人的居住模式、与亲近子女的居住距离

居住模式	百分比（％）	居住距离	百分比（％）
与亲近子女住在一起	31.1	与亲近子女住在一起	30.7
与其他子女住在一起	5.3	步行 15 分钟之内	25.7
和配偶同住	53.7	车程 1 个小时之内	27.6
自己一个人住	7.7	1—3 小时车程	5.0
其他	2.1	车程 3 小时以上	11.0
总计（样本量）	99.9 (376)	总计（样本量）	100.0 (381)

（三）老人养老资源的获取和老人居住模式、居住距离的 Logistic 回归分析

表 6 - 3 的第 2 列的"描述统计"给出了其他自变量和控制变量的统计分布。对于子女的数量来说被访老人子女平均数为 2.73 个，独生子女比例为 16%，非独生子女的比例为 84%。从子女性别数量综合变量来看，24% 的老人只有儿子，61% 的老人既有儿子也有女儿，15% 的老人只有女儿，可见"纯女户"家庭很少。17% 的老人为不在婚状态，83% 的老人为在婚状态。

被访者的社会经济地位从两个方面来测量，从客观指标被访老人 2005 年个人年收入来看，老人年收入的均值为 7231.71 元，超过同时期的全国水平。从主观指标主观经济社会地位来看，24% 的老人认为自己的经济社会地位属于中层及以上，32% 的老人认为自己属于中下层，64% 的老人认为自己属于下层，可见，老人对于自己的经济社会地位的评价很低。被访老人中身体较好的占 30%，一般的占 18%，身体较差的占 52%。

从被访老人的子女情况来看，被访者亲近子女的性别分布为男性占 65%，女性占 35%；平均年龄为 36 岁。从被访老人亲近子女的婚姻状况来看，16% 为不在婚状态，84% 为在婚状态。

表 6 - 3 的第 3—14 列为近期老人从亲近子女那里获得经济支持、日常生活照料和精神慰藉三种支持的回归分析。模型 1—4、模型 5—8、模型 9—12 分别为老人从亲近子女那里获得的经济支持、日常照料和情感慰藉的回归分析。从各个因变量来说，第一个模型

估计了老人的居住模式和居住距离对老人从亲近子女那里获得三种支持的影响；第二个模型是第一个模型的简化形式，删除了没有显著影响的变量以提高模型的预测力；第三个模型是检验子女是否为独生子女对于老人从子女那里获得三种支持的影响；第四个模型是检验子女的性别和数量的综合变量对于老人从亲近子女那里获得各项支持的影响。

因为因变量的排序为降序排列，即"经常"、"有时"、"很少"和"从不"，所以回归系数越大，被访老人越不可能经常从亲近子女那里获得支持；回归系数越小，则被访老人越可能经常从亲近子女那里获得各项支持。

从表6-3中各个因变量内部的模型我们可以发现自变量和控制变量对于因变量的统计估计是基本稳定的。本章将通过模型1、模型5、模型9（或模型2、模型6、模型10）来揭示各个自变量和控制变量的作用，通过分析模型3、模型7、模型11来分析是否是独生子女对于因变量的影响，通过分析模型4、模型8、模型12来分析子女的性别和数量的综合变量对于因变量的影响。

从老人居住模式对于老人从亲近子女那里获得经济支持的影响上来看，居住模式对于老人从亲近子女那里获得的经济支持没有显著影响。即与亲近子女同住和不与亲近子女同住的老人从子女那里获得的经济支持没有显著差别，空巢老人不会从子女那里获得更多的支持。这与假设1不符。

从老人居住模式对于子女为老人提供的日常照料的影响上来看，我们可以明显看到与子女同住和不与子女同住的差异。首先，相对于不与子女同住的老人来说，与子女同住的老人更经常得到子女的日常照料。其次，与子女同住的老人并不受居住模式的影响，也就是说无论老人是与亲近子女同住还是其他子女同住，老人从亲近子女那里得到的日常照料没有显著差异。这与假设2符合。

表6-3　老人养老资源的获取与老人的居住模式与居住距离的定序 Logistic 回归

	描述统计	经济支持					日常照料				情感慰藉		
		(1)	(2)	(3)	(4)	(5)	(6)	(7)	(8)	(9)	(10)	(11)	(12)
个人年收入	7231.71	-4.874 (1.052)				-2.909 (0.381)				-1.051 (0.050)			
年龄	64.0	-0.008 (0.034)	-0.019 (0.316)	-0.026 (0.568)	-0.020 (0.348)	0.061 (1.973)	0.041 (1.467)	0.037 (1.238)	0.040 (1.403)	0.109** (6.147)	0.064* (3.619)	0.064* (3.536)	0.065* (3.638)
农村户口	0.33	-0.483* (2.800)	-0.433** (3.847)	-0.452** (4.187)	-0.438** (3.891)	-0.064 (0.050)	-0.115 (0.274)	-0.117 (0.284)	-0.127 (0.331)	0.057 (0.039)	0.051 (0.053)	0.050 (0.051)	0.027 (0.015)
健康：不好	0.30	-0.163 (0.355)	-0.171 (0.592)	-0.201 (0.809)	-0.168 (0.567)	-0.287 (1.104)	-0.322 (2.099)	-0.338 (2.303)	-0.327 (2.151)	-0.001 (0.000)	-0.071 (0.101)		-0.062 (0.077)
健康：一般	0.18	0.193 (0.389)	0.339 (1.543)	0.339 (1.545)	0.339 (1.539)	-0.664** (4.501)	-0.421 (2.369)	-0.416 (2.313)	-0.402 (2.152)	-0.506 (2.602)	-0.545** (3.879)		-0.512* (3.408)
主观经济地位：中层	0.24	-0.086 (0.079)				0.074 (0.058)				-0.370 (1.442)			

续表

	描述统计	经济支持				日常照料				情感慰藉			
		(1)	(2)	(3)	(4)	(5)	(6)	(7)	(8)	(9)	(10)	(11)	(12)
主观经济地位中下层	0.32	0.136 (0.252)				0.374 (1.874)				0.123 (0.204)			
婚姻不在婚	0.17	-0.250 (0.386)				-0.043 (0.012)				-0.128 (0.104)			
与来近子女同住	0.31	-0.468 (0.200)	0.083 (0.011)	0.155 (0.039)	0.098 (0.016)	-1.332 (1.629)	-0.362 (0.213)	-0.332 (0.179)	-0.317 (0.162)	-0.564 (0.293)	-0.100 (0.017)	-0.097 (0.016)	-0.041 (0.003)
与其他子女同住	0.05	1.009 (0.855)	0.682 (0.656)	0.668 (0.630)	0.680 (0.651)	0.407 (0.141)	1.142 (1.820)	1.131 (1.786)	1.118 (1.743)	-0.159 (0.021)	0.429 (0.262)	0.427 (0.259)	0.387 (0.212)
与配偶同住	0.54	0.354 (0.134)	0.837 (1.334)	0.880 (1.473)	0.845 (1.354)	0.255 (0.071)	1.289* (3.103)	1.302* (3.166)	1.296* (3.128)	0.004 (0.000)	0.757 (1.099)	0.759 (1.105)	0.758 (1.095)
独居	0.08	0.624 (0.363)	0.451 (0.330)	0.515 (0.430)	0.458 (0.339)	0.790 (0.588)	1.563** (3.888)	1.586** (3.997)	1.595** (4.029)	0.861 (0.696)	0.961 (1.507)	0.964 (1.512)	0.996 (1.606)

续表

描述统计	经济支持				日常照料				情感慰藉			
	(1)	(2)	(3)	(4)	(5)	(6)	(7)	(8)	(9)	(10)	(11)	(12)
步行15分钟内 (0.26)	-0.453 (1.027)	-0.249 (0.493)	-0.307 (0.748)	-0.250 (0.498)	-0.963** (4.423)	-0.886** (6.107)	-0.897** (6.243)	-0.877** (5.962)	-0.328 (0.532)	-0.351 (0.973)	-0.354 (0.988)	-0.347 (0.951)
车程1小时内 (0.28)	-0.671 (2.333)	-0.381 (1.155)	-0.427 (1.438)	-0.380 (1.146)	-1.130** (6.314)	-1.037*** (8.305)	-1.047*** (8.462)	-1.033*** (8.228)	-0.194 (0.194)	-0.260 (0.536)	-0.263 (0.547)	-0.249 (0.490)
车程3小时内 (0.05)	-0.051 (0.006)	-0.222 (0.174)	-0.278 (0.273)	-0.226 (0.181)	-0.431 (0.417)	-0.452 (0.729)	-0.470 (0.786)	-0.472 (0.792)	0.336 (0.255)	-0.060 (0.013)	-0.064 (0.014)	-0.090 (0.028)
子女性别:男 (0.65)	0.545** (4.733)	0.599*** (7.749)	0.565*** (6.828)	0.580*** (4.766)	0.599*** (5.760)	0.677*** (9.945)	0.666*** (9.571)	0.402 (2.347)	0.351 (1.993)	0.387* (3.285)	0.385* (3.214)	0.077 (0.087)
子女婚姻:不在婚 (0.16)	0.056 (0.025)	0.178 (0.397)	0.252 (0.788)	0.184 (0.422)	1.300*** (12.836)	0.953*** (11.158)	0.976*** (11.571)	0.963*** (11.301)	0.937*** (6.913)	0.650*** (5.272)	0.655*** (5.299)	0.641** (5.087)
子女年龄 35.96	-0.004 (0.033)				0.009 (0.158)				-0.022 (0.945)			
子女数量 2.73	-0.102 (1.130)				-0.114 (1.429)				0.019 (0.041)			

续表

	描述统计	经济支持				日常照料				情感慰藉			
		(1)	(2)	(3)	(4)	(5)	(6)	(7)	(8)	(9)	(10)	(11)	(12)
非独生子女	0.84			0.541*				0.257				0.041	
				(3.498)				(0.807)				(0.020)	
子女：男性	0.24				0.046				0.768*				0.884**
					(0.013)				(3.501)				(4.588)
女性													
有兄弟	0.61				0.073				0.477				0.492
					(0.047)				(2.023)				(2.140)

注：***、**和*分别表示变量在1%、5%和10%的统计水平上显著；括号内为wald值。

125

从老人居住模式对于老人从子女那里获得的精神慰藉的影响上来看，老人的居住模式对于老人从亲近子女那里获得精神慰藉并没有显著影响。即与子女同住和不与子女同住的老人从亲近子女那里获得的精神慰藉并没有显著差异。这可能是因为现代通信技术的发展使得交流更加方便。这与假设 3 相符。

与老人的居住模式的作用相同，老人与亲近子女的居住距离对于老人从亲近子女那里获得的经济支持和精神慰藉并没有显著影响，而对于老人从亲近子女那里获得的日常照料有显著影响。即与亲近子女居住距离远的老人和与亲近子女居住距离近的老人所获得的经济支持和精神慰藉没有显著差异。与居住模式对于日常照料的影响相反，与亲近子女居住得越近的老人所获得的日常照料越少。

从子女的数量上来看，子女的数量对于老人从亲近子女那里获得的经济支持、日常照料和情感慰藉都没有显著影响。可见子女数量的多少并不会使得老人所获得的各项支持有显著差异。另外，是否是独生子女对于老人获得的生活照料和情感慰藉没有显著影响，只对于老人从非独生子女那里获得的经济支持有影响。这可能是与样本中非独生子女所占比重较大有关（见模型 3、模型 7、模型 11）。

从子女的性别和数量上来看，亲近子女的性别是一个重要的影响因素，老人在获得养老资源方面，老人从儿子那里获得的日常照料和精神慰藉的频繁程度都小于老人从女儿那里获得的支持。进一步把子女的情况划分为"男性""女性有兄弟"和"女性无兄弟"之后，首先，只有儿子的老人所获得的日常照料和情感慰藉要少于有女儿的家庭；其次，女性有兄弟和女性无兄弟的家庭老人从子女那里获得的各项支持没有显著差异。可见，两性的差异是存在的，老人从女儿那里获得的经济支持、日常照料和精神慰藉都大于老人从儿子那里得到的支持，这与传统的中国"养儿防老"现象相悖。这与假设 4 不符。

在控制变量方面，老人的年龄越大从亲近子女那里获得的精神慰藉越少；农村的老人从亲近子女那里获得的经济支持少于城市老人；老人从在婚的子女那里获得更多的日常照料和精神慰藉；老人的健康状态对身体一般的老人的日常照料和精神慰藉有显著影响，对身体好和身体不好的老人没有显著影响。老人的婚姻状态、子女的年龄和子女数量对于老人养老资源的获取并没有显著影响。子女数量对于养老资源没有显著影响，这符合假设5。

被访老人的社会经济状况，无论是客观经济状况还是主观社会经济地位对于老人从子女那里获得的养老资源没有显著影响。也就是说，收入多的老人所得到的经济支持、日常照料和情感慰藉的频繁程度与收入少的老人没有显著差异；同时老人对于自身社会经济地位的估计也不影响老人从子女那里获得的各项支持。

三　结语

本研究发现，农村老年人与子女同住的比例很小，空巢家庭比例较大；尽管大多数农村老人与子女的居住距离较近，但也存在一部分老人离子女的距离在车程三小时以上。这说明传统的居住方式发生了改变。这与宏观普查的数据基本吻合，即张翼对全国第六次人口普查数据分析后也指出，中国老年空巢的家庭比例已经较大，"独居空巢家庭"比例达到16.40%，"夫妻空巢家庭"比例为15.37%，二者合并则空巢家庭比例达到31.77%①。

从我们对老人的居住模式和老人养老资源获得关系的分析可见，老人的居住模式在一定程度上会影响到老人养老资源的获得。这种影响根据养老内容的不同而有差异。本研究中老人的居住模式对于老人从子女那里获得的经济支持和精神慰藉没有显著影响。与子女同住的老人不会从子女那里获得更多的经济支持和精神慰藉，不同住老人也不会获得更多的经济支持和精神慰藉。但是老人的居住模式对于老人获得的日常照料有显著影响。首先，相对于不与子女同住的老人来说，与子女同住的老人更经常得到子女的日常照料。其次，与子女同住的老人并不受居住模式的影响，也就是说无论老人是与亲近子女同住还是与其他子女同住老人从亲近子女那里得到的日常照料没有显著差异。

---

① 张翼：《中国老年人口的家庭居住、健康与照料安排——第六次人口普查数据分析》，《江苏社会科学》2013年第1期。

谢桂华的研究中认为老人的居住模式对于老人获得的经济支持没有显著影响，但是他认为老人的居住模式对老人从亲近子女那里获得的日常照料和情感慰藉方面的支持有显著差异。其中老人的居住模式对于老人从子女那里获取经济支持和生活照料的结论与本章基本相符合。但是对于老人的精神慰藉方面的影响来说，本章所得到的结论是不显著，而谢桂华的研究结论是显著。同样的，居住距离的影响也有差别。谢桂华认为居住距离对于老人获得的日常照料和情感慰藉有显著影响。本章认为居住距离只对日常照料有影响。

两项研究中老人的居住模式对于老人获得的经济支持都没有显著影响。这可能是经济支持最基本的需要，是赡养的最低层次，子女至少要保证老人的生活的需要，对于子女来说对老人提供经济支持比较容易做到。所以不管是否和老人居住在一起和居住距离多远，子女基本能够做好，因而居住模式和居住距离对于老人获取的经济支持没有显著影响。

两项研究中老人的居住模式对于老人获取的生活照料都有显著影响，这或许是因为当前不管是农村还是城市子女与老人的居住距离变大，特别是农村年轻人大量流向城市务工，使得子女与父母的距离更远，加上年轻人生活节奏和生活压力的增加①，没有办法到老人身边对老人进行照料。

本研究中认为老人的居住模式对于老人获得的精神慰藉没有显著影响，而谢桂华的研究中对于老人的精神慰藉有显著影响。同时谢桂华②（2009）认为老人从子女那里获得养老资源与子女的性别有关，老人更经常得到儿子在经济上的支持，而老人更经常得到女儿在日常生活和精神方面的照料；老人养老资源获得的主要对象是儿子。"纯

① 范成杰：《农村家庭养老中的性别差异变化及其意义——对鄂中 H 村一养老个案的分析》，《华中科技大学学报》（社会科学版）2009 年第 4 期；姚江林：《农村基层农业科技工作者的职业忠诚研究》，《南京农业大学学报》（社会科学版）2013 年第 3 期。

② 谢桂华：《老人的居住模式与子女的赡养行为》，《社会》2009 年第 5 期。

女户"家庭老人所获得的经济支持、日常照料和情感慰藉均少于有儿子的老人。本章所得到的结论与谢桂华相反,本章发现老人从女儿那里获取的经济支持、生活照料和精神慰藉的频繁程度都大于儿子;在有女儿的家庭中,女性有兄弟和无兄弟并没有显著差异。造成这种差异的原因可能有两个,其一是这种差异本身是不同家庭的客观情况的反映。因为本章虽然是与谢桂华使用的同一批数据(2006 年全国社会综合调查的抽样数据),但当由于本章与谢桂华论文以不同的被调查者进行分析,实际两文所分析的家庭并不一致,数据分析的差异可能是由于家庭本身的差异所造成的。其二是数据本身存在的调查误差,即面对同样的赡养供给行为,老人与子女的评价不一致。谢桂华的研究由于是从子女的角度去进行分析,而子女更加倾向于强化自己赡养行为的兑现,特别是作为儿子的被调查者;而本章则是从老年人的角度进行分析,老年人更有可能客观地反映在赡养资源估计中儿子与女儿的不同。而两篇文章对于老年人精神慰藉的不同结果,另一种可能则是由于子女和父母对于精神慰藉的理解不同,子女认为平时和老人的沟通交流都为老人提供精神慰藉,而老人可能认为这没有达到"精神慰藉"的程度,这可能与中国人不擅长表达感情有关。

与谢桂华的结论相同,子女的数量并不会影响老人从亲近子女那里获取的各项支持。是否是独生子女对于老人的各项支持也没有显著影响。谢桂华认为这证实了罗根和边馥琴(Logan & Bian)提出的"仪式性给予"①,子女对父母的照料是一种仪式,表示他们对孝顺义务的承认,而不是对父母需求的回应。不管是老人还是子女角度都同样证明了这种仪式性,可见这种现象较为普遍。子女对于老人更多的是"养",而缺少了"敬"。

总之,从老人的角度与从子女角度出发相比较,老人从子女那里获得的经济支持、生活照料和精神慰藉的频率没有太大差异。以老人为调查对象时,老人不与子女同住的比例大于与以子女为调查对象时的比例;但是以老人为调查对象时老人与子女居住距离近的比率更

① 转引自谢桂华《老人的居住模式与子女的赡养行为》,《社会》2009 年第 5 期。

大。另外从 Logistic 回归分析来看，两项研究都表明老人居住方式对
于养老资源的获取有影响。不同之处在于，谢桂华认为老人的居住模
式和居住距离对于老人从子女那里得到的日常照料和精神慰藉有显著
影响；而本研究中老人的居住模式和居住距离只对老人得到的日常照
料有显著影响。本研究与谢桂华的研究中最显著的差别在于居住方式
是否对于老人获得的精神慰藉有影响。从本研究中发现，不与子女同
住的老人特别是独居老人的生活照料资源匮乏，传统中国农村家庭养
老的功能部分缺失。

第七章　社区情理与养老秩序的再生产

　　费孝通先生在《家庭结构变动中的老年赡养问题》一文中将中国养老模式总结为"反馈模式"，以区别西方社会的"接力模式"①。与西方社会的养老不同，中国的"反馈模式"更加注重子代对亲代的赡养责任，这种赡养责任获得正当性的依据是人们的"血缘关系"②。在"血缘社会"之中，人们彼此之间的权利与义务都根据亲属关系来决定，在血缘的关联下，"长幼之间发生了社会的差次，年长的对年幼的具有强制的权力"③。如果说血缘关系及其背后的权力关系构成了中国传统社会结构稳定的社会基础，那么包括孝道在内的儒家文化都构成了社会结构稳定的文化基础，这也是费孝通先生提炼的"反馈模式"背后的文化隐喻。需要指出的是，费先生的归纳与提炼非常具有启发性，并构成中西方学者研究中国家庭关系时无法忽视的论点；但费先生对该模式得以维系的一些关键环节却仍可以进一步深入。当费先生在宏观的文化层面来对亲子关系进行提炼时，他更多的是以"大传统"为基础来凸显中西文化的差异。正如雷德菲尔德所指出的那样，抽象的"大传统"并不能替代实践的"小传统"。如果借雷德菲

---

　　①　费孝通：《家庭结构变动中的老年赡养问题——再论中国家庭结构的变动》，《北京大学学报》1983 年第 1 期。

　　②　葛兰娜·斯皮茨、罗素·沃德、边燕杰：《谈谈美国的家庭养老——兼与中国社会学同仁商榷》，《社会学研究》1989 年第 4 期。

　　③　费孝通：《乡土中国·生育制度》，北京大学出版社 1998 年版，第 69 页。

尔德"小传统"的视角来探析，那么"亲子关系中权利和义务的贯彻是如何被保障"则将成为研究者不容忽视的话题，即亲子关系的秩序是如何被生产和维系，代际之间的互惠交换是如何达至与延续。只有引入这一视角，也才能理解缘何在当下农村的不同地区间亲子关系和养老实践会呈现不同的特征。本章将以鄂东黄村的家庭关系和养老实践的经验材料为基础，通过对社区情理的分析与解读，来反思费孝通先生提出的"反馈模式"，并进一步探讨反馈模式在社区之中是如何被实践的。

黄村是鄂东黄梅县的一个行政村，由 14 个村民小组所组成。黄村共有村民 858 户，总人口数达 3624 人，常住人口超过 4000 人，其中 16 岁以下者占常住人口的四分之一左右，60 岁以上者有近 500 人左右。黄村现有五保户 19 户，低保户 137 户。黄村 2010 年全年人均纯收入约 5800 元。黄村是镇政府所在地，全村共有耕地 2334 亩，其中水田 1234 亩，旱地 1000 余亩，人均耕地不足 1 亩。这些为数不多的耕地在各小组之间的分配亦不均衡。在临近镇集贸中心的小组，人均耕地不足 4 分。在这些小组中，村民的主要经济收入都来源于务工和经商，务农在其劳动力分配和经济收入中所占的比例都极低。在临近村委会的 3 组 101 户农民中真正自己耕种的仅 6 户，其他农户都将自家承包地交由小组统一发包，以收取相应的流转费用。

一　作为道德共同体的社区及其养老情理

养老秩序的达成在相当程度上取决于养老资源的获取，而在农村地区，养老资源的获取总是与土地资源的占有存在着密切联系。陈柏峰对皖北李圩村的调查亦发现，将赡养与土地联系起来的约定俗成的规则导致了诸多的家庭纠纷，这种纠纷既涉及代际之间，也涉及兄弟之间①。这些纠纷产生的根源是土地作为一种养老资源在家庭内分配不均或回报有限而导致履行赡养义务的子代觉得不公。这一现象得以

---

① 陈柏峰：《农民价值观的变迁对家庭关系的影响》，《中国农业大学学报》2007 年第 1 期。

发生的制度基础则是土地在养老过程中成为一种由家庭支配的资源。换言之，当土地的承包经营权与老人的身份捆绑时，诸子便可能因为老人承包地的分配问题而发生纠纷，进而影响对老人的赡养。而在黄村，各小组至今仍执行"五年一调整"的土地政策，即每隔五年，各小组都将根据小组内人口的增减（如婚丧嫁娶及添丁升学）来调整土地。当土地会不断调整时，村庄内的成员对土地的占有便缺乏稳定性，他们也不会将承包地视为自己的"家产"，而对亲代承包地的占有和分配感到不公。"五年一调整"的土地政策虽然与国家现行的土地政策相悖，但其在村庄内却具有极高的正当性，村民们认为"这个政策是分田到户时就定下来的规矩，是保证每一个人都有饭吃的规矩"。土地调整政策的正当性并不来源于国家和政府，而是因为它获得了大家的认可（分田到户时大家制定的）以及它对个人生存权的保障。当村庄成员较高地认同这种地方性规范，并将个体的生存道义置于首要位置时，足以说明这一村庄具有"道德共同体"的特性。

道德共同体内各成员间的行为准则被研究者归结为"社区情理"，道德共同体构成了社区情理得以实践的场域。所谓社区情理，就是"在一个相对封闭及文化相对落后的社区中，存在着由地区亚文化决定的某些为在该社区中生活的多数人所认可的行为规范及与此相适应的观念，这些规范和观念可能有悖于一定社会的制度和规范，或者与一定社会的制度和规范存在着某种不适应；但因为社区的封闭性且居民文化层次较低，所以这样的社区行为规范和观念仍得以存在并发生作用。而在社区中生活的人在选择自己行为时，则首先考虑自己的行为能否为社区中的他人所接受并把它看作是自己行为选择的主要标准。换言之，只要他们的行为能够得到在同一社区中生活的多数人的赞成，他们就认为可行。"[1] 这种"社区情理"类似于波兰尼所讲的"默会的知识"（Tacit Knowledge）[2]，与"显性的知识"不同，它是未

---

[1]　杨善华、吴愈晓：《我国农村的"社区情理"与家庭养老现状》，《探索与争鸣》2003 年第 2 期。

[2]　[英] 波兰尼：《个人知识——迈向后批判哲学》，许泽民译，贵州人民出版社 2000 年版，第 142 页。

被表述的非名言知识（inarticulate knowledge）。虽然"默会的知识"未被表述为名言，但这并不表示这一知识不存在或不被他人所认识；相反，由于"社区情理"是人们在日常生活中逐渐形成的行为规范和道德认知，因此它较之于国家的政策规范和成文法，更容易被村民们认同。就养老规范而言，虽然《婚姻法》明确规定"父母对子女有抚养教育的义务，子女对父母有赡养扶助的义务"，"子女不履行赡养义务时，无劳动能力或生活困难的父母有要求子女付给赡养费的权利"。同时，《老年人权益保障法》第十五条也明确指出，"赡养人不得以放弃继承权或其他理由，拒绝履行赡养义务。赡养人不履行赡养义务，老年人有要求赡养人付给赡养费的权利。"但这种成文法在黄村被认知与认同的程度却非常有限，甚至许多村民并不知道相关法令和条文的存在。同样是基于对"社区情理"这一类"默会知识"的尊重，苏力认为在现代的法制建设过程中，一切带有国家意识形态的强迫性法制都会流于形式，唯一可行的方法便是所谓的"礼失而求诸野"地利用中国"本土资源"的做法①。梁治平亦认为民间特定时空下所发展出来的"乡俗"、"土俗"和"俗例"构成了习惯法系统②。这一"乡俗"、"土俗"和"俗例"因为源自于村庄的日常生活，被村民们所接纳、认同和认可，因此具有较高的正当性。

在社区情理这一知识谱系中对养老问题的认知与规范可以称之为"社区养老情理"，它是社区内的成员对养老所形成的共识，它涉及养老主体、养老时间以及养老标准等。在黄村，社区养老情理亦是被村民们所认同的，其具体包含如下：

首先是养老的主体。与中国农村其他地区一样，黄村的养老责任落在儿子身上，女儿不必承担相应的责任。用黄村人自己的话来讲，即"匡儿子就是为养老，女儿可以给我钱，但不会养我老"。在黄村人的"认知体系"中，他们严格地区分了不同身份的人给予老人钱的

---

① 苏力：《法治及其本土资源》，中国政法大学出版社 1996 年版，第 18 页。

② 梁治平：《清代习惯法：社会与国家》，中国政法大学出版社 1996 年版，第 163 页。

社会意义，即区分了给钱与养老。在黄村，为老人提供食宿及日常照料是儿子赡养老人的义务；而女儿的责任则是在有能力的情况下为父母买一些衣物及给父母一些零花钱。

其次是养老的时间。通常，如若父母尚有劳动能力，他们自身不要求已分家的儿子养老，年轻的夫妇便不必立即履行赡养义务，但当这个小家庭生了小孩后，需要父母来照看小孩时，年轻的夫妇就需要开始履行自己的赡养义务。在黄村人看来，给小家庭照看小孩增加了老人的负担，影响了父母通过自己的劳动自养，作为补偿，小家庭则应该提前履行对老人的赡养义务。在一些特殊的情况下，赡养的义务也会被提前。例如，一位欧姓村民在结婚当年与父母分家后便开始承担赡养老人的义务，一个重要的原因便是他父亲年迈且身体不好，而他年幼的兄弟还尚未结婚。

最后是养老的标准。黄村不同的家庭会根据各自的经济情况来调整供养老人的物资，但一般村民所认同的基本标准是，一个老人一年需要600斤稻谷、6斤油和200元左右的零花钱。在多子女的家庭，当老人只是与其中一个儿子居住时，老人的饮食起居和日常照料便由随住的儿子承担，其他的儿子则以给老人固定零花钱的方式履行赡养义务。如果老人单过，则诸子需要平均承担老人的口粮和日常开支。需要说明的是，在黄村，60岁以上如果没有伤病，通常都会参加农业生产，通过耕种责任田自给粮食或种植农副产品以增加收入。通过这种方式，老人一方面，能够在生活上自立自足，减少对子女的依赖；另一方面，老人会将自己劳动所得尽量贴补子代或孙代，在子女经济困难时帮衬他们，或是子女外出务工时帮他们抚养小孩，贴补各种人情开销等等。除此之外，老人也在家务劳动等力所能及的范围内帮助子女操持家务、照料孩子等等。在黄村，每天下午4—5点钟就会看到成群结队的老人骑着自行车或三轮车到学校去接孙子/女放学。笔者在调查中还遇到一位婆婆从地里赶回来，还来不及换沾满泥土的鞋子就抱起刚刚睡醒、正在哭闹的小孙女。

上述的解析可以发现，"社区情理"并不只是社区性的情理，它与更大范围的中国社会的情理传统有着高度的重叠性与契合性。例如，在中国传统之中，女儿并不被赋予赡养父母的义务，而儿子则具有不可推卸的赡养责任。对此，有研究者指出，在中国父系家庭的代际关系中，构建儿子与父亲代际的伦理似乎更多的是"协商式责任"，这种协商不仅存在于分家产等正式场合，也存在于父亲的生育目的或潜意识之中；女儿被排除在父系代际传承制度之外，同时也被排除在带有协商和交换性质的代际关系模式之外①。在黄村，男女之间的"社会区别"还表现在父母对其培养上。在资源有限的情况下，父母一般是优先考虑男孩上学，女孩若想获得教育资源通常是自身努力的结果。在黄村调研时也发现类似的现象，如李女士的小女儿考高中时，与当地最好高中的分数线仅差 6 分，她和老伴不想多花 16600 元（底价 16000 元，差一分就在底价的基础上加 100 元）让女儿读最好的高中，认为女孩读太多书也没用，读哪所学校都一样。最后在其他家庭成员的劝告和支持下才准备上那所高中，其中大女儿"贡献"了 3000 元。而当初儿子初中毕业后，老两口想尽一切办法替儿子找了一所技校就读，因为他们认为儿子以后的生活压力大，必须多读些书或学习一门过硬的技术，女儿只要嫁得好就可以。另外，较早辍学的女孩或在家帮助父母干农活、做家务，或是外出务工，一方面减少家庭的家计开支，同时分担了兄弟上学、结婚等实践活动的各种费用。女孩较早辍学外出务工在黄村比较普遍，出嫁之前通常将务工收入交给父母，父母除了会将其中一部分作为女孩出嫁时的嫁妆，大部分都会用于家里投资、日常开支、修盖房屋等。

如前文所言，社区养老情理构成了社区内成员关于养老的共识，它们虽然未被言明，但却获得了社区成员的规范认同。需要指出的是"社区情理"并不等同于习惯法，对此已有的研究业已指出②，那些习惯法调解的是农民社会中的契约行为，而"社区情理"则是涉及农民日常互动的诸多层面，而非单一的契约行为。虽然社区内部并无成

---

① 唐灿、马春华、石金群：《女儿赡养的伦理与公平》，《社会学研究》2009 年第 6 期。

② 梁治平：《清代习惯法：社会与国家》，中国政法大学出版社 1996 年版，第 34—43 页；李怀印：《华北村治：晚清和民国时期的国家与乡村》，岁有生、王士皓译，中华书局 2008 年版，第 82—100 页。

文的法令和文件规定什么人养老、什么时间开始养老以及养老的具体标准，但在日常的生活之中，人们已经逐步达成了一种共识，形成了上述所谓的社区养老情理。

二 社区养老情理的变迁与养老秩序转变

社区养老情理作为一种嵌入在社区社会结构中的"默会的知识"，它会随着社区社会结构的转型而发生变化。对于黄村而言，虽然儿子作为家庭养老的主体一直未曾发生改变，但随着经济社会的发展，在最近的三十年间，家庭养老的标准一直处于不断的演变中。如果将养老标准的改变视为"社区养老情理"经济维度的变迁，那么养老时间的改变则可谓是"社区养老情理"社会维度的变迁。在这一部分，我们将结合 20 世纪 80 年代以来黄村分家时间的嬗变来理解"社区养老情理"社会维度的变迁。

分家对于农村家庭关系的生产以及农村社会结构的传承产生着重要影响。对此，有研究者指出分家在纵向代际家业传递中的作用，认为"分家的过程是父母将财产传递给下一代的最重要的步骤之一"[1]；也有学者强调分家在横向兄弟间家产分割的重要功能，把分家看成是家产在兄弟之间的平均分配[2]。以往的研究者在展开家庭赡养问题讨论时，常常将分家问题置于重要位置，因为分家作为家庭关系中最为重要的事件之一，它不仅重新分配了家庭的财产，而且重新界定了家庭内部的权力结构[3]。杨华新近的研究[4]指出，20 世纪 80 年代初"以土地均分为形式"的农村土地改革在很大程度上促进了农村的分家，

---

① 费孝通：《江村农民生活及其变迁》，敦煌文艺出版社 2000 年版，第 56 页。

② 林耀华：《义序的宗族研究》，生活·读书·新知三联书店 2000 年版，第 78 页。

③ 阎云翔：《私人生活的变革：一个中国村庄里的爱情、家庭与亲密关系》，龚小夏译，上海书店出版社 2006 年版，第 161—165 页。

④ 杨华：《"结构—价值"变动的错位互构：理解南方农村自杀潮的一个框架》，《开放时代》2013 年第 6 期。

而分家的直接结果是以一对夫妻和未成年子女组成的小家庭越来越多，传统的主干家庭减少。小家庭不仅经济上独立，而且在家庭事务上越来越摆脱父母的干预。老年人作为大家庭的当家人和利益代表，逐渐被小家庭孤立。在杨华看来，80 年代以后，老年人在家庭之中的地位与角色由之前的决策者向咨询者转变，到 90 年代中后期，小家庭事务基本上不再知会老年人。

黄村的生活实践亦表明，不仅分家的形式与内容深刻地影响着家庭中的养老；而且分家本身构成了养老实践链条中的一个重要环节。关于农村分家，近年来的相关研究业已指出，自改革开放以来，农村分家发生了重要的变革，即一方面分家的时间比过去提早；另一方面，分家由"多次分家"取代"一次性分家"①。这一变革不仅在村庄层面的人类学研究中被发现②，而且在大范围的数据中亦得到证实。有研究者基于全国人口普查原始数据的分析，发现自 90 年代启动市场化改革、农村打工经济兴起以来，中国农村分家模式发生明显的历史变动，主要体现在兄弟分家和父子分家两方面：兄弟之间的分家模式从"一次性分家"向"多次性分家"转变，兄弟结婚后越来越多地是结婚一个就分出去一个，而不是等所有兄弟都结婚之后再一次性分家；父子之间，原有的父亲选择与独子或者末子一起居住的模式也正在发生改变，父亲与所有的儿子甚至是独子分家、形成老人空巢家

---

① "一次性分家"与"多次性分家"的区分标准主要是"家产分割的次数"，也有学者将多次性分家称为"渐次性分家"或"系列分家"（serial division）。通常一次性分家方式是指兄弟之间分割家产一次性完成，这种方式最典型的形式是，所有的兄弟都成家之后再分家；而多次性分家方式则是指家产的分割经过了两次或两次以上，先分灶最后分产，这种方式最典型的形式是，诸子婚后不久就一个一个从父家庭中独立出去，同时带走少量家产，等所有兄弟均成家后再彻底分割主要家产。参见肖倩《个人主体性的释放：农村独子家庭分家实践研究》，《人口与发展》2011 年第 5 期。

② 陈柏峰：《农民价值观的变迁对家庭关系的影响》，《中国农业大学学报》2007 年第 1 期；阎云翔：《私人生活的变革：一个中国村庄里的爱情、家庭与亲密关系（1949—1999）》，龚小夏译，上海书店出版社 2006 年版，第 161—165 页。

庭在全国不少地区成为普遍趋势。① 对黄村而言，既有的研究结论无法涵盖其变迁特征，因为自80年代以来，分家的时间不断被推后。在80年代，新婚年轻夫妇一般会在结婚次年便与父母分家。这种分家并不涉及居所的变动，年轻的夫妇首先是同父辈分灶吃饭。在这一过程中，虽然农具等生产资料/工具并未分开，但新的小家庭成为独立的财产拥有单位，他们在饮食和财务上同父辈家庭进行了分裂，他们不仅需要独立地负责小家庭的饮食问题，而且还需要作为一个独立的单位参与社区和亲属网络中的红白喜事，完成家庭间的"礼物流动"②，并在各种事务中建立新的社会关系。

在分家过程中，家庭财产以及因婚姻所造成的债务分割是分家中的一项重要工作。在黄村，一个儿子的婚礼最少需要3万—4万元，多的需要10万元以上。其中，彩礼需要1万—2万元，主要用于为女方购买"三金"（戒指、项链、手链）等嫁妆和女方承包酒席。另外，虽然黄村的父母没有义务为儿子结婚准备新房子，但也需要在原来的基础上重新装修，这笔花费至少需要1万—2万元。除此之外，还有男方承办酒席所需要的各种仪式性花费，在黄村酒席一般不是邻里互助来完成，而是依靠"一条龙服务"，一桌酒席需要花费370—380元左右。

80年代初，黄村分家的方式主要以"系列分家"（seriral division）为主：现有的粮食按照家庭的人口平均分配；年轻的夫妇可以从大家庭中带走他们的个人小财产，如嫁妆和衣物首饰等；但主要的家产，如牲畜、农机具，则一律留下不分。在分家过程中，年轻的夫妇还必须独立承担因他们婚姻而欠下的债务。如黄村三组一位宛姓的妇女在其嫁到夫家的次年便同公婆进行了分家，分家时他们夫妻俩承担了家庭的所有债务（480元）。其公婆将这笔债务"分给"年轻夫妇的理由便是"这是因为你们结婚而欠下的债，所

---

① 龚为纲：《中国农村分家模式的历史变动》，《青年研究》2012年第4期。

② 阎云翔：《礼物的流动》，李放春、刘瑜译，上海人民出版社2000年版，第203—210页。

以你们必须承担"。在分家时，父母能够将债务转嫁给年轻的夫妇，一方面是因为父母在家庭中尚具有权力与权威；另一方面也是基于年轻夫妇对这一分配规则的认同。这亦说明，在黄村代际之间的交换存在着均衡性：父母对子女的婚姻仅仅承担着有限责任，他们不会将子女的成家视为自己不可逃卸的"人生责任"，因子女成家所产生的家庭债务也不必由父母来承担偿还义务，而应由子女当事人自行偿还。如果说年轻的夫妇通过分家可以获得小家庭的控制权，那么在分家的过程中，他们则必须承担父辈为小家庭缔结所遗留的债务，这种责任的明晰化既使父母对子女的责任有限化，同时又防止了年轻一代的家庭过分压榨父母。

与"一次性分家"不同，黄村的"系列分家"更多的是已婚儿子的小家庭同父母及未婚兄弟之间的分家，而前者则是已婚兄弟家庭之间的分家。虽然在"系列分家"中，先分出去的家庭并未分割房屋等大家庭的重大财产，但当已婚的小家庭搬离原来的房屋时（通常是其他的兄弟准备结婚或业已结婚），留守在原来房屋的儿子则需要向自己搬离的兄弟支付一定的补偿金，以换取对房屋的独自占有权。

正如前文所述，自2000年后，黄村年轻的夫妇同父母分家的时间越推越后，甚至有相当比例的年轻夫妇婚后便不同父母分家，哪怕其他兄弟结婚后也是如此。促使黄村家庭呈现扩大化趋势的重要原因便是年轻夫妇外出务工。外出务工造成的家庭空巢使得家庭内部的劳动力紧缺，因此年轻的夫妇迫切希望利用父母的劳动力来照料小孩及照看房子。黄村分家时间的推迟在一定程度上扣合了学术界对中国家庭制度研究中的"合作社模式"（the corporate model）。在这一模式看来，中国家庭是完全理性的，明白自己利益之所在的成员所组成的经济单位，其特点包括整个家庭共同的财产与收支比例，所有人的收入都统统投入到家庭的大锅里，不得单独开小灶①。黄村扩大的家庭具有合作社式家庭的特点，即家庭的扩大化是为了实现小家庭（核心家

---

① 阎云翔：《私人生活的变革：一个中国村庄里的爱情、家庭与亲密关系（1949—1999）》，龚小夏译，上海书店出版社2006年版，第5页。

庭）所无法单独承担的功能——它能够以最大限度地调动家庭的人力物力并最好地利用外部机会；但与"合作社模式"强调的家庭成员平等、理性的计算所不同，黄村家庭的扩大化更多的是年轻的夫妇基于自身利益的考虑而不愿意分家。因为年轻夫妇如若分家，其小孩的托管料理工作便完全由自己小家庭承担，特别是年轻夫妇计划外出务工时，小孩的看护工作则是其所面对的首要问题。只要年轻的夫妇不同父母分家，这种扩大化的家庭便有助于年轻夫妇在大家庭内部进行劳动力分配：通常年轻的夫妇外出务工，年老的父母在家中看院带小孩，并做力所能及的农活。需要说明的是，年轻的夫妇外出务工而将年幼的子女"留守"在老人身边无形之中构成了对老人精力与财富的"剥夺"。一个典型的例子便是黄村的邢大爷，他与两个结婚成家的儿子并没有分家，但是两个儿子和儿媳都在广东打工，将孙子留在家里让邢大爷和老伴照顾。两个儿子每年分别给自己 3000 元，但是这些钱主要用来供养孙子，加上各种人情开销，家里一年的开销差不多需要 2 万元，所以自己还得到外面打工。

与分家相联系的便是养老责任的分配以及养老义务的承担。在黄村，家庭养老的秩序基本良好，子代不孝顺、不赡养老人者少之又少，子代对养老赋予了极高的正当性，他们认为"父母养了自己的小，自己养父母的老"是理所当然的。与许多农村婆媳关系紧张所不同，黄村人一致认为"媳妇可以对丈夫有意见，但绝对不能对老人有所不敬，不能不尽养老义务，也不能得罪老人"。因此，在家庭中，黄村老人的地位和福利都获得了较好的保障，而这种养老秩序的形成与维系并不能简单地归结于抽象的孝道文化熏陶，亦不能化约为微观的黄村人道德素质高尚，而是同黄村村庄的社会结构（特别是村庄舆论）存在着直接关系。

三 村庄舆论与社区养老情理的实践

人们对养老所形成的共识构成了社区内的养老情理。正如研究者所指出的那样，社区情理仅仅是一个行为规范，是"由地区亚文化决定的某些为在该社区中生活的多数人所认可的行为规范及与之相适应的观念"①。一种外在的行为规范能够在日常生活被成员实践与遵从，关键是看外在约束机制，即是否存在维持规范实践的社会基础，并对违反这一规范成员进行惩罚。

在黄村，村庄舆论具有很强的约束力，如果哪家儿子/媳妇不孝顺父母、不赡养老人，整个村庄的人都会议论他，这会令他们在村庄内的名声变得非常糟糕。虽然有些村民会担心议论其他人的家庭事件会给自己带来麻烦，但村庄内总有一些经济条件好的村民，他们因为家庭经济条件宽裕而无须担忧议论所带来的负面影响。在村庄舆论中，他们扮演着"积极分子"的角色。当他们首先议论不孝顺父母的家庭时，便在村庄内将道德话语生产出来，使原本个体化的家庭事件变成为集体事件，其他村民的持续议论则进一步将事件公开化、道德化。

不仅一般的村民对村庄内违背社区养老情理的村民予以舆论压力，村干部亦会加入到这种舆论的生产之中。在黄村调查时，许多村民都提及20世纪90年代村干部对一位不履行赡养义务的乡村教师进行处罚的事件。这个拒绝履行赡养义务的教师被村干部在村广播中点名批评，令全村人都知道这个教师的"恶行"。广播之后，这个教师的名声完全败坏，村小学也因此辞退了他。这个事件在村庄中流传至今，也足见其影响深远。如果说，村民通过私下里的议论形成的公共舆论对村民实现着非正式监督；那么村干部通过广播对违背社区养老情理的村民进行批评则是一种公开的"审判"，它引导村民集体议论来实现对违背社区养老情理者的惩罚。

当村民们通过私下的议论和公开的广播批评来惩罚违背社区养老情理者时，一个直接的后果便是使后者在村庄中"坏了名声"、"没了面子"。而一个"坏了名声""没有面子"的村民在日常生活之中将无法获得其他村民的正常帮助。例如，红白喜事中村民不再邀请他参加，在互助中被村民边缘化；儿子结婚或女儿出嫁时难以找到好的亲家等。当村民违背社区养老情理时，事实上构成了对社区内"集体情感"的挑战与践踏，整个村庄内的成员便会对其进行"群体性惩罚"：

①　杨善华：《家庭社会学》，高等教育出版社2006年版，第95页。

村庄内其他成员给他扣上不好的名声，并在日常生活中将其边缘化①。

村庄中的舆论形成了对违背社区养老情理者的处罚，而婚姻市场中的道德要价则进一步放大了村庄舆论对违背社区养老情理者的处罚。在黄村当地，村民的通婚圈较小，村民们在本地的婚姻市场获取资源时，除了看对方的经济条件，进行"市场要价"外，对于家庭的道德水平亦提出了要求，即双方都会考量对方的"家风"。例如，为人是否和善、是否孝顺等等。不孝顺父母、不履行赡养义务的家庭会被村民们视为"家风"不好，他们家庭中待娶的儿子和待嫁的女儿在婚姻市场上都难以取得如意的资源，因为"圈子就那么大，大家都知道他们家庭是什么德性，没有人会愿意同他们结亲家"。不仅如此，通婚圈的缩小使得村庄内的社会关系变得交错重叠②，任何一个违背社区养老情理的家庭成员都会给整个社会网络中其他成员的名声带来消极影响。这种"连带责任"无疑放大了村庄舆论的功效，客观上约束了村民的行为。

关于村庄舆论何以成为可能，以往的研究者更多的将其视为"不流动社会"，而"一旦他可以频繁地外出远行……他的视线就会从身边的各种事物中间转移开来。他所关注的生活中心已经不局限在生他养他的地方了，他对他的邻里也失去了兴趣，这些人在他的生活中只占了很小的比重"③。但在黄村，虽然外出务工增多、社会流动加剧，但村庄内的舆论仍然强劲有力。这除了上文所论及的通婚圈的微型化使得村庄内社会关系交错重叠而强化了村庄的舆论外，还与另外两个原因有关。

其一，小组集体经济的存在强化了小组作为共同体的认同。由于黄村各小组都推行"五年一调整"的土地政策，这使得每个成员的利

---

① 狄金华、董磊明：《农民合作行为中的惩罚机制及其实践基础研究》，《中国行政管理》2011 年第 3 期。

② 在黄村，一种常见的现象便是"本村嫁本村"、"本墩嫁本墩"，这使得通婚圈微型化。

③ ［法］涂尔干：《社会分工论》，渠东译，生活·读书·新知三联书店2000 年版，第 257 页。

益都同小组相关联。小组内每个家庭因为土地调整而同集体发生利益关联，每隔五年时间，小组根据组内成员的生老病死和婚丧嫁娶来调整各家的承包经营地。不仅如此，黄村各小组因为征地或门面出租而或多或少具有集体收入，这些收入（包括征地赔偿款）并未由村民们直接瓜分，而是作为集体资产由小组成员共同占有并由小组村民大会共同决议支配。这种因集体经济而产生了组内成员的利益关联强化了村民对小组共同体的认同，使得村民小组有一致的行动能力来合作惩罚违背社区清理者。

其二，村干部不断通过公共事件来强化村庄舆论。在黄村，村委会都会通过认真对待考上大学的大学生和应征入伍的新兵。每次接到大学录取通知书和入伍通知单，村庄的主要干部都会宴请当事人及其父母和该小组的组长，以酬谢他们为村庄所做的贡献，并在次天敲锣打鼓地将通知书（通知单）和大红花送到当事人家中。这种规模庞大的"仪式"表演强化了村庄的舆论。在村民看来，这是很风光、很荣耀的事情，给当事人带来了很大的面子。这一仪式实践在完成社会价值生产的同时，增强了村庄的道德认同，强化了村庄舆论。

四　结语

费孝通先生在区分"反馈模式"与"接力模式"的差异时，一个基本的理论预设是亲代抚养子代的行为可能包含情感性（价值性）和功能性（目的性）。在"接力模式"中，由于西方社会实行社会养老制度，亲代对子代的抚养仅仅是情感性而非功能性，即不指望子代赡养亲代；而在"反馈模式"中，亲代对子代的抚养不仅具有享受天伦之乐的情感性动机，还具有明显的功能性动机，即"养儿防老"。虽然费孝通先生对"反馈模式"与"接力模式"的比较分析考虑到了不同社会间经济基础的差异，但对费先生而言，文化基础的不同才是两种模式背后的本质差异。在他看来，亲子关系中的反馈模式是中国文化的一项重要特征，它构成了中国儒家文化中孝道伦理的核心。由于反馈模式包含着亲代对子代的给予及子代对亲代的反馈，因此两代之间的互动形塑了"父子同一"①的行为模式。

当"反馈模式"过于强调代际交换的文化基础时,本章则侧重关注了代际交换中的"小传统"及其维系机制。我们以鄂东黄村的养老为例进行分析后指出,虽然法律和政策规定了子代具有赡养老人的义务,但在日常生活中,规训养老秩序的却是具有"小传统"特性的社区养老情理。这一情理是社区内成员就养老主体、养老时间及养老标准所达成的共识,任何违背这一情理的村民都被视为是对"集体情感"的挑战与践踏,整个村庄内的成员会对其进行"群体性惩罚":村庄内其他成员给他扣上不好的名声,并在日常生活中将其边缘化。村庄舆论的存在保障了社区养老情理的有效实践,同时亦促使村庄的养老秩序呈现出良好的状态。

---

① 许烺光:《祖荫下》,王芃、徐隆德译,台湾天南书局 2001 年版,第 205 页。

第八章 农民的机构养老意愿

在以务农为主的中国传统大家庭里，家庭养老通过"反哺式"的代际供养关系维持平衡，这种养老方式在农村养老中占有绝对的优势地位。改革开放尤其是 20 世纪 90 年代以后，随着经济社会的急剧变迁，家庭结构核心化，人口流动增强，尊老文化日渐衰退，"反馈模式"的文化和经济基础受到冲击，家庭养老的保障功能日益弱化。而我国目前急速加剧的老龄化和农村生产力的发展却对养老的数量和质量提出了更高的要求[①]。在供需紧张的矛盾之下，农村的养老模式更加向社会化的方向发展，养老资源的供给主体由家庭向个人和社会转变[②]。作为一种社会化的养老方式，机构养老在提供集中的生活照顾和相互的情感慰藉方面具有天然的优势[③]。但以往的研究发现，虽然机构养老逐渐成为人们的养老选择之一，但农村居民对于机构养老的接受度仍然较低，影响了机构养老的作用发挥和农村多元化的养老体系建设。

农民个体作为复杂的社会网络中的一个交点，其养老决策不仅与个人和家庭有关，更是嵌入到整个村庄结构之中。目前学界对于机构养老意愿的分析聚焦于农民的年龄、收入、身体状况、子女数等个体特征以及家庭收入、人口数等家庭因素，忽略了村庄环境的影响。在

[①] 吴海盛、江巍：《中青年农民养老模式选择意愿的实证分析——以江苏省为例》，《中国农村经济》2008 年第 11 期。

[②] 姜向群：《养老转变论：建立以个人为责任主体的政府帮助的社会化养老方式》，《人口研究》2007 年第 7 期。

[③] 朱宝安：《老年人口养老意愿的社会学分析》，《吉林大学社会科学学报》2006 年第 7 期。

制度主义的视野中，环境对于行动的影响无疑是深刻的，它既为行动提供资源，又对行动产生制约①，对于机构养老意愿的研究应被放回村落视野之中。村落中的宗族作为一种组织形式，是村庄制度重要的实体化来源之一，它不仅包含着资源，同样蕴藏着文化的力量。改革开放之后，宗族组织在全国各地快速复兴，但重新恢复的宗族组织已经不是旧宗族形态的重复和翻版，其无论是组织结构还是功能，都在不同地区呈现出多样化的特征②。在目前孝文化普遍弱化的背景下，不同的村庄因素尤其是宗族结构会如何影响农村居民的机构养老选择，这是本文试图探寻的问题。

一 村落视野下的农民机构养老意愿：理论与假说

（一）理论回顾

目前对于机构养老意愿影响因素的研究主要集中在个体和家庭两个方面，研究主要从上述两个角度着眼。一是从养老资源的供需角度分析了个人和家庭因素对入住意愿的影响。年龄、性别、婚姻状况、职业、收入水平、子女数、家庭结构、家庭关系等人口和社会经济特征是最多被关注的因素。这些因素对于养老意愿的影响是呈正向还是负向，学者们结论不一，但其对于原因的分析均是从养老资源的需求和供给出发。研究者认为，来自个体的生理和社会经济特征会影响其对于养老资源的需求数量和类型，来自家庭结构和经济状况会影响其对于个体养老资源供给，从而影响其入住养老机构的意愿。女性的经济安全状况和自我保障能力相对于男性要差，对家庭养老的依赖性较强③；单身者比已婚者更缺乏家庭养老资源，因此更倾向于正规化的

---

① ［美］W. 理查德·斯科特：《制度与组织——思想观念与物质利益》，姚伟、王黎芳译，中国人民大学出版社 2010 年版。

② 钱杭：《论汉人宗族的内源性根据》，《史林》1995 年第 3 期。

③ 孔祥智、涂圣伟：《我国现阶段农民养老意愿探讨》，《中国人民大学学报》2007 年第 3 期。

养老方式①。黄俊辉的研究指出②，年龄大、身体状况差的老人更希望得到养老院的生活照料；对现有生活满意度低的老人更缺乏非正式的养老支持，对于养老机构正式支持的需求更高；较高经济收入的老人对于生活质量的期望更高，更可能为了追求更好的医疗护理、设施条件、更周到的生活照料而对养老院产生需求。多子女、代际关系良好、家庭和睦的老人可以从家庭得到较多的经济支持、生活照料和情感慰藉，从而降低了其入住养老机构的意愿③。这类分析将机构养老资源的接受者——农民看作是追求自身效用最大化的经济人，其养老选择行为以工具理性为指导，以效率机制为原则，养老决策的过程是衡量成本和预期收益的过程，关键在于自身对资源的需求度以及每种养老方式能否满足其需求，养老选择的目的是如何提升自我的老年生活质量。二是从主观态度的角度分析个体的养老观念和对子女的心理依赖对于入住养老机构意愿的影响。年轻的农民、受教育程度高的农民、有外出务工经历的农民在思想上更为开放，视野相对更加开阔，更愿意入住养老机构，将入住养老院看作一种生活方式的选择④。左冬梅等发现⑤，中国老人对于机构养老的心态是矛盾而复杂的，一方面，内心依赖子女，倾向于在家养老；另一方面，为了减轻子女的负担，维持代际的和谐，又渴望独立，因此即使子女可以提供较多的经

---

① 吴海盛、邓明：《基于村庄内部差异视角的农村居民养老模式选择意愿及其影响因素分析》，《中国农村经济》2010 年第 11 期。

② 黄俊辉、李放：《生活满意度与养老院需求意愿的影响研究——江苏农村老年人的调查》，《南方人口》2013 年第 1 期。

③ 吴海盛、江巍：《中青年农民养老模式选择意愿的实证分析——以江苏省为例》，《中国农村经济》2008 年第 11 期。

④ 吴海盛、江巍：《中青年农民养老模式选择意愿的实证分析——以江苏省为例》，《中国农村经济》2008 年第 11 期；王洪娜：《山东农村老人入住社会养老机构的意愿与需求分析》，《东岳论丛》2011 年第 9 期；黄俊辉、李放：《生活满意度与养老院需求意愿的影响研究——江苏农村老年人的调查》，《南方人口》2013 年第 1 期。

⑤ 左冬梅、李树茁、宋璐：《中国农村老年人养老院居住意愿的影响因素研究》，《人口学刊》2011 年第 1 期。

济支持，但老人可能会因为不想给子女增加负担而愿意入住养老院。这一类的研究将农民选择机构养老看作一种价值理性指导下的行为，不管这种选择能否为其带来更多的实际利益或者更高的生活水平，仅仅是因为这种行为本身所具有的价值和意义，后者可能是尊严、和谐、关怀或者自我实现。

也有少数学者分析了村庄因素对于居民养老方式选择的影响。吴海盛等人从村庄内部差异的视角研究后指出，由于难以从家庭或者社区获得全部养老资源，自然村个数较多、第一大姓比例较小的村庄中的农民更倾向于通过参加正规化的养老模式来解决自己的养老问题；有家族网络组织的农民可以从家族内部获得更多的养老资源，因而更倾向于选择正规化养老模式①。这种基于村庄视角的分析从本质上来说仍是从经济理性出发。

总的来说，现有的对于机构养老影响因素的研究存在两点不足，一是仅仅关注个人和家庭因素，忽略村庄层面的影响；二是单纯地将个人的养老决策看作绝对理性的行动，忽略了个人作为行动者所受的非理性因素的影响。韦伯曾将行动者的理性行为区分为工具理性行为和价值理性行为，现有的研究却反将农民看作绝对理性的行动者，将养老方式的选择看作一种利益最大化的理性选择行为。和经济学中的充分理性模式不同，赫伯特·西蒙认为，人们加工信息的能力是有限的，没有能力同时考虑所面临的所有选择，无法总是从决策中实现效率的最大化，只能在"有限理性"的范围内行为②。马奇在此基础上提出了一个"合乎情理的逻辑"的决策模式，在很多情况下人们的决策行为不是遵循最大化目标的理性模式，而是受普遍行为规范的制约③。环境中的行动者不得不面临对制度的考量，在养老决策中，整个村庄的文化——认知因素便是可能影响农民选择行为的制度环境。

---

① 吴海盛、邓明：《基于村庄内部差异视角的农村居民养老模式选择意愿及其影响因素分析》，《中国农村经济》2010 年第 11 期。

② ［美］赫伯特·西蒙：《管理行为》，詹正茂译，机械工业出版社 2013 年版。

③ 周雪光：《组织社会学十讲》，社会科学文献出版社 2003 年版。

在选择养老方式时，农民不仅会考虑其付出和收益之间的关系及其个人的主观愿望，更可能受到村庄舆论环境的制约，这种建构起来的意义世界，为农民的养老选择贴上了相应的标签。

（二）理论假说

贺雪峰等研究者从结构层面将村庄社会关联定义为一种人与人之间联系的总和，其中的宗亲关系是人与人之间来自伦理的传统型关联[①]。汉人宗族是一种以父系、单系、世系的亲属法则为根本法则的血缘团体，其存在的根本原因，在于内部的结构性系谱关系，隐含着一组特殊的伦理体系，其中将"孝悌"作为"为仁之本"[②]。因此，以"孝文化"为核心的宗族文化是宗族结构（宗亲关系）的本质内涵，并由此构成了中国传统的家庭养老的文化基础。彼得·伯格和托马斯·卢克曼认为，制度世界是一个由人创造和构建的客体，最后又对人施以外在的强制性的影响[③]。子女对于父母的赡养被看作是天经地义，不将父母留在家中安度晚年被认定为"不孝"。传统宗族伦理与宗族法合一，被直接赋予法的强制性，突出表现在宗族法对宗族伦理的核心——"孝"的维护上，不让父母在家中养老的子女会受到各种形式的、残酷的身体惩罚[④]。新时期宗族伦理仍然将"孝"德尤其是"孝敬父母"列在首位[⑤]，但宗族对于孝道的维护方式已趋文明化，主要通过积淀的习俗与规矩、村落的舆论与评价来自发地行使，

---

① 贺雪峰、仝志辉：《论村庄社会关联——兼论村庄秩序的社会基础》，《中国社会科学》2002 年第 3 期。

② 钱杭：《关于当代中国农村宗族研究的几个问题》，《学术月刊》1993 年第 5 期。

③ ［美］彼得·伯格、托马斯·卢克曼：《现实的社会构建》，汪涌译，北京大学出版社 2009 年版，第 52 页。

④ 王海成：《宗族伦理的当代变迁及其对农村社会的影响》，《长白学刊》2013 年第 1 期。

⑤ 董翔薇、崔术岭：《社会资本理论视角下的当代宗族：一种传统嵌入现代的社会组织》，《学术交流》2009 年第 3 期；王海成：《宗族伦理的当代变迁及其对农村社会的影响》，《长白学刊》2013 年第 1 期。

其影响力仍然较强①。正如贺雪峰指出的，宗族力量的强大是社区强记忆的体现，使村民处在紧密相关之中，必然造成一致的行动能力和强大有力的舆论力量，"唾沫星子淹死人"，失去与自己密切相关人的好评是所有人都无法忍受的代价，村民不得不向村庄舆论妥协②。因此，以"文化"为核心内涵的宗族结构（宗亲关系）可能会影响农村居民入住机构养老的意愿。有宗族网络的族人之间有一定程度的关联度和共同文化，而有正式的宗族组织成员之间可能会有更加稳定的关联和更为一致的共同文化。即有非正式宗族网络的农村居民入住养老机构的意愿可能低于没有宗族网络的农村居民，有正式宗族组织的农村居民的入住意愿可能最低。由此得到假设1：

假设1：村落的宗族结构会影响居民入住养老机构的意愿。有非正式宗族网络的农村居民比没有宗族网络的入住意愿低，有正式宗族组织的农村居民入住意愿最低。

养老资源的供给是探讨养老实践的关键问题。传统的中国社会是一个家本位的社会，家庭是作为最内部的结构层次，是养老资源供给的主体；父代抚养子女，子女赡养父母，形成了平衡而通畅的资源交换即"反馈模式"③；同时宗族作为扩大的家庭，在小家庭资源不足时可提供补充资源。随着社会的经济发展和家庭结构的变化，"反馈模式"部分失效，家庭提供的养老资源减少，由于老人对于养老资源的需求总量并未减少甚至逐渐提升，村庄和社会相应承担起了更多的养老资源供给责任。

在有宗族网络的村庄，宗族文化可能更加倾向于传统的养老方式尤其是家庭养老，而对机构养老具有一定程度的排斥性，加上目前我国农村养老机构由于先天后天不足、整体硬件设施落后、服务水平低

---

① 肖唐镖：《乡村治理中宗族与村民的互动关系分析》，《社会科学研究》2008 年第 6 期。

② 贺雪峰、仝志辉：《论村庄社会关联——兼论村庄秩序的社会基础》，《中国社会科学》2002 年第 3 期。

③ 费孝通：《家庭结构变动中的老年赡养问题——再论中国家庭结构的变动》，《北京大学学报》1983 年第 3 期。

下，破坏了养老机构在农村居民心中的形象，多数农村居民把养老机构看作"没人管的去处"，入住养老机构也成了一种不得已的选择。在有宗族网络的村庄，当家庭养老资源供给不足时，老人往往优先考虑来自村庄的资源，而不是养老机构资源。如果家庭或村庄可以提供足够的养老资源，他们就很少会考虑入住养老机构。当家庭养老资源不足，而村庄也无法提供替代或补给资源时，他们才会考虑入住养老机构。因此，村庄层次在老人是否入住养老机构的行动抉择中是一个重要环节，其决策的关键就是村庄能否弥补家庭养老缺失的资源。

在村庄层次，宗族可以为族人提供养老资源。在传统养老保障中，一旦当某一家庭后继无人时，在赡养老人问题上就会面临两种选择，一种是从自己家族的其他家庭中过继儿子来延续香火；另一种就是由族人负担起养老的义务，即由亲戚提供经济来源，保障生活[1]。较大的家族都有自己的公共财产"义田"，可以使"鳏寡孤独得所养"[2]。因此，在村庄层次，宗族所提供的资源可能会弥补家庭养老的不足，从而阻止族人入住养老机构。而宗族的资源主要是通过宗族作为社会组织的功能服务于社会的[3]。许多学者都观察到，20 世纪 80 年代之后新兴的宗族组织带有非常明显的提供公共服务的功能主义色彩[4]，如开展文化活动、管理公共资源、承担公益事业。宗族具有自己的公共财产，为内部成员提供经济、法律、贷款等方面的互助服务[5]。宗族的公共服务功能可能为族人提供多重的养老资源，无论是经济支持，生活照料或是感情慰藉。因此，宗族的公共服务功能越

---

① 钟永圣、李增森：《中国传统家庭养老的演进：文化伦理观念的转变结果》，《人口学刊》2006 年第 12 期。

② 王跃生：《试论中国封建社会宗族的兴盛与衰落》，《社会学研究》1991 年第 2 期。

③ 董翔薇、崔术岭：《社会资本理论视角下的当代宗族：一种传统嵌入现代的社会组织》，《学术交流》2009 年第 3 期。

④ 孙秀林：《华南的村治与宗族——一个功能主义的分析路径》，《社会学研究》2011 年第 1 期。

⑤ ［德］韦伯：《中国的宗教：儒教与道教》，康乐、简惠美译，广西师范大学出版社 2010 年版，第 143—156 页。

强，农村居民越可能不会选择养老机构。由此提出假设2：

假设2：宗族的公共服务功能影响农村居民的养老意愿。宗族的公共服务功能越弱，居民越可能选择机构养老。

在彼得·伯格和托马斯·卢克曼看来，人要通过社会化将客观化的社会世界内化到意识当中，这种有关社会世界的知识依靠"重要他人"传递，其中语言是最为重要的工具[①]。在有宗族网络的村庄中，村庄舆论主要通过人与人之间的关系得以传播，即人际传播。经济条件好的村民所占有的经济资源可以为他们获得声望和影响力[②]，在村庄舆论的扩散过程中，更容易承担"意见领袖"的角色，通过在公共领域的议论传播村庄的集体道德[③]，使得村民的宗族伦理观念得以强化，他们自身也更容易将孝道内化。在传统强社会关联的村庄，占据优势经济社会地位的村庄精英的生活面向村内，更加乐于在村中世界展示成功[④]。相对于家庭经济社会地位处于下层的村民，非下层的村民在村庄各项事务中的往往较为活跃，因此，其在村庄中的可见性更高，即行为更容易暴露在村民的集体关注之中，对于村庄舆论的敏感度也可能更高，更容易做出对于村庄舆论的顺从行为，也就更倾向于选择传统的养老方式。由此提出假设3：

假设3：家庭在村庄中的经济社会地位影响农村居民的机构养老意愿。家庭经济地位非下层的农民比家庭地位下层的农民更不倾向于入住养老机构。

---

① ［美］彼得·伯格、托马斯·卢克曼：《现实的社会构建》，汪涌译，北京大学出版社 2009 年版，第 52 页。

② 贺雪峰、仝志辉：《论村庄社会关联——兼论村庄秩序的社会基础》，《中国社会科学》2002 年第 3 期。

③ 狄金华、钟涨宝：《社区情理与农村养老秩序的生产》，《中国农业大学学报》（社会科学版）2013 年第 1 期。

④ 贺雪峰、仝志辉：《论村庄社会关联——兼论村庄秩序的社会基础》，《中国社会科学》2002 年第 3 期。

二 研究设计与模型构建

（一）数据来源

本章的研究数据，来源于 2013 年 3—5 月华中农业大学课题组开展的《农村养老保障与社会管理研究》调查项目数据。本调查采取分层随机抽样的方法抽取样本。根据经济发展条件和自然地理条件，先选择江西省、四川省和湖北省作为调查省份，分别在赣州市、随州市、宜宾市共 34 个行政村开展调查。调查对象为 18 周岁以上的农村居民。共调查 1000 人，其中有效调查样本数 958 份。

（二）样本的基本特征

从表 8 - 1 中样本的基本特征可见，在年龄方面，样本的平均年龄为 46.83 岁，将年龄分组后发现，样本中绝大多数年龄在 60 岁以下，其中 18—44 岁的青年人占 44.1%，45—60 岁的中年人占 40.6%，60 岁以上的老人占 15.3%；在性别构成上，样本中男性（64.2%）的比例高于女性（35.8%）；在婚姻状况方面，已婚且有配偶的占绝大多数，为 90.6%，未婚的占 4.3%，离婚或丧偶的占 5.1%；在身体状况方面，身体好的仅占 44.5%，绝大多数人的身体状况为 "一般" 或 "差"，由于样本的整体年龄偏小，可见样本的整体身体状况较差；在政治面貌方面，绝大多数人的样本为普通群众（88.1%），有 11.5% 的被访者为党员，民主党派人士只占样本的 0.4%；在职业方面，样本中非农与务农职业的比例相对均衡，务农为主的比例稍高（59.5%）；主要收入来源方面，非市场化收入（74.2%）的比例远高于市场化收入（25.8%），可见，对大部分农民来说，务农或子女供养、亲友馈赠是他们的主要收入来源，通过经商、保险金、退休金、投资等市场化的收入作为主要经济来源的较少；从学历上看，样本的受教育程度普遍较低，82.8% 的农民仅接受过初中以下教育，其中小学及以下的占到了 40.9%；从样本的家庭情况上看，样本家庭的平均人口数为 4.91 人，家庭平均收入为 35941.83 元，收入的标准差值很大，反映出样本存在较大的贫富差距；绝大部分被调查者认为其家庭经济地位在村庄中处于下层（54.9%），认为处于上层的仅占8%。

表8-1 样本的基本情况

变量	百分比（%）	变量	百分比（%）
个人特征		收入来源的市场化	
性别		非市场化	74.2
男	64.2	市场化	25.8
女	35.8	身体状况	
婚姻状况		好	44.5
未婚	4.3	一般	33.0
已婚	90.6	差	22.5
离婚或丧偶	5.1	政治面貌	
最高学历		中共党员	11.5
小学及以下	40.9	民主党派人士	0.4
初中	41.9	群众	88.1
高中/中专/技校	13.6	家庭情况	
大专及以上	3.7	家庭的经济社会地位	
职业的非农化		上层	8.0
非农	40.5	中层	37.1
农业	59.5	下层	54.9
变量	均值	标准差	
年龄（岁）	46.83	13.286	
家庭人口数（人）	4.91	1.951	
家庭收入（元）	35941.83	42695.722	

（三）变量定义与赋值

1. 因变量

本研究的因变量是一个代表农村居民入住机构养老意愿的定序变量。养老意愿是指人们对养老这一行为所持有的看法及态度。机构养老的意愿主要包括是否愿意入住养老机构，对养老机构的看法，对于养老机构设施和服务的需求。本研究主要考察是否愿意入住养老机构。问卷通过四道题调查了被访者在不同的考虑下（经济负担、老时有伴、生活自由、及时照料）是否愿意入住养老机构，按照入住意愿的程度分别形成4个三维定序变量"不愿意"、"一般""愿意"，分别赋值为0分、1分、2分。将四道题加总获得入住意愿的总得分，范围在0—8分。将总分分为三组，获得一个定序变量，0—2分为"意愿低"，3—5分为"意愿一般"，6—8分为"意愿高"。

2. 自变量

为了探究村庄层面因素对于居民机构养老意愿的影响，本研究设置了三个自变量，（1）是否有宗族网络和组织。答案分为"没有"（无宗族网络）、"有以姓氏为纽带的亲族网络，但没有正式组织"（非正式的宗族网络）、"有以宗祠/祠堂为活动中心的宗族组织"（正式的宗族组织）。由于本文询问的是否有宗族，以及宗族是否有正式组织，因此可以反映出宗族势力的强弱及其结构特征。宗族网络是一个文化共同体，其内核是族人的共同文化。因此，这一自变量可以反映出宗族结构尤其是文化因素对于农民机构养老意愿的影响。（2）家庭在村庄中的经济社会地位。需要注意的是，此题代表的是被调查者对于自己家庭在村庄中经济社会地位的主观认定，并非与客观状况完全相符。根据以往的实地调研经验，当被问及家庭的经济收入和社会地位时，被调查者倾向于采取保守估计。频率分析显示，被调查者表示自己家庭处于上层的仅占样本的8%。为了提高分析的准确度，我们将"上层"和"中层"合并为"非下层"，与"下层"共同构成一个二项定类变量。（3）宗族的公共服务功能。问卷询问了宗族网络在下列六种公共服务活动中的功能：组织/赞助公益活动（如赈灾、扶贫、修路、教育等）、组织/赞助文化/娱乐/节庆活动、管理氏族成员的公共财产、为村民提供信息、协助村民寻找就业机会和经商机会、协调村民纠纷。按照宗族在每种活动中所起到的作用大小分为"没有作用""作用较小""有些作用""作用较大""作用很大"五个选项，分别赋分0—4分，将六道题目的分数相加获得宗族经济功能的总得分，范围在0—24分，取值越高，说明宗族所起到公共服务功能越强。公共服务功能是宗族主要的功能性特征，在族人的共同财产管理、公共事务管理、私人经济合作互助等方面都得到了充分的体现，可以有效地降低成本，提高合作的效率和稳定性。这一自变量可以反映宗族的公共服务功能对于农民机构养老意愿的影响。

3. 控制变量

表 8 - 2　　　　　　　　　变量的含义与描述性统计分析

变量类型及名称	变量含义与赋值	均值	标准差
控制变量			
性别	男 = 1；女 = 2	1.360	0.480
年龄	60 周岁以上 = 1；45—60 周岁 = 2；18—44 周岁 = 3	2.287	0.716
婚姻状况	未婚 = 1；已婚且有配偶 = 2；离婚或丧偶 = 3	2.008	0.306
学历	大专及以上 = 1；高中/中专/技校 = 2；初中 = 3；小学及以下 = 4	3.200	0.807
身体状况	身体好 = 1；身体一般 = 2；身体差 = 3	1.780	0.789
职业非农化	非农 = 1；农业 = 2	1.595	0.491
收入来源市场化	市场化 = 1；非市场化 = 2	1.742	0.438
子女数	现有子女的数目	2.330	1.151
宗族在行政性村治中的作用	作用总得分（0—12）	4.583	3.647
自变量			
宗族结构	有以宗祠/祠堂为活动中心的宗族组织 = 1；有以姓氏为纽带的亲族网络，但没有正式的组织 = 2；没有或不知道 = 3	2.760	0.560
家庭社会经济地位	非下层 = 1；下层 = 2	1.549	0.498
宗族的公共服务功能	公共服务功能总得分（0—24）	9.633	6.846
因变量			
入住养老机构的意愿	意愿低 = 1；意愿一般 = 2；意愿高 = 3	1.390	0.665

　　本研究的控制变量主要涉及个人基本特征，包括年龄、性别、学历、婚姻状况、身体状况、职业、收入来源，子女数。另外，本文设置了一个有关宗族的控制变量，即"宗族在行政性村治中的作用"，主要通过宗族与正式权力的关系体现，以宗族在以下三项活动中的作用大小作为测量指标，包括协调村民与政府的关系、协助村委会开展工作、协助政府的工作（税收、治安、计划生育等）。赋分方式同（2），总分范围为0—12分。分数越高，说明宗族在行政性村治中的作用越强。本文关注的是宗族的传统特征对于机构养老意愿的影响，即宗族的结构及其作为一种非正式权力的功能。"宗族在行政性村治中的作用"可以反映宗族在利用正式权力资源中发挥的功能。一方面，此变量可以进一步控制宗族的部分功能特征，从而更能反映出宗族结构对于入住意愿的影响；另一方面，宗族在公共服务发挥功能的过程中可能利用正式权力资源或者非正式权力资源，控制此变量在一定程度上排除了宗族对于正式权力资源的利用，更加保留了宗族在发挥公共服务功能的过程中，作为一种非正式权力的纯粹性。各变量的具体含义和描述统计分析结果见表8-2。

（四）分析模型

　　由于本研究的因变量为定序变量，在此采用定序 Logistic 回归模型（ordered logistic model），控制个人基本特征和家庭情况，考察村庄因素对于农村居民机构养老意愿的影响。分析模型如下：

$$\mathrm{Ln}\left(\frac{P(Y_k \leq m)}{P(Y_k > m)}\right) = \beta_0 + \sum_{j=1}^{n}\beta_j x_{ij}$$

　　式中，x_1、x_2……x_n分别代表反映个人基本特征、家庭情况、村庄因素的解释变量（控制变量和自变量），n 为解释变量的个数，$n = 13$；"m"代表因变量 Y 的赋值（1—3分别代表"意愿低"、"意愿一般"、"意愿高"）。β_0为常数项；β_j是各解释变量的回归系数，影响农村居民入住养老机构意愿的方向和程度。

三 找回村庄:村落视野下的农民机构养老意愿

(一) 农村居民入住养老机构的意愿描述性分析

农村居民入住养老机构意愿与访问地区的交叉表 (见表 8 – 3) 显示，总体来看，样本对于养老机构的接受度较低，仅有 10.2% 的样本入住养老机构的意愿高，入住养老机构的意愿低的比例则高达 71.2%，另外有 18.6% 的样本入住意愿一般。经过卡方检验，访问地点与入住养老机构的意愿之间的相关关系在 1% 的统计水平显著，不同省的入住意愿有显著的差异。表中显示，总体来看，湖北省的农村居民入住养老院的意愿最高，其次是四川省，最后是江西省。其中，湖北省高意愿的比例为 15.3%，高于四川省 (9.5%) 和江西省 (6.5%)，而低意愿的比例 (67.7%) 则低于四川省 (68.4%) 和江西省 (76.8%)。

表 8 – 3   访问地点与入住意愿

		访问地点			三个地区总体情况
		江西省	四川省	湖北省	
低意愿	人数	262	216	199	677
	比例 (%)	76.8	68.4	67.7	71.2
一般	人数	57	70	50	177
	比例 (%)	16.7	22.2	17.0	18.6
高意愿	人数	22	30	45	97
	比例 (%)	6.5	9.5	15.3	10.2
合计	人数	341	316	294	951
	比例 (%)	100.0	100.1	100.0	100.0
Pearson 相关系数		0.111***			

注: ***、** 和 * 分别表示相关关系在 1%、5% 和 10% 的统计水平上显著。

上述数据表明，随着老龄化的加速，家庭养老功能的弱化，机构养老成为部分农村居民的养老选择，但总的来看，多数农民依然不愿意入住养老机构，入住意愿受地区影响。值得注意的是，有部分居民对于是否愿意入住养老机构的回答很模糊（18.6%），他们并不排除入住养老机构的可能，但同时对于入住养老机构存在顾虑和担忧。一方面，他们或许不能保证可以从家庭获取到必要的养老资源；但另一方面，他们可能很难摆脱村庄舆论压力的束缚，可能对于养老机构的生活条件和管理方式有所怀疑，也可能不愿面对来自内心的"被遗弃感"。

（二）宗族网络和组织的描述性分析

表 8－4　　　　　　　调查地点与宗族网络和组织的交叉表

		江西省	四川省	湖北省	合计
有正式的宗族组织	人数	49	6	7	62
	比例（%）	14.3	1.9	2.4	6.5
有宗族网络，但没有正式的宗族组织	人数	38	30	37	105
	比例（%）	11.1	9.5	12.7	11.0
没有宗族网络和组织	人数	256	281	248	785
	比例（%）	74.6	88.6	84.9	82.5
合计	人数	343	317	292	952
	比例（%）	100.0	100.0	100.0	100.0
Pearson 相关系数		0.168***			

注：***、**和*分别表示相关关系在1%、5%和10%的统计水平上显著。

通过卡方检验，不同的访问地点与宗族结构之间的相关关系在1%的统计水平上显著，不同地区村庄的宗族结构有显著的差异。表8－4显示，高达82.5%的被访者表示该村没有宗族网络和组织，有11.0%的被访者表示该村有宗族网络，但没有正式的宗族组织，样本中仅有6.5%表示该村有以宗祠/祠堂活动为中心的家族组织。调查结果可能主要反映了两个问题：一是样本地区宗族的重建并不普遍，宗族的总体势力较弱，表现为系谱关系的松散化和组织结构上的弱势。高达82.5%的被访者表示该村没有宗族网络和组织，可见同姓同宗人群之间的关系已经变得疏远，很多都是一种临时的事务性集会①，没有形成真正意义上的宗族网络，村民对于这些临时组织的自觉意识也是很低的。仅有 6.5% 表示该村有以宗祠/祠堂活动为中心的家族组织，这同传统宗族领导明确、房支严密的组织特征形成了鲜明的对比。这一结论与许多学者的调查一致。陆学艺等人对河北省行仁庄村的调查表明：全村村民的宗族意识不强，保留下来的宗族联系，只有正月初一互相拜年，办红白喜事时聚会等象征性交往②。二是宗族结构随着不同的调查地区呈现出多元化的特征。三个省中经济较为落后、地理位置偏南的江西省宗族势力更强，宗族组织更加正式，25.4% 的被访者表示所在村庄有宗族网络，表示有正式宗族组织的样本比例占到了 14.3%，而其他两个省仅为 1.9% 和 2.4%。

（三）村庄因素对入住养老机构意愿影响的回归分析

表 8-5 的第 2—3 列给出了入住养老机构意愿因变量的回归估计。模型一估计了在加入控制变量之前，三个自变量之间相互控制后，各自变量对因变量的影响；模型二估计了在加入所有控制变量之后，各自变量对于因变量的影响。两个模型全局性检验结果的 P 值均小于 0.05，表示两个模型均有统计学意义；两个模型的拟合优度检验结果均大于 0.05，说明模型拟合度较好；两个模型的伪决定系数均大于 1%，可见两个模型均较为理想。对两个模型的回归结果进行对比发现，在模型一中，"宗族结构" 和 "家庭经济社会地位" 自变量对于因变量的影响分别在 5% 的水平上显著，"宗族的公共服务功能" 自变量对于因变量的影响并不显著；在模型二中，宗族结构和家庭经济社会地位对于入住机构养老意愿影响的显著性仍然保持在 5% 的水平上，"宗族的公共服务功能" 对于入住意愿的影响在 1% 的水平上显著。由于模型二控制了个人基本特征的客观状况对于因变量的影响，能够更加纯粹和真实地反映自变量对因变量的影响，

---

① 钱杭：《论汉人宗族的内源性根据》，《史林》1995 年第 3 期。
② 陆学艺：《内发的村庄》，社会科学文献出版社 2001 年版，第 191 页。

我们选用模型二的回归结果展开分析。由于预测模型中因变量的排序从小到大表明入住养老机构的意愿从"意愿低"到"意愿高"（1—3）的升序变化，因此回归系数越大，则表明被访者可能入住养老机构的意愿越高；回归系数越小，则表明被访者入住养老机构的意愿越低。

是否有正式的宗族网络或组织在5%的水平上对入住意愿有显著负向的影响。由于控制了宗族的主要功能性特征，此自变量的回归系数更能体现出以宗族文化为核心的结构性特征对于机构养老意愿的影响。数据显示，不同的宗族结构的农村居民入住养老机构的意愿呈现出显著差异。其中，有正式的宗族组织的农村居民的入住意愿是没有宗族组织的20.8%，有非正式的宗族网络的农村居民的入住意愿是没有宗族组织的22.1%。可见，以系谱关系为核心的宗族结构在一定程度上影响着农村居民入住养老机构的意愿，有非正式宗族网络的农村居民入住意愿低于没有宗族网络的农村居民，有正式宗族组织的农村居民入住意愿最低。

这可能是因为相比没有宗族网络的农村居民，有非正式宗族网络的农村居民与族人之间的日常联系更加紧密，族内通过习惯被默认的非正式行为规范对族人的养老行为具有约束力；相比非正式的宗族网络，正式宗族组织有专门的活动地点，有常设的领导机构和制度化的内部规范，其族人之间的日常联系往往更加常规化、稳定化，高低尊卑关系更加明确，同时受到更具强制性的正式族规的限制，因此宗族文化及其舆论压力对族人养老选择的影响可能更大。一方面，在宗族"以孝为本"的文化支撑下，"养儿防老"观念在农民心中扎根，带来了父母对子女赡养的高期望值和高依赖感。免于遭受非议的"面子观念"和内心的"被遗弃感"相互杂糅，形成了老人对于进入养老机构的"防御性敏感"。思想上构建了进入养老机构的"凄惨图景"，行动上激发了对于家庭养老资源的动员，尽量想办法不去养老机构。例如，在子女的教育、婚姻上加大投入，在已成家子女的经济、生活上继续给予物质或者照料上的支持，以试图通过增加"交换资源"来提高子女不赡养父母需承担的

"心理代价"和"舆论代价"。在一个强社区记忆①的村庄，这样的努力是更容易实现其预期结果的，从而降低了老人选择机构养老的意愿。另一方面，宗族对"孝文化"的"非暴力维护"对子女造成的舆论压力可以强化子女履行家庭养老责任，提高老人获取家庭养老资源的可能性，从而在一定程度上降低老人入住养老机构的意愿。由此，假设 1 得到了验证。

表 8－5　　　宗族对农村居民入住养老机构意愿
影响的 Logistic 回归结果

变　量	模型一	模型二
性别（女性）		
男性		1.556﹡（4.740）
年龄（18—44 岁）		
老年（60 岁以上）		1.348（3.850）
中年（45—60 岁）		－1.306﹡﹡（0.270）
婚姻状况（离婚或丧偶）		
已婚		1.131（3.099）
最高学历（小学及以下）		
大专及以上		0.810（2.248）
高中/中专/技校		1.264（3.540）
初中		0.250（1.284）
身体状况（身体差）		
身体好		－0.737（0.479）
身体一般		0.026（1.026）

---

① 贺雪峰、仝志辉：《论村庄社会关联——兼论村庄秩序的社会基础》，《中国社会科学》2002 年第 3 期。

续表

变　量	模型一	模型二
职业的非农化（农业职业）		
非农职业		-1.033（0.356）
收入的市场化（非市场化的收入来源）		
市场化的收入来源		0.722（2.059）
子女数		-0.414（0.661）
家庭人口数		-0.329 *（0.720）
家庭收入对数		0.174（1.190）
宗族在行政性村治中的作用		0.568 ***（1.765）
宗族结构（没有宗族网络或组织）		
有正式的宗族组织	-1.566 **（0.208）	-2.221 **（0.109）
有非正式的宗族网络	-1.507 **（0.221）	-1.920 **（0.147）
家庭经济社会地位（下层）		
非下层	-0.746 **（0.474）	-1.118 **（0.327）
宗族的公共服务功能	-0.007（0.993）	-0.315 ***（0.730）
Sig.	0.029	0.000
最大拟然对数值	178.562 **	142.897 ***
Cox and Snell R 方	0.076	0.398
Nagelkerke R 方	0.092	0.480

注：1. ***、**和*分别表示在1%、5%和10%水平上统计显著；2. 自变量一列中括号内为参照组，四个模型中的括号内系数为发生比 Exp（B）值。

　　模型中的数据显示，家庭在村庄中的经济社会地位对农村居民入住养老机构的意愿在5%的水平上有显著的负向影响，与家庭经济社会地位处于下层的农村居民相比，家庭经济社会地位非下层的农村居民入住养老机构的意愿更低。这一结果与假设2相吻合。由于拥有更多的经济资源或社会资源，家庭经济地位非下层的农民更可能成为村庄精英，拥有更多的村庄正式或非正式权力资源，在村庄治理和日常生活中与村民的联系更加密切，在村民中的影响力更大[1]。因此，一方面，他们的养老受到其他村民的关注更多，面临的舆论压力更大，对机构养老在思想上的排斥性更大；另一方面，他们更容易在村庄中担任意见领袖的角色，在强化和扩散村庄养老道德的过程中，自身也提升了对于传统养老方式的内在认同。同时，他们更可能通过自身拥有的社会资本获得来自家庭和村庄的养老资源，从而降低了入住养老机构的意愿。

宗族的公共服务功能对于入住养老机构的意愿在1%的水平上有显著的负向影响，即宗族在公共服务活动中的功能越强，农民入住养老机构的意愿越低。宗族的公共服务功能每增加一个单位，农村居民的入住意愿降低25.7%。假设3得到了验证。宗族在族人养老中的公共服务功能包括五个部分，一是通过提供信息和机会帮助族人增加收入，提高其在家庭养老中的谈判权和自我养老的个人资本。当老人个人收入较高时，子女可能出于经济理性考虑将其留在家中养老；如果家庭养老不能提供足够的养老资源，出于害怕失去自由或者对机构生活质量的怀疑，同时受传统观念的影响，更多的老人宁愿选择分家单过而不是去养老机构。对于经济独立的老人来说，他们更有自我（配偶）养老的资本，使得他们不用迈出"去机构"这最后一步。二是通过组织公益活动，如扶贫活动、志愿活动帮助老人获取临时的养老资源。宗族对族人具备较强的号召力和集体行动力，在开展公益活动方面的可行性高。当家庭养老资源不足时，宗族提供的财物补给或生活服务使老人获得更多的经济资源和照料资源，提高其在家庭养老、自我养老的生活质量，从而降低他们对于养老机构资源的需求。三是利用宗族的公共资源供养本宗老人，为老人提供持续性的养老资源。宗族用本宗的公共用地、坟场、薪柴林、基金支持老人自我养老，这些资源已经可以替代机构养老的大部分功能，满足老人"保吃、保穿、保住、保暖、保葬"的需求。四是通过组织文化、娱乐、节庆活动，

---

① 姚江林：《农村基层农业科技工作者的职业忠诚研究》，《南京农业大学学报》（社会科学版）2013年第3期。

提高族人的凝聚力和归属感。族人在活动之中增强交流和沟通，释放压抑的情绪，排解内心的孤寂，相互给予心理支持，老人由此获得更多的情感慰藉资源，从而降低其离开熟悉的村庄社区和族人群体、入住养老机构的可能性。五是通过调节族人家庭内部的纠纷，保证家庭养老资源的提供和获取。在代际关系和谐度较低的家庭，父母获得的生活照料和感情慰藉往往较少。即使他们本意不愿入住养老机构，但他们依然可能在冲突激烈的时候自愿或同意入住，将"离开"作为"最后的反抗"。但这种意愿具有很强的脆弱性，当宗族在纠纷中充当协调作用的时候，子女迫于宗族压力，往往会在冲突中选择暂时妥协，而父母由于对子女的依赖感往往有心理上的弱势。当子女"低头"时，他们入住养老机构的念头也会暂时打消。因此，宗族的公共服务功能对于机构养老是一种替代作用，宗族可以提供的公共服务资源越多，农村居民就越不需要利用社会层次的养老机构资源。

四　结论与讨论

本章基于对湖北省随州市、四川省宜宾市和江西省赣州市的34个村庄的农村居民的问卷调查数据，运用描述性统计、相关分析以及定序 Logistic 回归模型，分析了农村居民入住养老机构的意愿、不同地区农村的宗族重建状况，以及村庄层面因素尤其是宗族结构及其功能对与入住养老机构意愿的影响。分析结果显示，随着老龄化的加速，家庭养老功能弱化，机构养老成为了部分农村居民的养老选择，但多数农民依然不愿意入住养老机构，不同地区居民的入住意愿有显著差异。总体来看，样本地区宗族的重建并不普遍，宗族的总体势力较弱，宗族结构随着不同的调查地区呈现出多元化的特征。宗族结构和功能确实会在一定程度上影响农村居民入住养老机构的意愿。从宗族结构上看，有非正式宗族网络的农村居民比没有宗族网络的农村居民入住养老机构的意愿低，有正式宗族组织的农村居民入住意愿最低。从宗族功能上看，宗族在公共服务中的功能越强，农村居民入住养老机构的意愿越低。同时，家庭在村庄中的经济社会地位也在一定程度上影响农村居民入住养老机构的意愿，即家庭经济社会地位处于非下层的农村居民比处于下层的农村居民入住意愿更低。

个体是自身养老方式的核心决策者，其在选择的过程中不仅要理性地考量个人、家庭、村庄的养老资源供需状况和个人主观意愿，同时也不可避免地受到村庄制度、环境无形的制约，个人只能作为有限理性的行动者选择一种"满意解"，而非"最优解"。作为一种文化认知要素，村庄的集体习惯及其维持途径——村庄舆论对于村民养老行为的影响具有不可逃脱的整体效应，这是一种由个体建构起来的、通过人际交往中的符号进行传播的、并客观作用于个体的集体文化。

随着农村经济的发展和家庭结构的变化，传统孝道的经济基础已经慢慢丧失，内生性的孝道已经逐渐衰弱。但在有宗族网络的村庄中，传统养老文化依然保持着稳定性和持久性，它通过一种无形的强制性来弥补现代化平等观念带来的孝道衰落，这是一种外部输入性的"孝道"，其通过舆论压力得以维持。联系密切的亲族网络是一个整体的文化共同体，内部形成一个强大的舆论环境，它可能迫使内心不愿赡养父母的子女迫于压力选择履行赡养责任，也使得老人即使在家庭养老资源缺乏或家庭关系恶劣的情况下仍然愿意坚持家庭养老，或者宁愿自我养老也不愿入住养老机构。这种子女的被动赡养或者老人的独自居住很可能伴随着老人在生活照料和情感慰藉上的缺失，与子女关系恶劣的老人甚至可能在家庭中遭到持续的精神和生活上的摧残，极大地影响老年人的生活水平和心理状态。宗族可利用非正式权力，在公共服务活动中为族人提供多样的养老资源，弥补家庭养老资源的不足，从经济支持、生活照顾和情感慰藉上改善老人在传统养老中的生活状况。因此，在有宗族网络的村庄，应充分发挥宗族的公共服务功能，以保障传统养老方式的实际效用，提高老年人的生活水平。

但在传统养老方式日益弱化的现实下，机构养老的作用不应被忽视。作为一种社会化的养老方式，机构养老不仅能够减轻家庭养老的压力，还可以使老人得到稳定的照顾和来自朋辈群体的情感支持，是现阶段传统的养老方式的重要补充，也将是未来养老的发展趋势。调查发现，受传统养老文化的影响，农村老年人对于机构养老的接受度仍然较低，尤其是在有宗族网络的村庄。因此，在延续"尊老"文化传统的同时，也要通过国家政策、大众传媒等平台扭转农村居民对于机构养老的刻板印象和传统观念，促进养老资源供给主体和养老方式的多元化，提高当前养老模式的总体适应性，推动农村养老的整体发展。

第九章 伦理沦丧抑或是伦理转向

——对中国农村家庭资源的代际分配研究

一 伦理沦丧:事实还是想象?

费孝通在比较中西方代际关系时指出,中国家庭代际关系属于"抚育—赡养"的"反馈模式",其有别于西方社会的"接力模式"①。在"反馈模式"的代际关系中,子代在年幼时接受亲代的抚育,待亲代年老时,子代则履行赡养亲代的义务。这种延时的代际互惠构成了一种特殊的交换关系,即这种交换不仅是一种经济行为,而且是一种道德行为②。建基于代际互惠之上的传统家庭养老模式由于受到孝道伦理与规范的保护③而得以传承。

近年来有关研究指出,中国的农村家庭养老出现了困境。20 世纪80 年代以来的农村,许多老年的父母依然为成年儿女提供经济、生活

---

① 费孝通:《家庭结构变动中的老年赡养问题——再论中国家庭结构的变动》,《北京大学学报》1983 年第 3 期。

② 参见郭于华《代际关系中的公平逻辑及其变迁——对河北农村养老模式的分析》,《中国学术》2001 年第 4 期;陈皆明《中国养老模式:传统文化、家庭边界和代际关系》,载边燕杰主编《关系社会学:理论与研究》,社会科学文献出版社 2011 年版,第 385 页。

③ 王跃生:《中国家庭代际关系的维系、变动和趋向》,《江淮论坛》2011 年第 2 期。

等多方面的支持，出现了一种"逆反哺模式"①；而相当一部分年轻的夫妇对亲代进行"代际剥削"，却拒绝承担赡养义务，于是有研究者惊呼中国农村出现了"伦理性危机"②。基于对农民代际交换失衡的分析，阎云翔将导致农村老年人赡养资源供给不足的主要原因归结为"传统养老机制的关键——孝道——发生了衰落"，并宣称，"无公德的个人"正在兴起③。这似乎与家庭的现代化理论吻合：半个多世纪以前，古德就曾预言，伴随社会现代化程度的深入，扩展的亲属关系纽带将随之弱化，传统的家庭形式将变得更加松散，与此同时，这些变化必将导致代际（尤其是亲子）间的凝聚力削弱④。

然而，当部分研究者勾画出中国农村伦理沦丧和"无公德个人兴起"的图景时，另一些看似相悖的现象也不时被描绘出来。研究者发现，尽管按传统孝道来衡量，有些子女确实是"逃卸"了赡养义务，但被"剥削"的家长却常常会为对子女的这种行为予以"免责"⑤而不是"谴责"，可以说"逆反哺模式"至少部分地是由老年父母促成的，或者说得到了他们的默许；另外，"逃卸"了赡养义务的子女并没有因此过上了舒心的日子，而是常常倍感生活压力大，这种压力的重要来源之一在于他们对自己子女（包括成年子女）的付出。

因此，针对"对父母赡养资源供给不足"现象尚需更为细致的分析，并不能简单地据此认定，由于"无公德的个人"兴起，中国出现

---

① 参见车茂娟《中国家庭养育关系中的"逆反哺模式"》，《人口学刊》1990 第 4 期；怀默霆：《中国家庭中的赡养义务：现代化的悖论》，《中国学术》2001 年第 4 期。

② 申端锋：《中国农村出现伦理性危机》，《中国评论》（香港）2007 年 3 月号；申端锋：《新农村建设的文化与伦理纬度》，《学习与实践》2007 年第 8 期。

③ 阎云翔：《私人生活的变革：一个中国村庄里的爱情、家庭与亲密关系（1949—1999）》，龚小夏译，上海书店出版社 2006 年版，第 201—202 页。

④ William J. Goode. 1963, *World Revolution and Family Patterns*, New York: The Free Press.

⑤ 杨善华、贺常梅：《责任伦理与城市居民的家庭养老》，《北京大学学报》（哲学社会科学版）2004 年第 1 期。

了养老问题中的"伦理沦丧"现象。我们需要辨析至少两方面的内容：第一，无公德以及伦理沦丧的界定问题。如果从成年子女对老年父母的赡养资源提供不足来看，这种说法也许成立，但如果将成年子女对其下一代的扶持纳入分析范围的话，说他们无公德或者伦理沦丧似乎过于偏颇。更准确的说法是，传统的养老伦理或者孝道也许衰落，但这些未提供足够养老资源的个体并非是由于伦理和公德丧失才如此行事，他们仅仅是将有限的资源更多地投给了自己的下一代。人们并非无公德，只是更在意下一代，这是另一种利他行为，而不是无公德的自私行为。这不是没有公德，而是崇尚了另一种公德。第二，无公德以及伦理沦丧的动因问题。需要探讨孝道衰落或者伦理沦丧是不是现代化的产物。

本书试图回应这两个问题。首先，我们将对家庭资源分配的分析置于三代而不是两代之中。其次，我们探究伦理沦丧与现代化要素之间的关系。

另外，就实证研究而言，"伦理沦丧论"者大多依据一些实地研究和个案访谈的资料，较少进行基于大范围数据的论证。相比之下，目前对养老问题进行深入定量分析的常见切入角度是代际转移，学者们常常关注代际转移的动机[①]、影响因素[②]以及新的特征[③]等，很少对养老实践背后的伦理价值问题进行探讨。既有的"伦理沦丧"认知究竟是理论想象还是现实呈现？这需要翔实数据的检验，本文则试图运用大规模的调查数据对这一问题进行探讨，并对上述认知的产生进行一个方法论的反思。

---

① 陈皆明：《投资与赡养——关于城市居民代际交换的因果分析》，《中国社会科学》1998 年第 6 期；Cai Fang, John Giles and Xin Meng. 2006, *How Well Do Children Insure Parents against Low Retirement Income? An Analysis Using Survey Data from Urban China*, Journal of Public Economics, (90): 2229 - 2255。

② Secondi. 1997, *Private Monetary Transfers in Rural China: Are Families. Altruistic G.* Journal of Development Studies, 1997 (4): 487 - 509.

③ 张烨霞、靳小怡、费尔德曼：《中国城乡迁移对代际经济支持的影响》，《中国人口科学》2007 年第 3 期；Yu Xie & Haiyan Zhu. 2009, *Do Sons or Daughters Give More Money to Parents in Urban China?* Journal of Marriage and Family February。

二 家庭养老与代际支持:一个
简短的文献梳理

对家庭养老行为的研究常常伴随着对代际关系的讨论,其中一个重要的原因便是家庭养老与代际关系密切相关,且家庭养老的实践效果在一定程度上是由代际关系的现状所决定的。研究者将养老与代际关系之间这种概念上的联系称为"将养老视为代际关系的'功能性内容'和代际关系为养老的'结构性条件'"[①]。

古德在他关于家庭结构变迁的名著《世界革命与家庭模式》中指出,伴随社会的现代化发展,家庭将经历从扩大的血亲家庭制度向夫妻式家庭制度的转变,夫妻家庭将最大限度地鼓励和满足个人主义和平等主义的价值观,个人服从家庭、整体利益的传统的家庭关系被瓦解,个人与扩大亲属制度相联系的义务关系亦同时随之削弱[②]。原来由家庭承担的生产、就业、情感支持、教育、福利(照料老人)等功能,随着工业化和现代化的发展开始部分外溢。与此同时,家庭变得越来越核心化,这一家庭结构的变迁被研究者称之为"家庭革命"[③]。许多研究者试图在中国社会中寻找"家庭革命"的踪迹,并探讨这一

---

① 陈皆明:《中国养老模式:传统文化、家庭边界和代际关系》,载边燕杰主编《关系社会学:理论与研究》,社会科学文献出版社 2011 年版;Antonucci, T. C. 1990, *Social support and social relationships.* In R. H. Binstock & L. K. George (eds.), Aging and the Social Sciences, 3rd edn. London:Academic Press;House, J. S. and Kahn, R. L. 1985, *Measures and concepts of social support.* In Cohen, S. & Syme, L. (Eds.). *Social support and health.* Orlando:Academic Press。

② William J. Goode. 1963, *World Revolution and Family Patterns*, New York:The Free Press.

③ William J. Goode. 1963, *World Revolution and Family Patterns*, New York:The Free Press;Smelser. N. *Social Change in the Industrial Revolution:Application of Theory to the British Cotton An Industry.* Chicago:University of Chicago Press.

革命所发生的时间①。部分研究者将共产主义在中国取得胜利作为中国家庭革命（婚姻自由和家庭核心化）的分水岭②。在 Deborah Davis-Friedmann 看来，社会主义政权在中国的成功以及 1949 年以后社会主义政权所推进的社会主义改造使中国传统代际互惠关系的基础开始发生动摇③。社会主义改造以及市场经济的发展都使得曾经作为生产单位的家庭在现代城市经济中失去了其重要性，从而也除去了家庭中长者权威的基础④。新的社会经济条件下，代际支持不再是以家庭长辈的绝对权威为基础，而更多的是建立在平等交流的血缘亲情上⑤。大多数农村父母在获得儿女支持的同时需为他们提供一定的支持，比如照看孩子、做家务等。有学者将老年父母为儿女提供的支持看作是其获得赡养的交换基础⑥。郭于华对一例农村养老纠纷个案的剖析，再现了子女对父母赡养的有条件性，即如若父母对子女不好，或父母没有尽责帮助子女，那么子女便有理由去减少对父母相应的义务⑦。由于过于强调个人的权利与利益，而不重视个人对他人的义务，所以这

---

①　Yang C. K. , 1965, *The Chinese Family in the Communist Revolution*, Cambridge：MIT Press. ; Levy, Marion. 1968, *The Family Revolution in Modern China.* New York：Atheneum. ; Cohen Myron. 1992, "*Family Management and Family Division in Contemporary Rural China.*" The China Quarterly 130：357 – 77.

②　转引自臧小伟《中国家庭研究的发展与近况》，载涂肇庆、林益民编《中国改革时期的社会变迁：西方社会学研究评述》，牛津大学出版社 1999 年版。

③　转引自阎云翔《私人生活的变革：一个中国村庄里的爱情、家庭与亲密关系 (1949—1999)》，龚小夏译，上海书店出版社 2006 年版，第 197 页。

④　Whyte, Martin K. and William Parish. 1984, "*Sexual Inequality under Socialism：The Chinese Case in Perspective.*" *Class and Social Stratification in Post-Revolution China*, edited by J. Watson. New York：Cambridge University Press.

⑤　张再云等：《代际关系、价值观和家庭养老——关于家庭养老的文化解释》，《西北人口》2003 年第 1 期。

⑥　陈皆明：《投资与赡养——关于城市居民代际交换的因果分析》，《中国社会科学》1998 年第 6 期；李霞：《娘家与婆家》，社会科学文献出版社 2010 年版，第 193 页。

⑦　郭于华：《代际关系中的公平逻辑及其变迁——对河北农村养老模式的分析》，《中国学术》2001 年第 4 期。

种新兴的个人主义具有强烈的扭曲性；这样的个人不具备公民的基本道德素质，因此是无公德的个人（uncivilized individual）①。

对农村家庭养老以及代际支持的相关研究发现，在"家庭革命"与市场意识的双重冲击之下，维系传统代际关系的整合纽带与社会基础皆已发生变化，进而使得费孝通先生所勾画的"抚养—赡养"的代际互惠模式发生了变异，即当子代年幼时接受了亲代的抚育而其成年后却拒绝（或有条件地）承担为亲代提供赡养的义务。在这一背景下，老人获得子代的赡养资源不再是"天经地义"的事情，老人能否获得子代的赡养及获得赡养资源的质量如何，一方面，取决于他（或她）所处社区舆论力量（包括社区养老情理的认同力量等）的大小②；另一方面，也取决于在现实生活中老人能否为子代提供实质性的帮助与回报③。有影响的人类学研究业已指出，养老实践中所凸显的"公平逻辑"较之于传统已经发生了改变：现在年轻人将与父母的关系更多看成个人之间平等的权利义务关系④。研究者对这种新的"公平逻辑"形成的分析非常类似于古德对相关问题的描述，古

---

① 阎云翔：《私人生活的变革：一个中国村庄里的爱情、家庭与亲密关系（1949—1999）》，龚小夏译，上海书店出版社 2006 年版，第 20 页。

② 杨善华、吴愈晓：《我国农村的"社区情理"与家庭养老现状》，《探索与争鸣》2003 年第 2 期；狄金华、钟涨宝：《社区情理与农村养老秩序的生产》，《中国农业大学学报》（社会科学版）2013 年第 2 期。

③ 陈皆明：《投资与赡养——关于城市居民代际交换的因果分析》，《中国社会科学》1998 年第 6 期；笑冬：《最后一代传统婆婆?》，《社会学研究》2002 年第 3 期；李霞：《娘家与婆家》，社会科学文献出版社 2010 年版，第 193 页；Secondi G. 1997，"*Private monetary transfers in rural China：Are families altruistic?*"，Journal of Development Studies 33，487 - 511；Cai Fang，John Giles and Xin Meng. 2006，"*How Well Do Children Insure Parents against Low Retirement Income? An Analysis Using Survey Data from Urban China*"，Journal of Public Economics，90：2229 - 2255.

④ 郭于华：《代际关系中的公平逻辑及其变迁——对河北农村养老模式的分析》，《中国学术》2001 年第 4 期；阎云翔：《私人生活的变革：一个中国村庄里的爱情、家庭与亲密关系（1949—1999）》，龚小夏译，上海书店出版社 2006 年版。

德认为在西方代际之间的角色协商概念因工业化而发生了改变①，工业化及其所裹挟的现代化影响了个体的认知并改变了传统的代际关系与代际认知。这可以称为对家庭养老问题的现代化解释框架。

另外，费孝通先生早在其提出"抚育—赡养"的反馈模式时就指出，反馈模式可以划分为三个时期，"第一时期是被抚育期，第二期是抚育子女期，第三期是赡养父母期。其中第二期和第三期可能有相当大的重合"。如果囿于亲代与子代两代关系的视角，则势必无法更细致、全面地展现家庭养老所勾连的家庭资源分配图景。实际上，供给赡养资源的家庭成员（子代）通常是面临"上有老、下有小"的情况，因此对家庭资源分配的分析也应当将其置于三代而不是两代之中。

正是基于上述考虑，本文拟以费孝通对"抚育—赡养"关系三个时期的分析作为出发点，试图通过引入代际关系链来探析农村家庭养老中"养老资源匮乏导致养老危机"现象背后的伦理议题，探讨其实质及动因。

三　中国家庭资源的代际分配：分类与假设

如前文所述，伦理沦丧论者将"抚育—赡养"关系置于两代之间进行考察（见图9-1），当子代（F2）年幼时接受了亲代（F1）的抚育而其成年后拒绝（或有条件地）承担为亲代提供赡养的义务，研究者便将这种代际互惠失衡现象与其背后的伦理法则联系起来，视之为"伦理沦丧"的表征。但当研究者将对"抚育—赡养"关系的观察维度置于三代人之间进行分析时（见图9-2）则可以发现，对于一个完整的成年家庭而言，其面临着"上有老、下有小"的状况，其家庭资源需要在三代之间进行分配。当子代（F2）减少了对亲代（F1）

---

①　曹诗弟、泥安儒：《"他是他，我是我"：中国农村养老中的个体与群体》，载贺美德、鲁纳编著《"自我"中国：现代中国社会中个体的崛起》，上海译文出版社2011年版。

赡养资源的供给，并不必然是因为"无公德个人的兴起"，其行为亦不必然导致子代自身（F2）"福利"的增长，他可能将资源更多的用于帮扶自己的子代（F3）。正是因为如此，若要更细致地理解与把握当下家庭资源的分配及其背后的代际关系，则需要将家庭资源的分配行动置于完整的代际链（三代）之中予以考察。

$$F_1 \rightleftarrows F_2 \leftarrow\!\!\rightarrow F_3 \leftarrow\!\!\rightarrow F_4 \qquad F_1 \leftarrow\!\!\rightarrow F_2 \leftarrow\!\!\rightarrow F_3 \leftarrow\!\!\rightarrow F_4$$

图 9 - 1　两代视域中的代际研究　图 9 - 2　三代视域中的代际研究

本章依据家庭资源分配中的代际优先性提出一种分类方法，即将家庭资源分配中的"亲代优先性"和"成年子代优先性"结合起来，得到一个 2×2 列表，将家庭资源的代际分配分成 4 种亚类型（见表9 - 1）。

表 9 - 1　　　　　　　　　　家庭资源代际分配的理想类型

		为父母提供赡养	
		优先	非优先
为成年子女提供帮扶	优先	Ⅰ（上下位平衡型）	Ⅲ（下位优先型）
	非优先	Ⅱ（上位优先型）	Ⅳ（自我优先型）

第Ⅰ类在理论上存在"模糊性"，因为"优先"本身是一种竞争性的状态，从理论上讲"优先为父母提供赡养"同"优先为成年子女提供帮扶"不可兼得。我们将那些在资源分配时对"赡养父母"和"帮扶子女"都很重视的家庭"模糊"地归为"上下位平衡型"。由于在家庭资源有限的情况下，个体在代际间进行资源分配时总倾向于达成一个优先顺序，所以"上下位平衡型"的资源代际分配模式具有不稳定性，它极有可能迅速向其他模式转换，因此可以将其视为向其他类型转化的过渡状态。第Ⅱ类在家庭资源分配时，优先考虑父母的赡养需求，而不是对子女的帮扶或用于自己的花费。这种分配模式与

传统孝道伦理的要求具有很高的契合性①，我们称之为"上位优先型"。第Ⅲ类在家庭资源分配时，优先考虑自己成年子女的帮扶需求，而不是父母的赡养和自我的使用，其家庭资源的代际分配具有明显"下位优先"的特点。第Ⅳ类则是在进行家庭资源分配时，父母的赡养和自己成年子女的帮扶都不具有优先性，而是将其优先用于自己（和配偶）的花费。这是一种"自我优先型"的分配方式。根据这一理论分类，我们可以将代际支持情况进行如下进一步分类（见表9－2）：

表9－2 家庭资源代际分配类型

对父辈支持的净值（A）	对子代支持的净值（B）	对父辈与子代净支持的关系（A&B）	类 型
正	正	A = B	Ⅰ（上下位平衡型）
正	负或者零	A > B	Ⅱ（上位优先型）
正	正		
负或者零	正	A < B	Ⅲ（下位优先型）
正	正		
负或者零	负或者零		Ⅳ（自我优先型）

① 在传统中国社会之中，其伦理体系是以儒家伦理为重心，后者则又是以"行仁"为核心、以"行孝"为根本。在伦理本位的社会之中，以孝处理代际关系及"伦常"道德秩序的基础，其中横向的夫妻关系服从于纵向的代际关系。不仅如此，在纵向的代际关系中，个体可以作为父亲剥夺子女的相关权益，但不可作为子女损伤父母的权益。在帝国时代晚期的法律体系中，卖掉甚至杀掉一个不顺从的孩子是被许可的，而攻击父母则是死罪。在二十四孝中，以牺牲自己的子女而满足父母的行为（如"埋儿奉母"）被受到嘉奖和颂扬。叶光辉、杨国枢：《中国人的孝道：心理学的分析》，重庆大学出版社2009年版，第4页；梁漱溟：《中国文化要义》，上海人民出版社2005年版，第81页；谭同学：《桥村有道——转型乡村的道德、权力与社会结构》，生活·读书·新知三联书店2010年版，第444页；瞿同祖：《清代地方政府》，法律出版社2003年版，第15—27页；怀默霆：《中国家庭中的赡养义务：现代化的悖论》，《中国学术》2001年第4期。

　　从家庭资源代际分配中的利己和利他来区分，四种亚类型中，唯有第Ⅳ类是将自我（含配偶）的使用置于优先位置，才可以称之为"伦理沦丧"或者公德丧失。第Ⅲ类虽然与传统的"上位优先"型不同，不符合传统孝道伦理对家庭资源代际分配的要求，但并不能因此说这是一种"伦理危机"或"伦理沦丧"的现象，它或许只是"伦理转向"的表征。

　　借由上述家庭资源代际分配的理想类型图式作为解析框架，对部分研究者所观察到的"赡养资源供给缺乏凸显养老中的伦理危机"的现象进行深入剖析，则可以发现，在排除家庭资源绝对稀缺的状态下，出现亲代赡养资源匮乏者主要存在两种资源分配方式的家庭之中，即自我优先型（Ⅳ）和下位优先型（Ⅲ）的分配，而这两种分配类型背后事实上存在着两种具有竞争性的解释：家庭现代化理论和伦理转向假说。

　　家庭现代化理论是以家庭成员——个体——的现代化作为基本的分析起点，"强调个人主义价值观念与夫妇式家庭制度间的适应性，以及核心家庭制度与工业化之间的适应性"[①]。当传统农业社会中以"父子同一"为核心的家庭关系[②]转化成现代工商社会中以夫妻为主体的家庭关系[③]后，家庭中的孝道发生衰落；由于孝道是促使成年子女自觉奉养年老父母[④]、给予双亲情感、金钱与劳务等支持[⑤]的重要

---

　　① 唐灿：《家庭现代化理论及其发展的回顾与评述》，《社会学研究》2010年第 3 期。

　　② 许烺光：《祖荫下：中国乡村的亲属、人格与社会流动》，王芃、徐隆德译，南天书局 2001 年版，第 225 页。

　　③ 叶光辉、杨国枢：《中国人的孝道：心理学的分析》，重庆大学出版社2009 年版，第 38 页；Lin，Chien. 1985，"*The intergenerational relationships among Chinese immigrant families：a study of filial piety*"，Ann Arbor，Mich.：UMI。

　　④ Ishii-Kuntz，Masako. 1997，"*Intergenerational Relationships among Chinese，Japanese，and Korean Americans.*"Family Relations 46：23 – 32.

　　⑤ Cicirelli，Victor G. 1983，"*A Comparison of Helping Behavior to Elderly Parents of Adult Children with Intact and Disrupted Marriages*".Gerontologist 23（6）：619 – 625.

文化机制，孝道的衰落将使得年老父母的赡养资源难以保障。而且依据古德和阎云翔的研究结论，伴随着现代化对传统孝道伦理的冲击与瓦解，"无公德的个人"将随之兴起并扩散。根据这一机制，我们提出个体现代化程度影响资源代际分配的自私假定。

假设1：个体的现代化程度越高，其在进行资源代际分配时越可能成为伦理沦丧者。

正如前文所界定的那样，在资源的代际分配中"伦理沦丧"特指"纯粹的利己"，即在资源分配的过程中"非利他"——既不利父辈也不利子辈。因此，假设1事实上蕴含着两个相互关联的维度，即个体的现代化程度越高，其对父辈的赡养资源供给越少，同时对子代的帮扶资源也越少。如果仅仅是伴随着个体的现代化程度增高，其对父辈的赡养资源供给越少（出现养老困境），而对子代的帮扶资源未必越少，则不能简单地宣称因现代化导致个体主义兴起而致使家庭养老呈现出"伦理沦丧"。只有对父辈和子辈的资源供给都减少，才可以说明个体的现代化程度使得其在代际资源分配时呈现"伦理沦丧"的特征。

对个体现代化程度的测量是一个非常复杂的问题，结合数据资料的可获得性（即本章所使用的 CHARLS 数据结构），笔者采取如下四个方面进行操作化，并进而获得四个备检验的具体研究假设。

既有的研究表明，教育对个体的认知和行为产生了显著影响。主流的观念认为，教育通过知识的积累和认知发展，从根本上改变了人们对传统规范与责任的容忍[1]，进而使人们更加倾向于追求个体的权利。需要指出的是，对教育影响行为的分析还存在另一种截然相反的理论解释，即"启蒙主义"（principle of enlightenment）。该理论认为，教育所具有的启蒙特质向人们传递一种同情贫困和弱势群体的价值观[2]，受教育程度高者更有可能为年迈的父母提供赡养资源。但中国

---

[1] 李骏、吴晓刚：《收入不平等与公平分配：对转型时期中国城镇居民公平观的一项实证分析》，《中国社会科学》2012年第3期，第119页。

[2] Robinson, Robert V. and Wendell Bell. 1978. "*Equality, Success and Social Justice in England and the United States.*" American Sociological Review 43：125 – 143.

的教育体系传递的核心价值本身具有反传统性，当"集体化终结，国家从社会生活多方面撤出之后，社会主义的道德观也随之崩溃"后①，此时在"道德真空"的场域中个体更容易强调个人享受的权利，并将个人的欲求合理化。相比之下，我们认为在农村社区接受较少教育启蒙的个体可能更容易受传统伦理规范的约束，进而遵循伦理规范的要求为父母提供赡养资源。据此，本章结合教育的功能与家庭现代化理论，在假设1的基础上提出假设1a：

假设1a：个体的教育程度越高，其同时为父母和成年子女提供的赡养或帮扶资源就越少。

除了教育，外出务工经历与非农就业也被研究者用来讨论农民的现代化特征，并认为二者对其赡养行为产生影响。外出务工经历究竟在多大程度上会影响个体对父母的经济供养，以及行为背后的发生机制，这是一个极为复杂的问题。有研究指出，成年子女的外出务工并未改善留守老人的生活条件，相反老人的经济负担因子女的外出而加重②；同时亦有学者提出相反的观点，即外出的子女因收入的改善而更有可能增加对老人的经济支持，以补偿因外出而带来的照料缺位③。这种看似相异的观点背后却存在着一致逻辑，即外出务工通过改变个体（家庭）的经济收入而影响其对父母的赡养。这一研究路径存在着一个明显的不足，即未能有效区分出外出对子女赡养能力与赡养意愿的内在区别。我们认为较之于赡养能力而言，赡养意愿对子女的赡养

---

① 阎云翔：《私人生活的变革：一个中国村庄里的爱情、家庭与亲密关系 (1949—1999)》，龚小夏译，上海书店出版社 2006 年版，第 260 页。

② 叶敬忠、贺聪志：《农村劳动力外出务工对留守老人经济供养的影响研究》，《人口研究》2009 年第 4 期；Skeldon, Ronald. 2001, *Ageing of rural populations in South-East and East Asia. In：The world ageing situation：exploring a society for all ages.* United Nations。

③ 杜鹏、丁志宏：《农村子女外出务工对留守老人的影响》，《人口研究》2004 年第 6 期；张文娟、李树茁：《中国农村老年人的代际支持：应用对数混合模型的分析》，《统计研究》2004 年第 5 期；John Knodel, Chanpen Saengtienchai. 2007, *Rural parents with urban children：Social and Economic implications of migration on the rural elderly in Thailand.* Population, Space and Place, 13：193 – 210。

行为产生更为直接的影响。有研究指出，迁移会导致人们的传统养老观念淡化，降低老年人和社区对子女的控制能力，从而削弱老年人的经济供养体系[1]。此外，由于城市文化的多元性具有弱化家庭对老年人支持保障的功能[2]，因此城市的生活经历本身会改变流动人口的生活方式和价值观[3]，使他们较之于身处乡村社会中的成员更不容易受到传统伦理与习俗的约制。因此，如果行为者拥有外出务工经历、收入中非农收入的比例越高，他越有可能降低对传统规范与责任的容忍，进而为老人提供较少的赡养资源。据此，本章提出如下假设 1b 和假设 1c：

假设 1b：与无外出务工经历者相比，有外出务工经历者同时为父母和成年子女提供的赡养或帮扶资源要少。

假设 1c：家庭中非农收入在总收入中比例越高者，其同时为父母和成年子女提供的赡养或帮扶资源就越少。

赡养行为的形成是行为者在特定的社会结构中"社会化"的结果，在现代化特征更明显的社区，社会结构之中具有更多的"现代"因子，它更有可能促使身处其中的个体摆脱传统规范的约束。人类学的研究业已指出，村落的交通是影响村落发展与现代化程度的重要因素[4]，一个村落开通了便捷的交通工具，它便具有更多的"现代"因子。由此，本章提出以下假设 1d：

假设 1d：与未开通公共汽车的社区内成员相比，开通公共汽车的社区内成员同时为父母和成年子女提供的赡养或帮扶资源要少。

---

[1]　Chan，Angelique. 1999，"*The Social and Economic Consequences of Ageing in Asia*". South east Asian Journal of Social Science 27（2）：1 – 18；Hermalin A I. 2002，*Aging in Asia：Facing the Crossroads. The Wellbeing of the Elderly in Asia：A Four Country Comparative Study.* Ann Arbor：University of Michigan Press.

[2]　张友琴：《城市化与农村老年人的家庭支持》，《社会学研究》2002 年第 5 期。

[3]　Du，P. and P. Tu. 2000，*Population Ageing and Old Age Security*. The Changing Population of China，Blackwell Publishers.

[4]　［加］宝森：《中国妇女与农村发展——云南禄村六十年的变迁》，胡玉坤译，江苏人民出版社 2005 年版，第 6—22 页。

通过上述的分析，可以发现，只有同时验证了现代化程度越高的个体对父辈和子辈的供给资源都越少，以自私假定为基础的"伦理沦丧"论断才算成立。如果仅仅证明现代化程度越高的个体对子辈的供给资源越少，则并不能说明"伦理沦丧"论断成立，因为有可能这是"上位优先型"的资源分配；同理，当仅证明现代化程度越高的个体对父辈的供给资源越少，则并不能说明"伦理沦丧"论断成立，因为有可能这是"下位优先型"的资源分配。正是因为如此，对部分研究者观察到的"赡养资源供给缺乏导致养老危机"现象便存在第二种解释，即个体可能将家庭资源更多地用于对成年子女的帮扶，从而导致对父母供养资源的不足。

已有研究发现，尽管从法律上讲，子女年满 18 周岁即已成年；按照习俗，子女结婚后"父母的人生任务"也就完成了，但正如前文所讲，即便是子女成年成家，父母总还是"担心孩子一旦没有父母的支持就会种不好田、沾染坏毛病、乱花钱等等"[①]。于是"扶上马再送一程"的心态在父母中普遍存在。特别当自己的父母（即子女的爷爷奶奶）身体健康状态较好，尚能"自食其力"时，父母对成年子女的帮扶表现得尤为明显，他们往往将家庭资源主要用于帮扶成年子女，而不是供养年老的父母。如果是这样，我们只能说中国传统对父母赡养的无条件的尽心尽力的那种孝道可能是衰落了，但是其背后的原因并不是无公德个体的出现，而是出现了新的家庭代际关系伦理——逆反哺伦理，强调对成年子女的进一步支持与帮助，认为人们出于自私、无公德而导致的"伦理沦丧"却没有出现。加之，一个家庭的资源总是有限的，它在对成年子女帮扶上的支出必然会降低对父母赡养资源的供给。据此，本章提出一个与自私假定相对应的竞争性解释，即家庭伦理转向假设：

假设 2：个体的现代化程度越高，其在进行资源代际分配时越可能成为下位伦理优先者。

由于资源分配中的下位伦理优先的一个主要表现是对子代的资源

---

① 阎云翔：《私人生活的变革：一个中国村庄里的爱情、家庭与亲密关系 (1949—1999)》，龚小夏译，上海书店出版社 2006 年版，第 201 页。

供给大于父辈，同时基于前文假设 1 的推演过程，假设 2 又可以具化为如下假设：

假设 2a：个体的教育程度越高，其越倾向于将更多的资源供给给成年子女而非父母。

假设 2b：与无外出务工经历者相比，有外出务工经历者越倾向于将更多的资源供给给成年子女而非父母。

假设 2c：家庭中非农收入在总收入中比例越高者，其越倾向于将更多的资源供给给成年子女而非父母。

假设 2d：与未开通公共汽车的社区内成员相比，开通公共汽车的社区内成员越倾向于将更多的资源供给给成年子女而非父母。

四　数据、模型及变量处理

（一）数据

本研究利用中国健康与养老追踪数据调查（CHARLS）2011 年基线调查数据进行分析。CHARLS 是由北京大学国家发展研究院执行的一项旨在收集代表中国 45 岁及以上中老年人家庭和个人数据的大型追踪调查，在全国 28 个省 150 个县区的 450 个村（居）中开展，共调查了 10229 户家庭。

家庭资源的代际流动是非常复杂的，尤其是当家庭成员居住在一起的时候，很难测量。所以，把不居住在一起的家庭成员之间的资源交往作为考察和分析重点，以此来折射中国家庭的代际支持状况，是一个常用的替代分析策略。这样的考察方式虽然会遗漏掉一些有价值的信息，但对于在三代之间考察资源的代际流动则特别合适，因为只有不住在一起的时候，他们各自更容易将自己视为独立的家庭，这样才能更为清晰地考察三代之间的资源流动情况。由于本章的侧重点和较为独特的视角是希望能将第三代纳入分析框架，因此选择的具体家庭是以被抽中的调查者为成年代，必须同时包括不同住的父辈（父母或者公婆、岳父母）和子辈（孩子或者孙子）。最终我们选取了符合上述条件的 2624 位 45 岁以上农村被访者作为具体的分析对象。

（二）模型设置

在对中国农村家庭代际支持状况进行多方面的描述之后，我们将着重考察个体和社区的现代化特征对其家庭代际支持的影响，进而再考察这些现代化特征对个体代际支持优先顺序的影响。具体说来，先以"对父辈的经济支持"、"对子代的经济支持"为因变量，以教育程度、非农务工经历、非农收入占比、社区开通公共汽车等为自变量，以城乡属性等基本人口学特征及地区变量为控制变量，进行多元回归分析。考虑到代际支持有相互性，个体对父辈和子代进行经济支持的同时，他们的父辈和子代也可能同时在对他们进行着代际支持，所以我们的模型因变量分为提供的经济支持量和提供的净支持量两类。前者只考虑个体的付出，直接做多元线性回归模型。后者是用个体的付出减去另一方的支持之后得到的个体付出的经济支持的净值，这个值有可能是负的，也就是说，个体实际上是从父辈或子代处获得经济支持。对于经济支持的净值，我们认为将之进行分类更能反映问题，因此做的是多分类的 logit 模型。

之后，我们将对个体的家庭代际支持进行结构解析，以个体对父辈和子代的经济支持占总经济支持的比例以及这二者的比值为因变量，进行多元线性回归分析，考察现代化特征对其的影响，试图更细致地把握中国农村家庭代际支持的特征。

（三）变量处理

本研究的因变量是家庭资源的代际支持状况，我们分别从"对父辈的资源供给"、"对子代的资源供给"及二者的对比三个方面进行考察。

需要说明的是，家庭代际支持包括提供经济资源、劳力资源以及情感资源 3 种方式。由于受传统观念的影响，农村家庭代际之间很少进行正式的情感表达，同时在现实生活中很难区分出针对父母的劳力资源供给。而且，对于农村家庭赡养而言，经济供给是赡养资源供给的最重要维度。因此本研究并未将情感资源和劳力资源纳入分析框架，只将经济资源供给作为分析重点。这种做法也许有些片面偏颇，但是一方面它有助于我们比较简明地分析问题；另一方面，本章的侧重点是希望为理解这一现实问题提供一个新的分析框架，所以我们觉得这样做是可行的。

本研究对因变量"家庭代际支持"的建构过程如下：

首先，把对自己父母、对配偶父母的资源供给统称为"对父辈的资源供给"，包括调查前一年定期给这些人（如果健在并和被调查者不住在一起）的钱、定期给的物品折算为钱、不定期给的钱、不定期给的物品折算成钱的和，加上被调查者自己提到的给父母的大笔钱财或物品（不局限于被调查的前一年）。类似地，本研究把对所有不住在一起的孩子以及孙子（女）① 的资源供给统称为"对子代的资源供给"，把调查前一年定期给所有这些人的钱、定期给的物品折算为钱、不定期给的钱、不定期给的物品折算成钱的和，加上被调查者自己提到的给孩子的大笔钱财或物品（不局限于被调查的前一年）。按照惯例，将这些因变量都（加1）取对数。

其次，为了更好地考察家庭资源的代际分配，必须考虑资源流动的方向。我们以被调查者为中心考察点，将他对父辈的资源供给减去父辈对他的资源供给，得到"对父辈的净支持"这一变量，得到的结果有正有负，这个正负反映的是代际流动的方向。粗糙地划分，其中0为独立者，即给父母的资源与父母给自己的资源相当，为参照组；1为啃老者，即自己给父母的资源不及父母给自己的资源多；2为养老者，他们给父母的资源更多。同理，以被调查者对子代（包括孙子女）的资源供给减去子代对他的资源供给，得到"对子代的净支持"这一变量，分别为独立者、被养老者和养小者。

另外，我们认为个体对父辈和子代的经济支持的相对构成也非常重要，就是说，不论父辈及成年子代对被调查对象的支持如何，我们只看被调查者所付出的代际资源是怎么在父辈和子代中进行分配的，这很能说明其倾向性。把对父辈和子代的经济支持除以个体

---

① 由于对孙子（女）的资源供给客观上形成了对子女的帮扶，因此在统计中我们将对孙辈的资源供给也纳入到对子代的帮扶之中。实际上，数据显示，对孙辈的资源供给量并不是很大。

所付出的代际支持总额，得到"对父辈经济支持的比例"和"对子代经济支持的比例"，将结果乘以 100 转换为百分比便于解读。同时把对子代提供的经济支持除以对父辈提供的经济支持得到"代际支持比值"①，并对其（加 1）取对数，考察现代化因素对代际支持结构的影响。

如前所述，本章主要关注点之一在于探讨现代化程度与家庭代际资源分配原则的关系，所以主要的自变量包括：受教育程度、外出务工经历、非农收入占比、社区现代化程度四个。控制变量则包括性别、年龄、收入等常见人口学变量以及地区变量。

具体说来，"受教育程度"分为文盲（没上过学）、小学及以下（包括半文盲、读私塾者和小学文化程度者）、初中及以上（包括初中、高中、技校、大专、本科等）。做这样粗略的划分是因为样本的受教育程度偏低，文盲及小学以下教育程度者合计超过三分之二，初中及以上学历者不足三分之一，对这之上的人群再进行细分会导致每组的人数过少，目前这样的分法比较能体现农村中的教育程度差异（是否文盲可能是较为重要的区分），也比较均衡（见表 9-3）。只要曾经在其他社区劳动（各种形式）过，就算有"外出务工经历"。被访者在调查前一年家里生产的农产品和林产品价值、家禽家畜水产品价值、牲畜副产品价值、企业净收入以及家庭所有成员的工资收入及转移支付总和构成家庭总收入，除去农产品和林产品价值之外其他几项非农收入占总收入的比例就是"非农收入占比"，将其乘以 10 便于解读。"社区现代化程度"用村子"是否通公汽"来衡量。

---

① 为避免对父辈提供的经济支持为 0 导致无法相除的情况，我们对其进行加 1 处理。由于相对而言，1 元钱对我们的分析不会产生什么大的实质影响，这样的处理不会影响计算结果及解读。

变量名称	统计值（%）	变量名称	统计值（%）
教育		通公汽的村庄	53.8
文盲	23.6	不通公汽的村庄	46.2
小学及以下	44.6	女性	49.9
初中及以上	31.9	男性	50.1
有外出务工经历	40.6	非农收入比例	61.1（42.3）
无外出务工经历	59.4	收入（元）	2938（8083）
省份	略	年龄	56.1（7.4）

表 9 - 3　　　　　　　　　变量描述性统计①

注：括号内为标准差。

表 9 - 3 数据显示，由于被调查者来自农村且年龄偏大（均值为56.1 岁），样本的教育程度和年收入均较低，平均年收入仅为 2938元，超过四成人有外出务工经历，非农收入占家庭总收入的比例平均超过 60%，超过半数村庄通了至少一路公共汽车。

五　中国农村家庭资源的代际分配

下文先描述中国农村家庭代际支持状况。其次，分别考察现代化要素对父辈和子代支持的影响，由此来探讨会不会随着现代化而出现伦理危机。之后，我们会对代际支持的具体构成进行进一步的分析，归纳出中国农村家庭代际支持的新趋势。

（一）中国农村家庭代际支持状况

表 9 - 4 数据显示，人们对父辈的经济赡养资源提供很有限，平均只有 635（407＋228）元，剔除父母对自己的支持之后的净支持金额均值更是低达 519 元。相反，对子代的经济支持力度则大得多，支持量和净支持量分别为 11875（11609＋266）元和 9050 元，是对父母经济支持

---

① 由于本章的计算层次比较多，另列表 4 对因变量进行全面丰富的呈现，这里集中介绍文中模型所用到的自变量和控制变量。由于省份是控制变量且取值类别过多（28 个省级单位），为使行文简洁略去。

的近二十倍。这也许是养老危机和伦理沦丧论提出的经验基础之一。数据还显示，对父辈的经济支持总体而言差异（标准差）较小，而对子代的支持差异程度非常大。在引入现代化要素进行分析后，我们发现，不论哪个群体，人们对父辈的经济支持都远远低于对子代的经济支持。虽然偶有不同，但总体而言，人们的现代化程度越高，他们的代际支持水平越高，不论对父辈还是子代的经济支持都越多。

表 9－4 　　　　　　中国农村家庭代际支持状况 　　　　（单位：元）

	对男方父母的支持	对女方父母的支持	对父辈的净支持	对成年子女的支持	对孙子女的支持	对子代的净支持
农村总体情况	407	228	519	11609	266	9050
	(4141)	(1098)	(4679)	(38363)	(2613)	(39591)
教育：文盲	169	161	287	7106	149	4760
	(1219)	(648)	(1470)	(26049)	(726)	(27161)
小学以下	319	209	475	9954	155	7283
	(2032)	(1087)	(2696)	(34499)	(901)	(35437)
初中以上	706	302	750	17222	509	14665
	(6840)	(1343)	(7537)	(48985)	(4451)	(50650)
外出务工经历（无）	314	177	343	10484	345	8208
	(1917)	(780)	(3112)	(36546)	(3314)	(37806)
（有）	543	301	772	13231	154	10265
	(6042)	(1419)	(6278)	(40805)	(901)	(42022)
非农收入比（0—20%）	166	172	257	8841	170	6281
	(615)	(766)	(1283)	(30515)	(997)	(32309)
（21%—80%）	464	158	562	10707	164	8474
	(4242)	(427)	(4440)	(38326)	(714)	(38138)
（81%—100%）	520	284	647	13465	358	10788
	(5104)	(1384)	(5843)	(42005)	(3515)	(43499)
是否通公汽（否）	312	173	313	10025	176	7373
	(2979)	(577)	(3820)	(33801)	(994)	(34871)

	对男方父母的支持	对女方父母的支持	对父辈的净支持	对成年子女的支持	对孙子女的支持	对子代的净支持
（是）	488	274	694	12958	344	10478
	（4919）	（1394）	（5296）	（41822）	（3434）	（43168）

注：括号内为标准差。

（二）　中国农村家庭代际支持的影响因素分析

表9-5是农村居民代际支持的多元回归分析结果。我们通过考察教育程度、外出务工经历、非农收入占家庭收入的比例、所在社区是否通公汽等几个变量对家庭代际支持的影响来考察现代化程度的影响。之所以将上述因素纳入到分析视野之中，主要是因为我们认为教育程度高、有外出务工经历、非农收入占家庭收入比例高、所在社区通公汽的农村居民，他们的现代化程度更高，如果这些人的代际支持水平更低，我们便可得出推论：伴随着中国的现代化进程，农村的家庭伦理危机可能出现。

表9-5　　　　现代化要素对农村居民代际支持的影响[①]

	模型1	模型2		模型3	模型4	
	对父辈的支持	对父辈净支持		对子代的支持	对子代净支持	
		需父辈支持	支持父辈		需子代支持	支持子代
教育（参照：文盲）						
小学以下	-0.05	0.14	-0.01	0.33	-0.13	0.14
	（0.17）	（0.39）	（0.13）	（0.23）	（0.14）	（0.15）
初中以上	0.42*	0.43	0.14	0.81**	-0.25	0.37*

---

①　模型1和模型3的因变量是代际支持（+1）取对数。模型2和模型4的基准模型的净支持为0的人。模型均加入了省级单位为地区控制变量，以尽力避免遗漏变量造成的内生性问题。因为省级单位有28个，为节约空间，未在表格中呈现其系数。

续表

	模型1	模型2		模型3	模型4	
	对父辈的支持	对父辈净支持		对子代的支持	对子代净支持	
		需父辈支持	支持父辈		需子代支持	支持子代
	(0.21)	(0.41)	(0.15)	(0.30)	(0.16)	(0.17)
外出务工经历	0.31*	-0.08	0.24*	0.33+	0.34**	0.28*
	(0.14)	(0.29)	(0.10)	(0.20)	(0.12)	(0.12)
非农收入比例	0.03+	0.04	0.02*	0.04+	0.01	0.02
	(0.02)	(0.04)	(0.01)	(0.02)	(0.01)	(0.01)
是否通公汽	0.54***	-0.69*	0.32***	-0.03	-0.01	-0.01
	(0.14)	(0.29)	(0.10)	(0.20)	(0.12)	(0.12)
女性	-0.43**	-0.25	-0.30**	-0.20	0.00	-0.13
	(0.16)	(0.33)	(0.11)	(0.22)	(0.13)	(0.13)
年龄	-0.09***	-0.04*	-0.07***	-0.06***	0.06***	-0.02*
	(0.01)	(0.02)	(0.01)	(0.01)	(0.01)	(0.01)
收入（万元）	0.30***	0.10	0.22**	0.34*	-0.29**	0.05
	(0.09)	(0.17)	(0.06)	(0.14)	(0.10)	(0.07)
省级单位（安徽）	略	略	略	略	略	略
常数项	8.01***	-0.31	3.39***	6.75***	-3.52***	0.70
	(0.62)	(1.24)	(0.48)	(0.90)	(0.60)	(0.58)
(Pseudo) R^2	0.12	0.09	0.10	0.09		

注：1. 显著性水平： $+p < 0.1$ ， $*p < 0.05$ ， $**p < 0.01$ ， $***p < 0.001$ 。

2. 教育程度、外出务工经历、是否通公汽、性别的参照组为"文盲""无""否"和"男性"。

3. 模型1和模型3的因变量是代际支持（加1）取对数。模型2和模型4的因变量参照类为"净支持为0的人"。模型均加入了省级单位为地区控制变量，以尽量避免遗漏变量造成的内生性问题。因为省级单位有28个，为节约空间，未在表格中显现其系数。

对表9-5中四个模型的审视可以发现，虽然有少数例外，但总体而言，个人受教育程度、外出务工经历、非农收入占家庭收入的比例、社区通公汽情况等衡量现代化程度的指标对个人的代际支持供给有正向影响。也就是说，现代化程度越高的个体，他们对父辈和子代的经济支持都越多。具体说来，在其他条件不变的情况下，读了初中的农村居民，他们对父辈的支持比没读过书的人平均要多 52.2%（$e^{0.42}-1$），对子代的支持要多 1.25 倍（$e^{0.81}-1$）。有外出务工经历的农村居民，他们对父辈的支持比没有外出务工经历的人平均要多 36.3%，对子代的支持要多 39.1%。非农收入占家庭收入的比例提高 10%，对父辈的经济支持提高 3%，对子代的经济支持提高 4%。住在通公汽村子里面的人，对父辈的经济支持提高 71.6%，对子代经济支持的影响则不显著。这些变量对净支持的多分类 logit 模型结果也基本类似，就不一一说明了。

对比前文提出的假设，我们发现，假设 1 没有得到验证，个体现代化程度越高，他对父辈和子代的代际支持都有相应提高，更别论同时都降低了。因此可以谨慎地得出结论，目前中国农村养老问题中的伦理沦丧现象也许并不成立，用家庭现代化理论来解释伦理沦丧更是不合适的。

那么，目前中国农村家庭中的养老资源也确实有不充裕的情况，前面表 9 - 4 显示，个体对父辈的经济支持量平均值大大低于对子代经济支持的平均值，这又是怎么回事呢？家庭代际资源流动是不是也确实出现了一些新的趋势和特征呢？下面我们通过对家庭代际支持的结构解析来探讨这个问题。

（三）中国农村家庭代际支持的结构分析

考虑到均值容易受极端值的影响，表 9 - 4 也显示被调查者对子代经济支持量的标准差远大于对父辈经济支持量的标准差。为了更全面细致地了解中国农村家庭代际支持状况，我们还需考察啃老的、养老的、互相独立的以及养小的、被养的、相互独立的这些代际支持类型所占比率。抛开经济支持的量而单单考察比率时，我们发现，超过一半的农村居民不给父母经济支持，也不从父母处获得经济支持，维持一种平衡。超过三分之一的农村居民与子代之间形成了这种代际经济支持的平衡。然而，四成以上的农村居民确实是为父辈提供了经济支持的，反而需要父母为自己提供经济支持的人所占的比例仅为 2.4%。从经济支持的代际差值来看更为清晰：给子代钱多过父辈的比例仅为27.4%，给父辈钱超过子代的比例则高达46.2%（见表9－6）。可见，在农村相当多的家庭中，对父辈的支持尚多于对子代的支持，优先养老者占比是最大的，家庭资源的分配中仍具有明显"传统"色彩，这说明"伦理沦丧"的论断确实可能更多的是基于农村调查中的极端个案。

表9－6　　　　　　　中国农村家庭代际支持流向分类　　　　（单位:%）

	给父辈的净支持	给子代的净支持	差值（给子代—给父辈）
>0	42.7	29.2	27.4
=0	54.9	38.8	26.4
<0	2.4	32.0	46.2

既然如此高比例的家庭对父辈的支持要高于对子代的支持，那为什么大量学者的调查以及我们前面的数据分析都显示出养老资源的供给不足呢？

当我们把家庭代际支持拆分为日常代际支持和非日常代际支持之后，情况就变得非常容易理解了：中国农村居民给父辈提供的日常经济支持平均为557元，非日常代际支持仅为99元。给子代提供的日常经济支持为1489元，是对父辈支持的两倍多。但非日常经济支持平均高达9374元，几乎是父辈的100倍（见图9－3）。显然，问题主要出在非日常代际支持方面。同时，对子代经济支持中的差异性比父辈要大得多。对父辈的日常经济支持的标准差为4348元，子代为11640元；对父辈的非日常经济支持标准差为2257元，子代则为34431元。可见，不是更多人资助子代，而是资助子代的人中有一部分资助金额非常大，导致了我们前述的部分数据结果。

到底有没有出现"下位优先型"的资源分配格局呢？中国农村家庭代际支持结构与现代化进程之间的关系如何呢？我们分别对个体对父辈提供的经济支持在总支持中所占的比例，对子代经济支持所占比例，以及对子代的经济支持与父辈经济支持的比值继续考察，试图来回答这个问题。

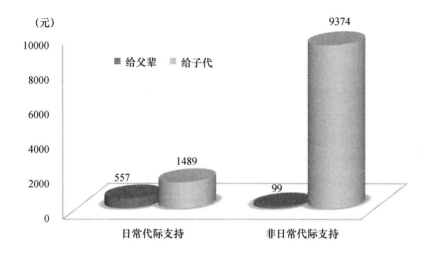

图 9 - 3　中国农村家庭代际支持代际比较

表 9 - 7　　　　　农村居民家庭资源代际分配影响因素分析

	模型 5	模型 6	模型 7
	代际支持比值	对父辈支持占比	对子代支持占比
教育（参照：文盲）			
小学以下	0.95	5.21 *	0.49 **
	(2.35)	(2.40)	(0.18)
初中以上	0.66	8.27 **	0.56 **
	(2.79)	(2.95)	(0.22)
外出务工经历	2.34	3.05	0.06
	(1.88)	(2.02)	(0.15)
非农收入比例	0.36 +	0.33	0.03
	(0.22)	(0.23)	(0.02)
是否通公汽	6.55 ***	- 1.35	- 0.11
	(1.90)	(2.04)	(0.16)
女性	- 4.17 *	- 1.38	0.03
	(2.05)	(2.23)	(0.16)
年龄	- 0.81 ***	- 0.48 ***	- 0.02 *
	(0.11)	(0.12)	(0.01)

	模型 5	模型 6	模型 7
	代际支持比值	对父辈支持占比	对子代支持占比
收入（万元）	0.72	2.13	0.13
	(1.22)	(1.31)	(0.10)
省级单位（安徽）	略	略	略
常数项	70.04***	57.73***	2.94***
	(8.29)	(9.04)	(0.71)
R²	0.07	0.08	0.07

注：1. 显著性水平：$+p<0.1$，$*p<0.05$，$**p<0.01$，$***p<0.001$。

2. 教育程度、外出务工经历、是否通公汽、性别的参照组为"文盲""无""否"和"男性"。

由于模型 5 和模型 6 的因变量存在一定的对立关系，可能对表9－7中三个模型进行综合解读会更有价值。模型 5 显示，在其他条件不变的情况下，家庭非农收入占比每增加 10%，其为父辈提供的经济支持在总支持中所占比例会提高 0.36%，所处社区开通了公共汽车的农村居民为父辈提供的经济支持在总支持中所占的比例会高出6.55%。模型 6 和模型 7 都表明，在控制其他条件的情况下，受教育程度更高的农村居民对子代经济支持占的比例也会更高。因此，在之前表 5 数据基本否定了养老中伦理危机的现代化假设的基础上，我们发现这些现代化要素有些提高了对父辈的支持比例，有些则提高了对子代的支持比例，这至少部分验证了我们的假设 2，即伦理转向假设。

由此我们也许可以得出一个初步的推测：当前中国农村家庭养老方面的伦理其实没有大的变化，大多数人都会为父辈提供必要的经济支持，而且为父辈提供的经济支持会多于对子代的经济支持。在家庭代际资源分配方面的一个重要的变化在于经济实力增长之后代际支持的投放方向。在满足了父辈基本的养老需求后，个体往往将多余的钱投给成年的子女，帮助子女成家、立业、发展、育儿等。由此可以说明，在家庭资源的代际分配中，对父辈赡养资源的供给具有刚性约束，即无论如何子女都不能"克扣"老人的赡养资源，虽然这一资源的供给水平并不高；但对子代的帮扶（资源供给）则具有软性约束的特点，在家庭资源不足的情况下，个体可能对成年子女的帮扶不会太明显，一旦条件允许，个体将不断增加对子女的帮扶。

六　结论与讨论

本章利用 CHARLS 数据对田野研究者提出的养老"伦理沦丧"论断进行解析，并对当下中国家庭资源的代际分配模式进行探讨。我们依据家庭资源分配中的代际优先性提出一种分类方法，即将家庭资源分配中的"父母优先性"和"成年子女优先性"结合起来形成家族资源代际分配的若干亚类型，以此来审视当前农村家庭养老中的资源分配。在将家庭资源的分配行动置于完整的代际链（三代）之中予以考察后发现：首先，农村居民家庭资源的代际分配并未呈现"伦理危机"，上位优先型的资源分配方式仍占据重要位置；其次，导致部分家庭赡养资源供给不济的原因并不总是"伦理沦丧"，其中由"伦理转向"所导致的下位优先分配原则凸显也可能是造成父辈赡养资源供给不及现象产生的重要原因。由此，以"伦理沦丧"作为对农村老人赡养资源供给不足的解释也许并不成立，对老人赡养资源供给不足较为合理的解释可能是家庭资源代际分配出现了"伦理转向"，即个体在进行家庭资源分配时，其优先将资源供给给自己的成年子女而不是父母，"恩往下流"可能构成了当下中国家庭资源代际分配的一种趋势特征。在此基础上，本章拓展性地对以下相关问题进行讨论：

（一）养老困境："伦理沦丧"的想象基础

虽然通过前文的论述与解析可以发现，透过"赡养资源供给缺乏凸显养老危机"进而提出"伦理沦丧"的论断并不能成立；但如若本研究不只是用量化数据证明"伦理沦丧"并未发生进而否定基于田野调查的结论，而是追问田野调查者提出"伦理沦丧"的想象基础时，本研究还有必要解析当前家庭养老的实践形态如何，其是否存在困境。在此，本章有必要解析"伦理沦丧"想象产生的基础，即考察在现实生活中是否真的存在一些有养老困难可能性的人。基于上述目的笔者对 CHARLS 的总体数据中农村 70 岁以上的样本数据（1506 人）进行分析后发现，在 70 岁以上、觉得自己身体不好、认为自己家的生活水平属于"贫困"的被调查者中，有 21 人没有从孩子处获得经济支持。这说明在现实的生活中确实存在一部分老年人养老面临困境，当研究者进入田野时，总是可能接触到这些生活处于困苦状态的老人，研究者发现其面对的被访者生活困苦同时又未能够从自己的子女处获得赡养资源时，往往会直接地在老人生活困苦与子女未尽养老责任联系起来，进而感慨家庭养老的危机业已折射出伦理沦丧，并将这种个案所折射的逻辑进行外推。换言之，"伦理沦丧"论断的产生可能是研究者在田野调查中接触到生活困苦的老人，并获悉老人未获得子女赡养资源供给后，在"亲代—子代"两代代际互惠的框架之中进行了学术想象。这种学术想象背后本身可能牵涉着个案研究与大规模抽样调查研究之间的区别。由于个案不是统计样本，所以它也并不追求统计样本所要求的代表性；它的目的在于通过解剖"麻雀"，形成对特定案例（现象）的较为深入、详细和全面的认识①。虽然有研究者指出，个案背后蕴藏着与整体性图景一致的逻辑，但不同类型的个案（如典型个案与非典型个案）②本身对于研究整体所具有的功能是存在差异的，即典型个案的意义即在于增加对于个案及其同类个案的理解，而非典型个案研究的意义则在于其证伪性的价值。"伦理沦丧"论断的提出极有可能是研究者在田野调查中与处于养老困境的老人"遭遇"，研究者在细致剖析其内在机理后，对其个案研究的结论

---

① 王宁：《代表性还是典型性？——谈谈个案研究方法的逻辑基础》，《社会学研究》2002 年第 5 期。

② 以往的研究者在探讨个案研究的意义与价值时，总是笼统地将个案视为一个整体。笔者认为，一体化的分析并不助于研究者深入地反思个案的丰富性及其意义的独特性。为此，笔者以个案的性质为基本维度将其划分为典型的个案和非典型的个案。所谓的典型的个案是指在所分析的属性层面与其他个案之间具有较强同质性的个案；而非典型的个案则是具有较强异质性的个案。

而进行"个案的外推"①。这种从个案推论整体的"危险的一跃"便可能使由个案所提炼的"伦理沦丧"结论面临极大的偏差。

（二）"恩往下流"、老人福祉降低与代际责任软约束

"恩往下流"作为一个基于代际链中家庭代际资源分配特征而提出的描述性概念，它既包含图 9-2 中 F_2 将较少的家庭资源分配给 F_1，亦包含其将较多的资源分配给已成年的 F_3。前者所造成的直接后果便是老人赡养资源保障不及和老人福祉降低。

学术界关于老人赡养资源保障不及和老人福祉降低的解释最有影响者属"代际失衡论"②。"代际失衡论"指出，在传统时期，对于中国家庭而言，每一个成年人都同时承担着赡养父母和抚养子女的双重责任，其中赡养父母是对父母抚养自身的道义回报，而抚养子女则是为自己年老作"积累投资"③，其中对年老父母的赡养一直受到传统伦理和规范的保护④，而且受到正式法律制度的承认，甚至有研究者将这种代际互惠与交换视为古代礼法的基本精神：不养老人被公认为是大逆不道的行为，忤逆不孝的子孙不见容于整个社会，极端的甚至

---

① 王宁：《代表性还是典型性？——谈谈个案研究方法的逻辑基础》，《社会学研究》2002 年第 5 期。

② 贺雪峰：《农村家庭代际关系的变动及其影响》，《江海学刊》2008 年第 4 期；王跃生：《当代农村代际关系研究：冀东村庄的考察》，中国社会科学出版社 2011 年；刘汶蓉：《孝道衰落？成年子女支持父母的观念、行为及其影响因素》，《青年研究》2012 年第 2 期。

③ 对于一个具体的家庭而言，对父母的赡养和对子女抚养之间不可避免地存在一种资源竞争关系。在笑冬看来，这种竞争关系所导致的张力突出地表现为家庭之中女性对"母体家庭"的过分投入，即家庭中的妇女"一方面要求婆婆为她的'母体家庭'付出劳动以换取婆婆的养老保障；另一方面将几乎所有的家庭资源都投入到儿子的房子和婚事上以求儿子的孝心和养老"。这种两代之间的资源竞争在传统时期，因传统习俗与规范的约制而使其天平向上位倾斜。参见笑冬《最后一代传统婆婆？》，《社会学研究》2002 年第 3 期。

④ 王跃生：《中国家庭代际关系的理论分析》，《人口研究》2008 年第 4 期。

可招致杀身之罪①。这种保障老人赡养资源获取的基础在 1949 年后开始发生动摇，于是代际资源分配的重心开始向下倾斜。"代际失衡论"虽然捕捉到了诸多的事实作为其立论的基础，如分家的提前以及婚嫁彩礼的繁重化等等，但其本身却存在一个无法解释的"内核"，即在代际失衡论者看来，代际链上的"受剥削者"缘何为子女的"剥削行为"赋予合法性。在现实的养老实践中，年老的父母总是自觉选择对自己高标准要求，同时对子女表现出极大的宽容，"他们总是为子女着想，对于子女在'孝'方面未能尽到的责任给出自我满意的解释，他们绝不会挑剔自己的子女；而子女只要在这一方面做了一点一滴，他们就会非常感激非常满意"②。对此，更合理的解释可能是社会分化与社会竞争的加剧"倒逼"老人自行降低自己的福祉。由于当下农村的社会分化与社会竞争主要是基于物质财富的占有为基础，因此老人为了能够让自己的子女（甚至是孙辈）能够获得较多的物质积累，以在乡村社会中居于上层（至少不能是下层）并在乡村社会的竞争中占据优势，他们总是想方设法为子女的发展提供机会，如为了让子女安心在外务工而承担所有农业生产的劳动，并为孙辈提供全面的抚养；为了降低子女的经济负担，而自行养老，等等。

如果借由科尔奈对社会主义经济体制中"软预算约束"的分析，可以发现"恩往下流"背后正体现着代际之间责任的"软约束化"。对于代际间的"抚养—赡养"而言，其责任关系的维系并不只是个体性的，同时亦是群体性的，即一个家庭之中父母是否抚养子女以及子女是否赡养父母并不只是（甚至主要不是）由两代人自身所决定，它受到广大的结构性力量的支配与约束，如社区情理③等；违背这一结构性力量的规训，则可能被认为"子女不像子女，父母不像父母"。

---

① 瞿同祖：《中国法律与中国社会》，中华书局 1981 年版，第 27—49 页。

② 杨善华、贺常梅：《责任伦理与城市居民的家庭养老》，《北京大学学报》（哲学社会科学版）2004 年第 1 期。

③ 杨善华、吴愈晓：《我国农村的"社区情理"与家庭养老现状》，《探索与争鸣》2003 年第 2 期；狄金华、钟涨宝：《社区情理与农村养老秩序的生产》，《中国农业大学学报》（社会科学版）2013 年第 2 期。

因此代际之间的互惠事实上存在着刚性约束。但在现实的养老实践中，年老的父母总是自觉选择对自己高标准要求，同时对子女表现出极大的宽容。这种代际责任软约束突出地表现在三个方面。其一，父母会主动降低自己的福利要求。"到了需要帮助的时候，出于尽量减轻子女负担的责任感，他们会通过降低生活标准，减少需求等途径，尽量依靠自身的力量来解决生存需求，达到减轻家庭养老负担的目的。"① 其二，成年子女不断推进对年老父母的"代际剥削"。已经成年的子女试图通过提前分家、提高婚嫁的标准等方式进行"啃老"。其三，社区情理对代际责任的履行不再具有强约束力。社区情理作为一种行为规范，它是"由地区亚文化决定的某些为在该社区中生活的多数人所认可的行为规范及与之相适应的观念"②。一种外在的行为规范能够在日常生活被成员实践与遵从，关键是看外在约束机制，即是否存在维持规范实践的社会基础，并对违反这一规范成员进行惩罚。社区情理之所以能够对身处其中的社区成员行为具有约束力关键是社区的性质所决定的，即农村社区具有"不流动社会"，而"一旦他可以频繁地外出远行……他的视线就会从身边的各种事物中间转移开来。他所关注的生活中心已经不局限在生他养他的地方了，他对他的邻里也失去了兴趣，这些人在他的生活中只占了很小的比重"。正是由于代际责任的软约束使得家庭代际资源的分配呈现出"养老不足、爱小有余"的下位型特征，因此中国家庭资源的代际分配虽然不同于费孝通先生所概括的"抚养—赡养"反馈模式，但并不会转向西方的接力模式，因为在后者中父母对子女的责任具有有限性，即子女一旦成年（或成家），作为父母的责任便完成，其中父母的责任具有刚性约束；而对中国家庭而言，父母则具有"无限责任"，他们需要不断地为子女"操心"。

作为对家庭代际资源分配的一项解析性研究，虽然本章有意探寻

---

① 杨善华、贺常梅：《责任伦理与城市居民的家庭养老》，《北京大学学报（哲学社会科学版）》2004 年第 1 期。

② 杨善华、沈崇麟：《城乡家庭：市场经济与非农化背景下的变迁》，浙江人民出版社 2002 年版，第 242—243 页。

下位伦理优先的代际资源分配方式产生的社会基础及其对家庭结构的影响，但基于数据的局限，特别是较长期的追踪数据的缺乏，使得更为细致的分析难以展开。同时我们必须指出本研究尚存在的另外一些不足，即由于各种主客观因素的影响，本章对家庭结构因素（如父母信息以及子女的数量、性别结构、婚姻状况、职业与收入等）未展开更为细致和精确的分析；而且对于"恩往下流"的下位优先型资源分配在不同家庭结构中是否存在差异，这种分配原则在不同的世代中如何变化的，等等这些重要的问题都需要更加细致的数据来进行分析，这可能正是本章所引出的新研究选题。

第十章　不对等性的农村代际交换

费孝通先生从文化比较的视角考察了中西方家庭结构以及代际关系的差异，认为中国社会的代际关系具有不同于西方社会的特点，进而提出了"反馈模式"——"在中国是甲代抚育乙代，乙代赡养甲代，乙代抚育丙代，丙代又赡养乙代，下一代对上一代都要有反馈的模式"。在费老看来，中国传统的代际关系是"亲代抚养子代成长，待子代成年之后反过来赡养老年力衰的亲代"，这是一种基于公平原则的双向流动的"抚育"与"赡养"关系：当个体处于被抚育期时，其接受来自父母的抚育；当其成年后，一方面抚育子女，另一方面赡养父母；当其进入老年阶段，便接受来自子女的赡养。由此实现多代之间代际交换与互惠①。在费老的分析中，社会成员间"来往取予"的均衡至关重要，然而中国社会代际互动中的"取与予"的均衡与西方社会存在非常大的不同，其中后者是"乙代取之于甲代，而还给于丙代"，而前者则是"乙代先取之于甲代，然后及身还给甲代"，是一种世代间互有取予的互动模式。因此，与西方社会的代际关系不同，中国"反馈模式"中资源取予的均衡模式具有极强的互惠性。这种互惠性不仅体现在物质资源的交换上，同时亦体现在情感交流与精神慰藉上，如中国人乐于享受"天伦之乐"，而反感家庭"空巢"。

费孝通先生对传统中国社会代际互动"反馈模式"的描述一经提

---

① 费孝通：《家庭结构变动中的老年赡养问题——再论中国家庭结构的变动》，《北京大学学报》（哲学社会科学版）1983 年第 3 期。

出便成为学术界讨论中国家庭关系与代际互动的理想类型，但事实上费老在提出"反馈模式"之初就提醒后续研究者，"这种模式有其历史上的经济基础，经济基础的改变，这种模式当然是要改变的"①。来自中国北方农村的民族志揭示，从 20 世纪 80 年代开始，在婚姻的缔结过程中，新娘与新郎会联合起来并带头向新郎父母索要最大限额的彩礼，经常迫使新郎父母陷入债务困境；与此同时，父母的养老境遇并未随着彩礼投入的增多而改善，相反老人的养老越来越多地陷入困境之中②。同时，越老越多的调查都证明，农村出现的养老困境并不是某一地区的特例③。缘何父母对子女的投入越来越多，而子女成年之后对父母的"反馈"却大不如从前呢？在此，我们有必要回到费老二十年前提出的研究课题中，深入讨论当下代际互动存在的特征，考察"反馈模式"中的互惠均衡缘何被打破。

一　转型期农村代际交换中的不对等性:图景与特征

虽然有学者指出，代际之间的交换关系不限于经济与物质性的方面，还包括情感性的、文化资本的、仪式的和象征性的交换④，但无可否认的是，代际之间最基本的互动形式仍然是父子之间抚育与赡养资源的交换。在这里，我们强调代际交换的对等性并不是说父母在子女身上花费了多少资源，待父母年老后子女就必须反馈对等份额的资源；而是指父母在抚育子女时对子女进行了全身心投入，那么父母年

---

① 费孝通:《家庭结构变动中的老年赡养问题——再论中国家庭结构的变动》,《北京大学学报》(哲学社会科学版) 1983 年第 3 期，第 8 页。

② 阎云翔:《中国社会的个体化》，陆洋等译，上海译文出版社 2012 年版，第 90—123 页。

③ 靳小怡:《中国社会转型期养老危机研究》,《西北大学学报》(社会科学版) 2002 年第 1 期；贺雪峰:《乡村的前途》，山东人民出版社 2007 年版，第 213—215 页。

④ 郭于华:《代际关系中的公平逻辑及其变迁》,《中国学术》2001 年第 4 期。

老后，子女在赡养父母时亦必须全身心投入。这种对父母和子女"交换"的对等性要求一直为传统社会规范所强调。在儒家伦理看来，父母对子女有教养之责，其中父母对子女的"养"或有终结之时，而父母对子女的"教"，却不是到其成年就结束；同样，子女对父母的"养"，可能要从自己成年有能力时才开始，但子女对父母的"敬"，却要从婴孩时期就开始①。虽然来自传统的规范有其约束力，但来自乡村社会的田野调查资料则显示，在当前的农村代际互动中，父母为子女的付出总是比子女对父母的回报多，父母对子女具有"无限责任"，而子女对父母却只有"有限义务"。这种父母对子女的责任与子女对父母义务的不对等关系被一位研究者称为家庭内的"代际剥削"。

当我们进入到家庭的生命周期之中来考察代际间的交换时，则会发现，代际交换的不对等性一直贯彻于家庭生长的整个过程。

当子女年幼时，父母除了对其提供生活照料和教育培养外，还不断地加大对其各种技能与知识的培训（典型者如送小孩上各种"培优班"）。这一方面是因为其"望子成龙、望女成凤"夙愿的影响；另一方面也有为自身养老投资的考虑，毕竟只有子女成才之后，自己才可能有更好的依赖。于是，我们看到在家庭资源的分配上，子代的花费占据着绝对的比例，甚至远远超过亲代自身的花费和亲代对自身父母（即小孩的爷爷奶奶）的赡养投入，由此而形成了家庭代际资源分配中的"下位优先型"特征②。

除了子女早期的教育投入和养育供给外，子女的婚姻往往是父母抚养子女的一项重大支出，在许多农村这项支出甚至超过了前两者之和。对东北农村婚姻支付的田野研究显示，一个家庭娶媳妇的花费在6万—12万元，其中作为必需品的住房需要花费4万—6万元，除此

---

① 赵晓力：《中国家庭正在走向接力模式吗?》，《文化纵横》2001 年第 6 期。

② 在上一章我们依据资源分配的代际优先性提出中国家庭资源代际分配的分类方法，即将家庭资源分配中的"亲代优先性"和"成年子代优先性"结合起来形成家族资源代际分配的四种亚类型：上位优先型、下位优先型、上下位平衡型和自我优先型。

之外，男方父母还付给女方家庭 3 万—5 万元彩礼①。王跃生对冀东农村婚事操办中家庭财政积累与转移的研究发现，儿子结婚是一项需父母多年积累才能完成的"事业"，其中彩礼也由象征性做法逐渐变为男方家庭代际财富转移的一种途径；而结婚花费中约 40% 的缺口有赖借债弥补，多数家庭子代结婚所欠债务主要由父母偿还②。而这一高额的婚姻花费使得父母必须辛勤劳作、省吃俭用。对于许多农村父母而言，为了筹集子女婚事所需的花费，他们不得不提前数年甚至将近十年的时间压缩正常的生活消费，通过节衣缩食去进行经济储备，以满足儿子结婚的消费，这使整个家庭的生活消费时时处于紧缩状态。

父母省吃俭用积累财富来操办儿子的婚事后，年轻的小家庭则可能很快便要求同父母分家。在中国，分家是一项重要的家庭制度，通过分家，新的家庭将父代一生辛苦积累的财产（如土地、房屋、钱财以及生产工具和耐用消费品等）进行"合法"分割占有；同时，新的家庭替代父代家庭逐渐承担其在社区和亲属圈中的义务。在传统时期，家庭往往会反对过早的分家，其中既有家产构成的复杂性和平均分配家产将肢解家庭内有限积累的原因，也有家长试图通过延迟分家更有效维护自身在家庭中权力与权威的考虑③。因此，在传统时期，分家一般要等家庭中所有儿子都结婚后才举行，父母会把家产平均分给几个已婚儿子后或选择与某个儿子共同生活，或者在几个儿子家中轮流居住④。在这种"一次性分家"的模式下，已婚的兄长同大家庭是浑然一体性的，已婚的兄长需要协同父母抚养未成年的兄弟姐妹并

---

① 李红君、张小莉：《一个新型移民社区的村治模式——吉林枣子河村调查》，山东人民出版社 2009 年版，第 82—83 页。

② 王跃生：《婚事操办中的代际关系：家庭财产积累与转移——冀东农村的考察》，《中国农村观察》2010 年第 3 期。

③ 李飞龙：《1950—1980 年代中国农村分家析户的历史考察》，《古今农业》2011 年第 2 期。

④ 阎云翔：《家庭政治中的金钱与道义：北方农村分家模式的人类学分析》，《社会学研究》1998 年第 6 期。

助其成婚，同时其也必须一起承担大家庭中不管因何种原因欠下的债务①。但这种"一次性分家"的习俗在经济改革后的 30 年间发生了重要变化，不仅分家的时间大大提前②，而且"系列分家"③ 出现并逐渐替代"一次性分家"。所谓"系列分家"就是诸子逐次地从大家庭中分离出去。比如，在有 3 个儿子的家庭，长子已经成婚，次子和三子尚年幼，则长子可先分走一部分家产，独立成户；次子与三子成婚后再分一次④。事实上，即便是在"系列分家"的模式下，父母若具有权威，其对原有家庭财产的分配仍具有支配权：家产虽然是按照家庭的人口平均分割，但农具等生产资料/工具并未分开；年轻的夫妇可以从大家庭中带走他们的个人小财产，如嫁妆和衣物首饰等，成为了独立的财产拥有单位，但还必须独立承担因他们婚姻而欠下的债务。但是在当下的绝大多数农村，由于老人缺乏权威，在"系列分家"的情况下，儿子们总是不断推脱自己对大家庭的责任，并试图尽可能多地从大家庭中分得资源。皖北农村的田野资料显示，现行的分家模式不仅不能减轻父代的抚育重任，反而是在剥削父代的基础上，为分出去的儿子提供更多有利的物质条件：在分家过程中，子代将代价间的责任更多地转移到父代身上，而他们通过代际传承获得更多财富的同时，却拒绝履行义务，或逃避了抚养幼弟，或履行养老义务不

---

① 陈柏峰、郭俊霞：《农民生活及其价值世界：皖北李圩村调查》，山东人民出版社 2009 年版，第 150—153 页。

② Lavely, William and Xinhua Ren, 1992, "*Patrilocality and Early Marital Co-residence in RuraL China*, 1955 – 85," China Quarterly 130：378 – 391.；Selden, Mark, 1993, "*Family Strategies and Structures in Rural North China.*" In Deborah Davis and Stevan Harrell（eds.）Chinese Fam ilies in the Post-M ao Era, pp. 139 – 164. Berkeley：University of California Press.

③ Cohen, Myron L, 1992 "*Family Management and Family Division in Contemporary Rural Chia,*" China Quarterly 130：357 – 377.

④ 俞江：《论分家习惯与家的整体性——对滋贺秀三〈中国家族法原理〉的批评》，《政法论坛》2006 年第 1 期。

够，或干脆拒绝养老[①]。

父母在子女未成年时的抚养与投入以及小家庭组建中的帮扶并不一定能够换来子女相应的回报。虽然当下绝大多数农村的家庭养老都尚能维持，但相对于抚养阶段父母的付出，子女对父母的反馈则要稀少得多，而且相比父母对子女抚养与帮扶的"无限责任"——"生了儿子就得养好他""只要能够帮好儿子，自己付出再多都心甘情愿"；子女对父母的赡养则只是"有限责任"——供给父母有诸多的条件约束。首先，从赡养时间来看，如若父母尚有劳动能力，子女一般不会立即履行赡养义务[②]，除非子女们需要占用父母的劳动力来为自己的小家庭服务，如当小家庭生了小孩后，需要父母帮忙照看小孩，这时成家了的子女才开始履行自己的赡养义务。依照我们在农村调研的经验，通常，60 岁以上如果没有伤病，老人都会参加农业生产，通过耕种责任田而自给粮食或种植农副产品的方式实现自养。其次，从赡养内容来看，虽然不同的家庭会根据各自的经济情况来调整供养老人的物资，但一般情况下，农村养老的基本标准是，供给老人一年需要的基本口粮。子女除了这种低水平供给赡养资源外，极少予以老人必要的日常照料和精神慰藉[③]。而相比其他老人，这种能够顺利从子女那里获得基本口粮的老人或许算得上是"幸福"了，因为有的子女会借由代际互动的"指标性对等"，将自身的权利、义务单方面"指标化"[④]：父母是否得到子女的赡养或赡养的质量，取决于父母是否为自己盖房子、积累财富、帮忙操持家务、干农活或照顾小孩等等。我们在湖北省黄村调研时就曾经遇到一位中年妇女因为结婚时婆婆未为他们修盖新的婚房且婚后不愿为自己照料孩子，而拒绝年迈的婆婆住进

---

① 陈柏峰、郭俊霞：《农民生活及其价值世界：皖北李圩村调查》，山东人民出版社 2009 年版，第 150—153 页。

② 通常这一时期，父母也不会要求子女来赡养。

③ 我们在农村调查时，有老人将这种只给老人口粮而不闻老人精神需求的赡养行为戏称为"付账单"，即给老人口粮就算是"付账了，完成任务了"。

④ 杨华：《当前我国农村代际关系均衡模式的变化——从道德性越轨和农民"命"的观念说起》，《古今农业》2007 年第 4 期。

自己新建的楼房。

总之，传统代际交换中的互惠均衡在当下已经打破，一方面，父母总是或主动或被动地不断加大对子女的帮扶与投入；另一方面，成年的子女却对老人的赡养视为一种"有限责任"，不仅赡养的"启动"具有前提性，而且其所提供的赡养资源也远不及其从父母那里获得的。这种代际交换的不对等性已经成为转型期代际互动的一个重要特征。

二 转型期农村代际交换不对等的社会基础

当前文所描述的代际变迁呈现在我们面前，若我们不是简单地感慨"人心不古了"，或将其归咎于当事人自身的道德沦丧，我们则有必要解析是何种原因影响并导致了代际关系的变化。事实上，如何理解社会现象，涂尔干早已指出，"社会学方法论最基本的准则是以社会事实来解释社会事实"。对于转型期农村出现的养老困境以及代际交换的不对等性，必须用转型期的农村社会结构来予以解释，即深入了解传统"反馈模式"所嵌入的社会基础，并解析这种社会基础在转型过程中发生了何种变化，进而影响并扭曲了"反馈模式"。

（一）乡土本色：均衡互惠的反馈模式存在的基础

在传统的中国社会，家长的权威除了受到道德伦理的护卫外，还受到家庭经济资源的保障：家长几乎掌控着家庭全部的经济资源。其中，以家庭/家族占有为特征的土地制度便充分地保障了家长的权力和权威。由于土地在当时是最为核心的生产要素，当土地归家庭/家族所有时，作为家庭/家族代理人的亲代便掌握着土地的分配与处置权，而这一分配与处置权令子代想"不孝也不行"，这种制度约束保障了代际间的隐性利益交换，让亲代在子代身上的投资能够获得相应的回报①，而子代也只能通过时间的推移来掌握这些资源（此时他的

---

① 陈志武：《儒家"孝道"文化的终结与中国金融业的兴起》，《新财富》2006 年第 12 期。

身份则由子女变成了家长）。

不仅如此，在缺少知识和很少变动的乡土社会里，农民的"当前"生活依靠"过去"所传下来的办法来运行，长幼之间依据经验的差别而发生了社会差别，年长者对年幼者具有一种强制的教化性权力。在家庭中，亲代因拥有丰富的生产和生活经验，在家庭中具有绝对的权力和权威，由此在家庭内部形成了以辈分和年龄为基础的权威等级，以及以纵向的父子关系为主轴的家庭关系。在这种纵向的权力关系中，虽然父辈拥有绝对的权威，但亲代与子代的关系并非单向而是双向的，这种双向的关系被许烺光称之为"父子同一"模式：儿子不能随意行事，父亲亦不能为所欲为；更有甚者，儿子依赖父亲，父亲同样依赖儿子。在日常生活实践中，父母必须生养子女，有责任和义务养育子女长大成人，要付出时间、金钱和精力，还要为其娶妻成家，传以家业和财产；子女长大成人后劳动所得的经济收入或物资均要上交给父母，并要在父母年迈力衰时，承担赡养父母的责任和义务，在衣食起居等方面侍奉和照料他们，为其养老送终。由此完成代际间的互惠交换。

除此之外，在传统社会，由于社会流动小，人们世代居住繁衍在一起，彼此之间联系极为紧密，"胶着"在一起：每个人都"盯着"别人也被别人所"盯"，绝不会忽略生活中的一切方面、一切细节①，村民之间彼此熟悉和关心村庄生活，形成强而有力的舆论监督机制。在生产方式和社会文化的制约下，农村社区和家庭形成了一定的"社区养老情理"，而赡养者和被赡养者的养老观念、养老标准及他们对某种养老方式的选择，直接被这种"情理"所影响或制约②。一旦违背"社区养老情理"，便会遭到族人、邻里的议论、谴责、耻笑，甚至"被戳脊梁骨"。在这种伦理约束下，不论因为何种原因而不养老或想推脱养老责任的子女都要受到家族的处罚。瞿同祖亦指出：不养

---

① 李银河：《生育与村落文化》，内蒙古大学出版社 2009 年版，第 153—172 页。

② 杨善华、吴愈晓：《我国农村的"社区情理"与家庭养老现状》，《探索与争鸣》2003 年第 2 期。

老是被公认的大逆不道的行为，忤逆不孝的子孙不容于整个社会，极端者甚至可能招致杀身之罪①。正是这种宏观层面的文化规范与微观层面的社区养老情理保障了传统代际交换的基本对等，实现了家庭"抚养—赡养"这一反馈模式的运转。

综上，均衡互惠的"反馈模式"内生于"乡土中国"，是乡土社会的实践逻辑在家庭代际互动过程中的再现与投射。在"乡土中国"的场域中，"反馈模式"连续获得了三项因素的支撑：一是"土地束缚下的中国"；二是家庭（族）在乡土社会所扮演的重要角色，以及衍生的由父权、父居和父系构成的强烈家族主义和家本位文化；三是在熟人社会里所倡导的"社区养老情理"和伦理规范。

（二）乡土变革：代际失衡演变的缘由

自新中国成立以来，特别是改革开放以来的几十年里，伴随着一系列国家政治、经济和文化政策在农村的实践，国家逐步完成了对农村社会的改造；与此同时，随着市场经济的发展，现代性对农村社会结构与社会文化的侵蚀日益加深，传统时期的"乡土本色"正在发生变化，正走向一个与土地束缚下的乡村完全不一样的新的生活图景。

在农村地区，养老资源的获取总是与土地资源的占有存在着密切联系。在传统的乡土社会，土地作为重要的家产牢牢掌握在家长手中，这也是维护父权地位的基础。新中国成立后，特别是人民公社体制建立之后，土地的占有便完全实现集体化；虽然实现家庭联产承包制之后，农户获得了承包地的使用权，土地的使用权却仍然归集体所拥有。这使得传统家庭中父权的经济基础被瓦解，进而使得子代对亲代的资源依赖趋于瓦解。

在传统时期，家长权力得以发挥的重要条件是子女除了家庭经济活动外没有更好的职业可以从事，而如今越来越多的年轻子女外出就业。在许多地方的农村，由于年轻人都离开父母而外出务工，由此父母所拥有的生产和生活经验便无法再转化为家庭内部的权力和权威。相反，父母随着年龄的增大，对创造家庭财富的贡献逐渐减少，对子

---

① 瞿同祖：《中国法律与中国社会》，中华书局1981年版，第10—11页。

女的管束能力渐渐丧失，开始在生产和生活上依靠子女，甚至通过帮助成年子女照料家务、抚养小孩等来换取子女的赡养。事实上早在三十年前，费孝通在江村调查时就发现①，伴随着年轻的媳妇在乡镇企业工作，她们的工资成为家庭收入的重要来源时，她们也开始挑战家长的权威（特别是婆婆的权威）。其中费老列举了一个极端的例子——一家的媳妇拿了农具在门外打婆婆，在旁的人却并不对这个"叛逆"的媳妇采取严厉的制止和惩罚——来证明这种变化的发生。

如果说在集体化时期，因为政治话语以及意识形态压力的存在，一般村民不敢轻易虐待父母或不供养老人；那么在分田到户之后，宏观层次的软约束越来越弱。分田到户之后，特别是随着农民外出务工增多，传统封闭的乡土社会格局被打破，温情脉脉的熟人村庄逐渐转变为冷淡的半熟人社会，甚至是陌生社会。"一旦他可以频繁地外出远行……他的视线就会从身边的各种事物中间转移开来。他所关注的生活中心已经不局限在生他养他的地方了，他对他的邻里也失去了兴趣，这些人在他的生活中只占了很小的比重。"② 随着村庄边界的模糊，村民对村庄的长远预期降低，村庄共同体解体，村庄内的舆论约束机制日渐削弱，农民不再在乎村庄内自己的名声，社区养老情理对单个农民的行为约束能力大大减弱。另外，随着传统封闭的乡土社会的改变，熟人社会所倡导的"社区养老情理"也随之发生变化，人们不再像从前那样用孝道伦理来评判个人及其家庭，父母和村庄对子女的赡养责任予以更多的宽容。这样，传统的"社区情理"和伦理规范无法对村民形成强有力的舆论监督。

与此同时，由于村庄内的权威（包括族内权威和村组干部权威）逐渐消解，养老逐渐成为一种有条件的交换行为：如果父辈对自己的抚养存在过失或对自己的小家庭存在不公，那么自己便有理由不承担赡养义务。一旦村庄内的权威无法打压这种"讲条件养老"的"小道

---

① 费孝通：《家庭结构变动中的老年赡养问题——再论中国家庭结构的变动》，《北京大学学报》（哲学社会科学版）1983 年第 3 期，第 8 页。

② ［法］涂尔干：《社会分工论》，渠东译，生活·读书·新知三联书店 2000 年版，第 257 页。

理"，老人除了选择屈辱地忍让或回避的"无救济"① 方式外，唯一的方式便是求助于公力救济——行政救济或司法救济——来保障自己对子代的抚养获得回报。

三　转型期农村代际交换不对等的价值基础

在传统社会，身处"家族共同体"之中，社会成员个人的利益诉求与行动自主性确实容易受到抑制，但也正是由于在"家族共同体"内部彼此"信息对称"及"多次博弈"机制的存在，社会成员之间保持着充分的信任，代际间的伦理道德纽带发挥着积极作用，以此维持着代际互惠的稳定。但随着制度变迁与社会转型，"家族共同体"逐步弱化，年轻一代也开始摆脱"家族共同体"的束缚，获得个性的解放，原有维系代际交换互惠的文化基础发生了转变。

（一）个性解放：从"道德农民"到"理性农民"

在"家族共同体"中，每一位家庭成员都与家庭紧密联系在一起，每个人活着必须对两头做出交代：一方面要生育儿子延续香火以对祖先有所交代；另一方面要努力奋斗尽可能多的留下可以继承的财产以对后代有所交代②。处于"祖荫下"的个体，其生命价值只有嵌入到传宗接代的链条当中，有限的人生在无限的链条中获得意义③。在这种价值取向的社会中，家庭生活以父子关系为轴心组织起来，父子关系的基本规范是慈和孝，即父母要生育和教育子女，使他们能够成家立业、光宗耀祖；而子女要赡养父母，尊敬父母和服从父母，使他们安享晚年。因此，家庭是被义务和禁律笼罩着的具有深刻感情的

---

① 陈柏峰：《暴力与屈辱：陈村的纠纷调解》，载苏力主编《法律和社会科学》，法律出版社 2006 年版，第 139 页。

② 范成杰：《农村家庭养老中的性别差异变化及其意义——对鄂中 H 村一养老个案的分析》，《华中科技大学学报》（社会科学版）2009 年第 4 期。

③ 陈柏峰、郭俊霞：《农民生活及其价值世界：皖北李圩村调查》，山东人民出版社 2009 年版，第 139 页。

社会组织，家庭内的抚育和赡养行为多是一种价值合理性的行动，家庭成员通过抚育子女和孝敬老人来实现一种超越理性利益算计的道德追求。

伴随着经济社会改革而发生社会流动和现代个人权利意识的深度介入，个人的价值观和伦理道德观念等正在发生深刻的变化，传统的"道德农民"逐渐向"理性农民"转变。

首先，随着农民外出务工的增加，年轻一代农民工群体在各项社会化生产活动中逐渐认识到人生价值，在经济、生产、生活等各个方面获得独立，不再像以前那样依赖父辈生活。年轻一代独立自主的个性崛起，开始摆脱了"家族共同体"的束缚，在家庭中拥有越来越多的话语权，可以从自己的立场和利益出发来处理问题。

其次，随着市场机制的扩张，人口的频繁流动，消费主义的普及，地方性的传统与文化，被一个扩展的市场导向和消费导向的大文化所取代，促使年轻一代发展出一种权利义务失衡的自我中心主义取向，逐渐从一种理性的、平等交换的角度看待和理解代际关系。经济理性对农村家庭生活的持续渗透，使建立在熟人社会基础之上的信任逐渐地被建立在契约基础上的信任所取代，令农村社会中以自我为中心与无公德的个人的兴起①，把自身的权利、义务单方面"指标化"，寻求代际交换的"指标性对等"②，道义性的小农更多地向实用性和理性的小农转化。

（二）国家介入：社会倡导的文化变更

"反馈模式"在中国社会绵延了数千载，除了背后有深厚的文化基础之外，国家通过将以"礼治"为核心的儒家学说成为科举考试的主要内容，通过国家提供官僚渠道的方式，将国家认可的权威性价值观念渗透到社会，使得家族长老权威不仅得到社会自下而上的赋予，

---

① 阎云翔：《私人生活的变革：一个中国村庄里的爱情、家庭与亲密关系（1949—1999）》，龚小夏译，上海书店出版社 2006 年版，第 21 页。

② 杨华：《当前我国农村代际关系均衡模式的变化——从道德性越轨和农民"命"的观念说起》，《古今农业》2007 年第 4 期。

而且获得自上而下的国家认定①，潜移默化地使"反馈模式"获得巩固。但自近代以来，伴随着民族国家的兴起以及国家政权的下沉，国家推动的制度变迁在一定程度上瓦解了互惠模式存在的文化基础。

从集体化时期开始，政府在意识形态上把宗族家族制度等作为"封建糟粕"来加以反对，极大地削弱父系家长的权力与权威，对祖先崇拜和宗族组织的正面批判直接冲击了家庭在中国人心中所具有的宗教功能，反对封建迷信和倡导男女平等观念的政策削弱了父系家长制。同时，伴随着市场改革的深入，农民不再仅生活在家族、家庭中，亦存在于公民社会之中。他们不仅要承担对家庭道德责任，也要承担对社会和职业团体的责任。社会道德虽然也鼓励年轻一代要孝敬父母，且法律也予以明确的规定，但毕竟社会首先倡导年轻一代承担自己的社会责任和职业责任②。随着公共领域和私人领域的分际，年轻一代常常感到孝敬父母和承担社会责任、职业责任之间尖锐的冲突，往往舍弃孝敬父母的责任，而在父母心目中，家依旧是一个强情感共同体，他们一般只强调自己对后代的责任和义务，对子女（包括孙子/女）不计回报的付出，即便当子女尽孝不到位时给以宽容，更多的是考虑减轻子女的负担。因此，出现了"养老不足，爱子有余"的代际剥削的现象。

四　结语

费孝通先生总结的"反馈模式"体现了育儿与养老之间、父代和子代的一致性与平衡性，在多代之间实现了代际交换的"均衡互惠"。将这种"均衡互惠"置于村落场域里，所彰显的是乡土社会的基本特性：土地的束缚性、家族制度和熟人社会。转型期的农村社会，支撑"反馈模式"的乡土社会发生着巨大的变革：农民不再被土地束缚，开始离开土地、走出村庄；传统的"家本位"、父权主义的家族制度

①　吴素雄：《传统乡土秩序：建构与解构》，《天津社会科学》2008 年第 6 期。

②　肖群忠：《"孝道"养老的文化效力分析》，《理论视野》2009 年第 1 期。

也随之崩溃，农村的家庭代际关系逐渐下移，呈现"恩往下流"的新特征；传统的熟人社会的格局被打破，"社区养老情理"和伦理规范也开始异化或丧失原有的作用……在乡土社会的巨大变革中，代际交换的不对等性逐步凸显。在代际间交换中，父母对子女承担着无尽的责任，而子女对父母所履行的是有限义务，甚至演绎为"代际剥削"。解决农村家庭代际交换的不对等现象，单靠家庭和个人的力量是很难实现的，需要将"家庭事件"置于村落场域，甚至是国家场域内，这或许是当代农村改善代际关系不可缺少的步骤。

参考文献

1. ［英］艾利思：《农民经济学》，胡景北译，上海人民出版社 2006 年版。

2. ［法］比尔基埃等主编：《家庭史》，袁树仁等译，生活·读书·新知三联书店 1998 年版。

3. ［加］宝森：《中国妇女与农村发展》，胡玉坤译，江苏人民出版社 2005 年版。

4. ［美］伯格、卢克曼：《现实的社会建构》，汪涌译，北京大学出版社 2009 年版。

5. ［英］波兰尼：《个人知识——迈向后批判哲学》，许泽民译，贵州人民出版社 2000 年版。

6. ［英］波兰尼：《大转型：我们时代的政治与经济起源》，刘阳、冯钢译，浙江人民出版社 2007 年版。

7. 北京大学社会学人类学研究所编：《社区与功能——派克、布朗社会学文集及学记》，北京大学出版社 2002 年版。

8. ［法］布迪厄：《单身者舞会》，姜志辉译，上海译文出版社 2009 年版。

9. ［法］布迪厄、［美］华康德：《实践与反思》，李猛、李康译，中央编译出版社 1998 年版。

10. ［法］布迪厄：《实践感》，蒋梓骅译，译林出版社 2003 年版。

11. 陈友华：《"光棍阶层"就要出现》，《百科知识》2006 年第 5 期。

12. 陈友华、米勒·乌尔里希：《中国的男性人口过剩——规模、结构影响因素及其发展趋势分析》，《市场与人口分析》2001 年第 3 期。

13. 陈志武：《儒家"孝道"文化的终结与中国金融业的兴起》，《新财富》2006 年第 12 期。

14. 陈柏峰、郭俊霞：《农民生活及其价值世界：皖北李圩村调查》，山东人民出版社 2009 年版。

15. 陈柏峰：《暴力与屈辱：陈村的纠纷调解》，苏力主编《法律和社会科学》，法律出版社 2006 年版。

16. 陈柏峰：《农民价值观的变迁对家庭关系的影响》，《中国农业大学学报》2007 年第 1 期。

17. 车茂娟：《中国家庭养育关系中的"逆反哺模式"》，《人口学刊》1990 年第 4 期。

18. 陈皆明：《中国养老模式：传统文化、家庭边界和代际关系》，载边燕杰主编《关系社会学：理论与研究》，社会科学文献出版社 2011 年版。

19. 陈皆明：《投资与赡养——关于城市居民代际交换的因果分析》，《中国社会科学》1998 年第 6 期。

20. 陈云松、吴晓刚：《走向开源的社会学：定量分析中的复制性研究》，《社会》2012 年第 3 期。

21. 程维荣：《中国继承制度史》，东方出版中心 2006 年版。

22. 陈中民：《冥婚、嫁妆及女儿在家庭中的地位》，载乔健主编《中国家庭及其变迁》，香港中文大学社会科学院暨香港亚太研究所，1991 年。

23. 陈锋：《依附性支配：农村妇女家庭地位变迁的一种解释框架》，《西北人口》2011 年第 1 期。

24. 陈传波、丁士军：《中国小农户的风险及风险管理研究》，中国财政经济出版社 2005 年版。

25. 曹诗弟、泥安儒：《"他是他，我是我"：中国农村养老中的个体与群体》，载贺美德、鲁纳编著《"自我"中国：现代中国社会中个体的崛起》，上海译文出版社 2011 年版。

26. 邓大才：《社会化小农：动机与行为》，《华中师范大学学报》（人文社会科学版）2006 年第 3 期。

27. ［美］杜赞奇：《文化、权力与国家：1900—1949 年的华北农村》，王福明译，江苏人民出版社 2003 年版。

28. 狄金华：《中国农村田野研究的单位选择》，《中国农村观察》
    2009 年第 6 期。

29. 狄金华、董磊明：《农民合作行为中的惩罚机制及其实践基础研
    究》，《中国行政管理》2011 年第 3 期。

30. 狄金华、钟涨宝：《社区情理与农村养老秩序的生产》，《中国农
    业大学学报》（社会科学版）2013 年第 2 期。

31. 狄金华：《空间的政治"突围"——社会理论视角下的空间研
    究》，《学习与实践》2013 年第 1 期。

32. 董翔薇、崔术岭：《社会资本理论视角下的当代宗族：一种传统
    嵌入现代的社会组织》，《学术交流》2009 年第 3 期。

33. 杜鹏、丁志宏：《农村子女外出务工对留守老人的影响》，《人口
    研究》2004 年第 6 期。

34. 丁士军、陈传波：《经济转型时期的中国农村老年人保障》，中国
    财政经济出版社 2005 年版。

35. 杜亚军：《代际交换——对老化经济学基础理论的研究》，《中国
    人口科学》1990 年第 3 期。

36. ［法］迪尔凯姆：《社会学方法的规则》，胡伟译，华夏出版社
    1999 年版。

37. 费孝通：《家庭结构变动中的老年赡养问题：再论中国家庭结构
    的变动》，《北京大学学报》1983 年第 3 期。

38. 费孝通、王同惠：《花篮瑶社会组织》，江苏人民出版社 1988
    年版。

39. 费孝通：《乡土中国·生育制度》，北京大学出版社 1998 年版。

40. 费孝通：《江村农民生活及其变迁》，敦煌文艺出版社 2000 年版。

41. 费孝通：《江村经济——中国农民的生活》，商务印书馆 2009
    年版。

42. 范成杰：《农村家庭养老中的性别差异变化及其意义——对鄂中 H
    村一养老个案的分析》，《华中科技大学学报》（社会科学版）
    2009 年第 4 期。

43. 范成杰：《代际关系的下位运行及其对农村家庭养老影响》，《华

中农业大学学报》（社会科学版）2013 年第 1 期。

44. 高旭繁、陆洛：《夫妻传统性：现代性的契合与婚姻适应之关联》，《本土心理学研究》2006 年第 25 期。

45. 龚为纲：《中国农村分家模式的历史变动》，《青年研究》2012 年第 4 期。

46. 郭于华：《代际关系中的公平逻辑及其变迁——对河北农村养老模式的分析》，《中国学术》2001 年第 4 期。

47. 贺雪峰：《新乡土中国》，广西师范大学出版社 2003 年版。

48. 贺雪峰：《乡村的前途》，山东人民出版社 2007 年版。

49. 贺雪峰：《农村家庭代际关系的变动及其影响》，《江海学刊》2008 年第 4 期。

50. 贺雪峰：《村治模式若干案例研究》，山东人民出版社 2009 年版。

51. 贺雪峰、仝志辉：《论村庄社会关联——兼论村庄秩序的社会基础》，《中国社会科学》2002 年第 3 期。

52. 黄俊辉、李放：《生活满意度与养老院需求意愿的影响研究——江苏农村老年人的调查》，《南方人口》2013 年第 1 期。

53. 怀默霆：《中国家庭中的赡养义务：现代化的悖论》，《中国学术》2001 年第 4 期。

54. 黄宗智：《华北的小农经济与社会变迁》，中华书局 2000 年版。

55. 黄志繁：《"贼""民"之间：12—18 世纪赣南地域社会》，生活·读书·新知三联书店 2006 年版。

56. 霍宏伟：《我国北方一个农庄的通婚圈研究——对山东济阳县江店乡贾寨村的个案分析》，《社会》2002 年第 12 期。

57. ［美］古德：《家庭》，魏章玲译，中国社会科学出版社 1982 年版。

58. 郭志刚、邓国胜：《中国婚姻拥挤研究》，《市场与人口分析》2000 年第 3 期。

59. 高建新、李树苗、左冬梅：《外出务工对农村老年人家庭子女养老分工影响研究》，《南方人口》2012 年第 2 期。

60. 桂华、余练：《婚姻市场要价：理解农村婚姻交换现象的一个框架》，《青年研究》2010 年第 3 期。

61. 甘品元：《毛南族婚姻行为变迁研究》，《广西民族大学学报》2007 年第 11 期。

62. 靳小怡：《中国社会转型期养老危机研究》，《西北大学学报》（社会科学版）2002 年第 1 期。

63. 姜向群：《养老转变论：建立以个人为责任主体的政府帮助的社会化养老方式》，《人口研究》2007 年第 7 期。

64. 姜晶梅等：《我国城市养老的经济模式分析》，《人口研究》1998 年第 6 期。

65. 金一虹：《非农化过程中的农村妇女》，《社会学研究》1998 年第 5 期。

66. 金一虹：《父权的式微——江南农村现代化进程中的性别研究》，四川人民出版社 2000 年版。

67. 孔祥智等：《西部地区农户禀赋对农业技术采纳的影响分析》，《经济研究》2004 年第 12 期。

68. 孔祥智、涂圣伟：《我国现阶段农民养老意愿探讨》，《中国人民大学学报》2007 年第 3 期。

69. 柯琼芳：《世代合作或世代冲突：中美养老模式的比较研究》，载曹俊汉主编《中美资源分配政策评估》，中研院欧美研究所，1998 年。

70. ［美］凯尔布尔：《政治学和社会学中的"新制度学派"》，崔树义译，《国外社会科学文摘》1996 年第 3 期。

71. 刘燕舞：《农村老人的养老之痛》，《南风窗》2012 年第 24 期。

72. 刘勇华：《布迪厄的终身问题》，上海人民出版社 2009 年版。

73. 刘汶蓉：《孝道衰落？成年子女支持父母的观念、行为及其影响因素》，《青年研究》2012 年第 2 期。

74. 梁治平：《清代习惯法：社会与国家》，中国政法大学出版社 1996 年版。

75. 李亦园：《传统民间信仰与现代生活》，载杨国枢主编《中国人的心理》，中国人民大学出版社 2012 年版。

76. 李猛：《布迪厄》，载杨善华主编《当代西方社会学理论》，北京大学出版社 1999 年版。

77. 李凤兰、杜云素：《透视农村大龄未婚青年择偶难问题》，《华中农业大学学报》（社会科学版）2009 年第 1 期。

78. 李溱：《私人生活婚姻与社会性别建构》，《广西民族研究》2006 年第 3 期。

79. 李骏、吴晓刚：《收入不平等与公平分配：对转型时期中国城镇居民公平观的一项实证分析》，《中国社会科学》2012 年第 3 期。

80. 李红君、张小莉：《一个新型移民社区的村治模式》，山东人民出版社 2009 年版。

81. 李飞龙：《1950—1980 年代中国农村分家析户的历史考察》，《古今农业》2011 年第 2 期。

82. 李银河：《生育与村落文化》，内蒙古大学出版社 2009 年版。

83. 梁漱溟：《中国文化要义》，上海人民出版社 2005 年版。

84. 李霞：《娘家与婆家》，社会科学文献出版社 2010 年版。

85. 李怀印：《华北村治：晚清和民国时期的国家与乡村》，中华书局 2008 年版。

86. 林耀华：《义序的宗族研究》，生活·读书·新知三联书店 2000 年版。

87. 李银河：《一爷之孙：中国家庭关系个案研究》，内蒙古大学出版社 2009 年版。

88. 李银河、陈俊杰：《个人本位、家本位与生育观念》，《社会学研究》1993 年第 2 期。

89. 陆学艺：《内发的村庄》，社会科学文献出版社 2001 年版。

90. 吕德文：《婚姻形式与村庄性质——转型期乡村婚姻形式的一项考察》，《文史博览》2005 年第 12 期。

91. 洛佩兹、斯科特：《社会结构》，吉林人民出版社 2007 年版。

92. 林闽钢：《现代社会保障》，中国商业出版社 1997 年版。

93. 吕青：《城市化进程中女性生活状况的社会性别视角》，《江南大学学报》（人文社科版）2004 年第 3 期。

94. ［美］明恩溥：《中国乡村生活》，陈午晴、唐军译，时事出版社 1998 年版。

95. 莫丽霞：《出生人口性别比升高的后果研究》，中国人口出版社

2005 年版。

96. 孟悦、戴锦华：《浮出历史地表》，中国人民大学出版社 2004 年版。

97. 麻国庆：《家与中国社会结构》，文物出版社 1999 年版。

98. 潘光旦：《中国之家庭问题》，载《潘光旦文集》（第 1 卷），北京大学出版社 1993 年版。

99. 潘允康、约翰·罗根、边馥琴、边燕杰、关颖、卢汉龙：《住房与中国城市的家庭结构——区位学理论思考》，《社会学研究》1997 年第 6 期。

100. 瞿同祖：《中国法律与中国社会》，中华书局 1981 年版。

101. 瞿同祖：《清代地方政府》，法律出版社 2003 年版。

102. 钱杭：《论汉人宗族的内源性根据》，《史林》1995 年第 3 期。

103. 钱杭：《关于当代中国农村宗族研究的几个问题》，《学术月刊》1993 年第 5 期。

104. 瞿同祖：《中国法律与中国社会》，中华书局 1981 年版。

105. ［日］青木昌彦：《比较制度分析》，周黎安译，上海远东出版社 2001 年版。

106. ［俄］恰亚诺夫：《农民经济组织》，萧正洪译，中央编译出版社 2000 年版。

107. ［美］斯科特：《制度与组织——思想观念与物质利益》，姚伟、王黎芳译，中国人民大学出版社 2010 年版。

108. ［美］斯科特：《农民的道义经济学：东南亚的反叛与生存》，程立显等译，译林出版社 2001 年版。

109. ［美］斯皮茨、沃德、边燕杰：《谈谈美国的家庭养老——兼与中国社会学同仁商榷》，《社会学研究》1989 年第 4 期。

110. 孙秀林：《华南的村治与宗族——一个功能主义的分析路径》，《社会学研究》2011 年第 1 期。

111. 孙立平：《"过程—事件分析"与当代中国国家—农民关系的实践形态》，清华大学社会学系主编《清华社会学评论》，鹭江出版社 2000 年版。

112. 申端锋：《中国农村出现伦理性危机》，《中国评论》（中国香港）

2007 年 3 月。

113. 申端锋：《新农村建设的文化与伦理维度》，《学习与实践》2007
     年第 8 期。

114. ［美］舒尔茨：《改造传统农业》，梁小民译，商务印书馆 2003
     年版。

115. 石智雷、杨云彦：《家庭禀赋、家庭决策与农村迁移劳动力回
     流》，《社会学研究》2012 年第 3 期。

116. 石智雷：《人口流动与中国农村地区的家庭禀赋》，《湖北经济学
     院学报》2012 年第 5 期。

117. 石人炳：《青年人口迁出对农村婚姻的影响》，《人口学刊》2006
     年第 1 期。

118. 沈奕斐：《"后父权制时代"的中国——城市家庭内部权力关系
     变迁与社会》，《广西民族大学学报》（哲学社会科学版）2009
     年第 6 期。

119. 苏力：《法治及其本土资源》，中国政法大学出版社 1996 年版。

120. ［法］涂尔干：《社会分工论》，渠东译，生活·读书·新知三联
     书店 2000 年版。

121. 唐灿：《家庭现代化理论及其发展的回顾与评述》，《社会学研
     究》2010 年第 3 期。

122. 谭同学：《桥村有道——转型乡村的道德、权力与社会结构》，
     生活·读书·新知三联书店 2010 年版。

123. ［德］滕尼斯：《共同体与社会》，林荣远译，北京大学出版社
     2010 年版。

124. ［英］汤普森：《共有的习惯》，王加丰译，上海人民出版社 2002
     年版。

125. 唐灿、马春华、石金群：《女儿赡养的伦理与公平——浙东农村
     家庭代际关系的性别考察》，《社会学研究》2009 年第 6 期。

126. 魏源：《魏源集·庐江章氏庄记》，中华书局 1975 版。

127. ［美］魏斐德：《中华帝制的衰落》，邓军译，黄山书社 2010
     年版。

128. 汪民安：《家庭的空间政治》，《东方艺术》2007 年第 6 期。

129. 闻翔：《以扩展个案法书写"公共民族志"》，《中国社会科学报》2013 年第 495 期。

130. 王铭铭：《小地方与大社会——中国社会的社区观察》，《社会学研究》1997 年第 1 期。

131. 王曙光：《村庄信任、关系共同体与农村民间金融演进》，《中国农村观察》2007 年第 4 期。

132. 王跃生：《婚事操办中的代际关系：家庭财产积累与转移》，《中国农村观察》2010 年第 3 期。

133. 王跃生：《试论中国封建社会宗族的兴盛与衰落》，《社会学研究》1991 年第 2 期。

134. 王跃生：《华北农村家庭结构变动研究——立足于冀南地区的分析》，《中国社会科学》2003 年第 4 期。

135. 王跃生：《当代中国家庭结构变动分析》，《中国社会科学》2006 年第 1 期。

136. 王跃生：《中国家庭代际关系的维系、变动和趋向》，《江淮论坛》2011 年第 2 期。

137. 王跃生：《中国家庭代际关系的理论分析》，《人口研究》2008 年第 4 期。

138. 王跃生：《中国当代家庭结构变动分析》，中国社会科学出版社 2009 年版。

139. 王跃生：《当代农村代际关系研究：冀东村庄的考察》，中国社会科学出版社 2011 年版。

140. 王宁：《代表性还是典型性？——谈谈个案研究方法的逻辑基础》，《社会学研究》2002 年第 5 期。

141. 王洪娜：《山东农村老人入住社会养老机构的意愿与需求分析》，《东岳论丛》2011 年第 9 期。

142. 王海成：《宗族伦理的当代变迁及其对农村社会的影响》，《长白学刊》2013 年第 1 期。

143. 吴素雄：《传统乡土秩序：建构与解构》，《天津社会科学》2008 年第 6 期。

144. 吴海盛、江巍：《中青年农民养老模式选择意愿的实证分析》，

《中国农村经济》2008 年第 11 期。

145. 吴海盛、邓明：《基于村庄内部差异视角的农村居民养老模式选择意愿及其影响因素分析》，《中国农村经济》2010 年第 11 期。

146. ［德］韦伯：《中国的宗教：儒教与道教》，康乐、简惠美译，广西师范大学出版社 2010 年版。

147. 韦艳、靳小怡、李树茁：《农村大龄未婚男性家庭压力和应对策略研究》，《人口与发展》2008 年第 5 期。

148. 吴重庆：《社会变迁与通婚地域的伸缩》，《开放时代》1999 年第 4 期。

149. 伍海霞：《家庭子女的教育投入与亲代的养老回报——来自河北农村的调查发现》，《人口与发展》2011 年第 1 期。

150. 徐勇：《社会化小农：解释当今农户的一种视角》，《学术月刊》2006 年第 7 期。

151. 徐勇：《"再识农户"与社会化小农的建构》，《华中师范大学学报》（人文社会科学版）2006 年第 3 期。

152. 徐勇、项继权：《回到原点关注变迁》，《华中师范大学学报》（人文社会科学版）2006 年第 3 期。

153. 徐勇、邓大才：《社会化小农：解释当今农户的一种视角》，《学术月刊》2006 年第 7 期。

154. 熊跃根：《成年子女对照顾老人的看法——焦点小组访问的定性资料分析》，《社会学研究》1998 年第 5 期。

155. 谢桂华：《老人的居住模式与子女的赡养行为》，《社会》2009 年第 5 期。

156. 谢桂华：《家庭居住模式与子女赡养》，《社会科学战线》2010 年第 2 期。

157. ［美］西蒙：《现代决策理论的基石》，杨砾、徐立译，北京经济学院出版社 1989 年版。

158. ［美］西蒙：《管理行为》，詹正茂译，机械工业出版社 2013 年版。

159. 许烺光：《祖荫下：中国乡村的亲属、人格与社会流动》，王芃、徐德隆译，南天书局 2001 年版。

160. 笑冬：《最后一代传统婆婆?》，《社会学研究》2002 年第 3 期。

161. 肖群忠：《"孝道"养老的文化效力分析》，《理论视野》2009 年第 1 期。

162. 肖倩：《个人主体性的释放：农村独子家庭分家实践研究》，《人口与发展》2011 年第 5 期。

163. 肖唐镖：《乡村治理中宗族与村民的互动关系分析》，《社会科学研究》2008 年第 6 期。

164. 夏传玲、麻凤利：《子女数对家庭养老功能的影响》，《人口研究》1995 年第 1 期。

165. 新山：《婚嫁格局变动与乡村发展——以康村通婚圈为例》，《人口学刊》2000 年第 1 期。

166. 叶光辉、杨国枢：《中国人的孝道：心理学的分析》，重庆大学出版社 2009 年版。

167. 叶敬忠、贺聪志：《农村劳动力外出务工对留守老人经济供养的影响研究》，《人口研究》2009 年第 4 期。

168. 叶文振、林擎国：《中国大龄未婚人口现象存在的原因及对策分析》，《中国人口科学》1998 年第 4 期。

169. 阎云翔：《从南北炕到"单元房"：黑龙江农村的住宅结构与私人空间的变化》，载黄宗智主编《中国乡村研究》（第一辑），商务印书馆 2003 年版。

170. 阎云翔：《私人生活的变革：一个中国村庄里的爱情、家庭与亲密关系（1949—1999）》，龚小夏译，上海书店出版社 2006 年版。

171. 阎云翔：《家庭政治中的金钱与道义：北方农村分家模式的人类学分析》，《社会学研究》1998 年第 6 期。

172. 阎云翔：《礼物的流动》，李放春、刘瑜译，上海人民出版社 2000 年版。

173. 阎云翔：《中国社会的个体化》，陆洋等译，上海译文出版社 2012 年版。

174. 杨懋春：《一个中国的村庄——山东台头》，江苏人民出版社 2001 年版。

175. 杨善华：《家庭社会学》，高等教育出版社 2006 年版。

176. 杨善华、贺常梅：《责任伦理与城市居民的家庭养老》，《北京大学学报》（哲学社会科学版）2004 年第 1 期。

177. 杨善华、沈崇麟：《城乡家庭：市场经济与非农化背景下的变迁》，浙江人民出版社 2002 年版。

178. 杨善华、吴愈晓：《我国农村的"社区情理"与家庭养老现状》，《探索与争鸣》2003 年第 2 期。

179. 杨善华、贺常梅：《责任伦理与城市居民的家庭养老——以"北京市老年人需求调查"为例》，《北京大学学报》（哲学社会科学版）2004 年第 1 期。

180. 杨华：《隐藏的世界——农村妇女的人生归属与生命意义》，中国政法大学出版社 2012 年版。

181. 杨华：《"结构—价值"变动的错位互构：理解南方农村自杀潮的一个框架》，《开放时代》2013 年第 6 期。

182. 杨华：《当前我国农村代际关系均衡模式的变化》，《古今农业》2007 年第 4 期。

183. 鄢盛明、陈皆明、杨善华：《居住安排对子女赡养行为的影响》，《中国社会科学》2001 年第 1 期。

184. 俞江：《论分家习惯与家的整体性——对滋贺秀三〈中国家族法原理〉的批评》，《政法论坛》2006 年第 1 期。

185. 袁方：《社会研究方法教程》，北京大学出版社 1997 年版。

186. 余练：《多重边缘者：基于对 D 村光棍群体社会地位的考察》，《南方人口》2011 年第 6 期。

187. 姚远：《血亲价值论：对中国家庭养老机制的理论探讨》，《中国人口科学》2000 年第 6 期。

188. 姚江林：《农村基层农业科技工作者的职业忠诚研究》，《南京农业大学学报》（社会科学版）2013 年第 3 期。

189. 郑杭生：《改革开放三十年：社会发展理论和社会转型理论》，《中国社会科学》2009 年第 2 期。

190. 赵晓力：《中国家庭正在走向接力模式吗?》，《文化纵横》2001 年第 6 期。

191. 赵旭东：《权力与公正——乡土社会的纠纷解决与权威多元》，天津古籍出版社 2003 年版。

192. 张萍：《从征婚启事看外国城镇大龄未婚男女择偶标准的差异》，《社会学研究》1989 年第 2 期。

193. 张春汉、钟涨宝：《农村大龄未婚青年成因分析》，《青年探索》2005 年第 1 期。

194. 张友琴：《老年人社会支持网的城乡比较研究——厦门市个案研究》，《社会学研究》2001 年第 4 期。

195. 张友琴：《城市化与农村老年人的家庭支持》，《社会学研究》2002 年第 5 期。

196. 张翼：《中国老年人口的家庭居住、健康与照料安排——第六次人口普查数据分析》，《江苏社会科学》2013 年第 1 期。

197. 张晖：《建立我国农村社会养老机制的迫切性及可行性》，《人口学刊》1996 年第 4 期。

198. 张恺悌等：《市场经济条件下的家庭养老与社会化服务》，《人口研究》1996 年第 4 期。

199. 张新梅：《家庭养老研究的理论背景和假设推导》，《人口学刊》1999 年第 1 期。

200. 张文娟、李树苗：《中国农村老年人的代际支持：应用对数混合模型的分析》，《统计研究》2004 年第 5 期。

201. 张再云等：《代际关系、价值观和家庭养老——关于家庭养老的文化解释》，《西北人口》2003 年第 1 期。

202. 张烨霞、靳小怡、费尔德曼：《中国城乡迁移对代际经济支持的影响》，《中国人口科学》2007 年第 3 期。

203. 郑丹丹：《中国城市家庭夫妻权力研究》，华中科技大学出版社 2004 年版。

204. ［加］朱爱岚：《中国北方村落的社会性别与权力》，胡玉坤译，江苏人民出版社 2004 年版。

205. 朱宝安：《老年人口养老意愿的社会学分析》，《吉林大学社会科学学报》2006 年第 7 期。

206. 周丽娜、王忠武：《值得关注的农村通婚圈缩小现象》，《新疆社会科学》2006 年第 5 期。

207. 周雪光：《组织社会学十讲》，社会科学文献出版社 2003 年版。

208. 周雪光：《制度是如何思维的》，《读书》2001 年第 4 期。

209. 张五常：《子女和婚姻合约中的产权执行问题》，载《经济解释——张五常论文选》，商务印书馆 2000 年版。

210. ［日］滋贺秀三：《中国家族法原理》，张建国、李力译，法律出版社 2003 年版。

211. 钟涨宝、李飞：《动员效力与经济理性：农户参与新农保的行为逻辑》，《社会学研究》2012 年第 3 期。

212. 钟永圣、李增森：《中国传统家庭养老的演进：文化伦理观念的转变结果》，《人口学刊》2006 年第 12 期。

213. 祝平燕、夏玉珍：《性别社会学》，华中师范大学出版社 2007 年版。

214. 左冬梅、李树茁、宋璐：《中国农村老年人养老院居住意愿的影响因素研究》，《人口学刊》2011 年第 1 期。

215. 中国社会科学院法学研究所：《中国经济管理法规文件汇编》，吉林人民出版社 1985 年版。

216. 臧小伟：《中国家庭研究的发展与近况》，载涂肇庆、林益民编《中国改革时期的社会变迁：西方社会学研究评述》，牛津大学出版社 1999 年版。

217. Antonucci, T. C. 1990, *Social support and social relationships*. In R. H. Binstock & L. K. George（eds.），*Aging and the Social Sciences*，3rd edn. London：Academic Press.

218. Cai Fang, John Giles and Xin Meng. 2006, *How Well Do Children Insure Parents against Low Retirement Income? An Analysis Using Survey Data from Urban China*，Journal of Public Economics，90.

219. Cohen Myron. 1992, "*Family Management and Family Division in Contemporary Rural China.*" The China Quarterly, 130.

220. Cicirelli, Victor G. 1983, *A Comparison of Helping Behavior to Elderly Parents of Adult Children with Intact and Disrupted Marriages*. Gerontologist 23（6）.

221. Chan, Angelique. 1999, "The Social and Economic Consequences of Ageing in Asia". South-east Asian Journal of Social Science 27 (2).

222. Du, P. and P. Tu. 2000, Population Ageing and Old Age Security. The Changing Population of China, Blackwell Publishers.

223. Goode, William J. 1963, World Revolution and Family Patterns, New York: The Free Press.

224. Hermalin A I. 2002, Aging in Asia: Facing the Crossroads, The Well-being of the Elderly in Asia : A Four Country Comparative Study. Ann Arbor: University of Michigan Press.

225. House, J. S. and Kahn, R. L. 1985. Measures and Concepts of Social Support. In Cohen, S. & Syme, L. (Eds.). Social Support and Health. Orlando : Academic Press.

226. Ishii - Kuntz, Masako. 1997. Intergenerational Relationships among Chinese, Japanese, and Korean Americans. Family Relations 46.

227. John Knodel, Chanpen Saengtienchai. 2007. Rural Parents with Urban Children: Social and Economic Implications of Migration on the Rural Elderly in Thailand. Population, Space and Place, 13

228. Smelser. 1959. N. Social Change in the Industrial Revolution: Application of Theory to the British Cotton an Industry. Chicago: University of Chicago Press.

229. Secondi. 1997. Private Monetary Transfers in Rural China: Are Families. Altruistic G. Journal of Development Studies, (4).

230. Skeldon, Ronald. 2001. Ageing of rural populations in South - east and East Asia. In: The world ageing situation: exploring a society for all ages. United Nations.

231. Levy, Marion. 1968. The Family Revolution in Modern China. New York: Atheneum.

232. Lin, Chien. 1985. "The Intergenerational Relationships among Chinese Immigrant Families: a Study of Filial Piety", Ann Arbor, Mich. : UMI.

233. Robinson, Robert V. and Wendell Bell. 1978. "Equality, Success and Social Justice in England and the United States." American Soci-

ological Review 43.

234. Whyte, Martin K. and William Parish. 1984. *Sexual Inequality under Socialism: The Chinese Case in Perspective.* Class and Social Stratification in Post – Revolution China, edited by J. Watson. New York: Cambridge University Press.

235. Yang C. K. , 1965. *The Chinese Family in the Communist Revolution,* Cambridge: MIT Press.

236. Yu Xie & Haiyan Zhu. 2009. *Do Sons or Daughters Give More Money to Parents in Urban China?* . Journal of Marriage and Family February.

后 记

进入农村养老问题领域的研究对于我们作者二人而言，完全是未曾预料的。十年前，我们尚倾心于农村土地问题的探究，丝毫未曾料想会花如此大的精力来研究农村养老。但现在回过头来看，这种研究转向也是在"情理之中"，因为但凡进入到农村研究，了解了农民，都无不为农民的养老问题而揪心焦虑，尤其是在农村税费负担免除、农村义务教育费用财政全额承担以及新型农村合作医疗政策落实之后，农村养老似乎成为了农民关注的头号问题。

对于任何一项实证性的研究而言，最为重要的两个要素莫过于可分析性资料的获取（问卷或访谈资料）和学术观念的提炼。在本研究推进的过程中，诸多同事和研究生都在其中留下了自己的辛勤汗水和智慧火花。在我们自行设计的"五省调查"中，万江红教授、田北海教授、张翠娥教授、聂建亮博士等付出了诸多努力；在为期半年的"转型中的家庭与养老"文献精读小组讨论会中，张翠娥教授、范成杰博士以及研究生李静、尤鑫、韦宏耀和冯华超的讨论令本书诸多观点更加清晰与完善，而且他们其中的大多数人亦直接参与了相关章节的讨论与写作。

本书的相关章节曾在《社会》、《青年研究》、《南方人口》、《北京社会科学》、《中国农业大学学报》（社会科学版）、《南京农业大学学报》（社会科学版）和《华中农业大学学报》（社会科学版）等杂志发表，感谢孙秀林、张军、赵联飞、常英、宋雪飞、刘少雷的赏识与编辑，正是他们的刊发才让我们的研究获得了持续的动力。感谢本书相关章节的合作者张翠娥、郑丹丹、李静、尤鑫、韦宏耀、魏利香、季子力，正是与他们的合作与交流，本书才得以完成。特别要感谢张翠娥允许我们将她作主要贡献的关于单身研究的论文纳入其中。

本研究获得了国家社科基金重点项目"我国农村社会养老保障问题调查研究"（10ASH007）、教育部人文社会科学研究基金项目"社会转型背景下的农村养老问题研究"（11YJC840010）、中央高校基本科研业务费专项资金资助项目的支持。

感谢中国社会科学出版社的田文老师，她的辛勤工作使得本书得以顺利出版。

最后也是最重要的，感谢给予我们调查支持和帮助的农民，作为一项研究，我们的调查和分析或许很久甚至永远无法给予他们个人实质性的反馈，但他们慷慨的接纳却使得我们的研究成为了可能。

狄金华　钟涨宝

2015 年 6 月 8 日于狮子山南湖畔